岩波現代全書

058

# 差別の日本近現代史

GendaIzensho
岩波現代全書
058

# 差別の日本近現代史

## 包摂と排除のはざまで

黒川みどり
*Midori Kurokawa*
藤野 豊
*Yutaka Fujino*

# はじめに

被差別部落、女性、ハンセン病患者・回復者、障害者、アイヌ民族、在日韓国・朝鮮人をはじめとする在日外国人、沖縄……現代の日本にはさまざまな差別が存在する。なぜこうした差別が存在するのか。本書は、それを近現代日本の歴史のなかで解明しようとするものである。

近代日本のマイノリティに関する研究史については、かつて述べたことがあるので（黒川みどり「序章　近代日本の「他者」と向き合う」黒川編著『近代日本の「他者」と向き合う』解放出版社、二〇一〇年）、ここでは繰り返さないが、冷戦の終焉《しゅうえん》を経て、一九九〇年代以後、歴史学のなかでも、差別史はもとより「他者認識」や「アイデンティティ」が研究テーマとして取り上げられるようになった。ポストコロニアリズムの思想も、マイノリティ研究のあり方に大きな影響を与えた。それは、いまなお植民地主義が経済のみならず、政治や文化などに影響を及ぼしており、人種や階級、宗教、ジェンダーなどさまざまな要因を見据えながら社会を変革していかねばならないとする。

そのような研究動向のなかにあって、部落差別については、前近代の遺物のように語られ、それが現存する状況は民主主義の不徹底と説明されることがしばしばであった。部落解放・人権研究所編『部落問題・人権事典』（解放出版社、二〇〇一年）の「部落問題」の項（原田伴彦・村越末男執筆）には、部落問題の根本は「封建的身分差別である部落差別が近代以降も残存し、部落に対する差別意識や差別構造が、今日なお、個人の意識やさまざまな社会システムの中で払拭《ふっしょく》されていないことにある」と記されている。しかし、本書で述べるように、女性差別も今日では、たんに封建的な「家」制度によるものではなく、「近代家族」という視点を組み込んで説明されており、部落問題研究のみが、そうした研究史の大海に出ることなく封建遺制論で語られてきたきらいがある。それに対して藤野は優生思想で部落差別を説明し〔藤野一九九四〕、また、黒川は、部落差別を人種主義《レイシズム》として位置づける試みを行ってきた（〔黒川一九九九〕、「人種主義と部落差別」竹沢泰子編『人種概念の普遍性を問う――西洋的パラダイムを超えて』人文書院、二〇〇五年、など）。

近世から近代へと時代が移ってから一五〇年近く経っている。しかし、今も身元調査がなくなったわけではなく、就職差別や結婚差別も、かつてに比べて減少したとはいえ存在する。インターネットには部落差別を煽《あお》る記事が飛び交っている。ヘイトスピーチの対象は在日韓国・朝鮮人だけではない。ヘイトスピーチを繰り返す人びとは、被差別部落に対しても差別言動を繰り返した。こうした現実に照らしても、この長い期間、たんに遺制の残存というだけで、部落差別が続いてきたとは考えられない。なぜ近代社会において、被差別部落の社会的低位性が当然のこととして放置されたのか、その解明こそが必要なのである。

この点について、ひろたまさきは近代の部落差別の原因を、貧困・不潔（伝染病の発生源）・不徳（犯罪の温床）・血統の「異類視」などに求め、近代天皇制国家の統治原理である「一君万民」論が「つねに血統的差別秩序への衝動を生みだしていく」と指摘し、また「文明」と「野蛮」の分割が差別を生み出すと説明した〔ひろた一九九〇〕。わたくしたちにとり、この論に刺激を受けたことが本書執筆の遠因ともなっている。ひろたの論は、従来の「差別」の歴史が、被差別部落民、女性、アイヌなどそれぞれの「個別史」として描かれ、「「差別」の全体史」の研究へと展開してこなかった問題点を指摘した上で、アイヌ、被差別部落民、娼婦、病者と障害者、貧民、坑夫、囚人についての史料を編み、「日本近代社会の差別構造」と題する詳細な解説をつけて、それらの差別の連鎖を視野に入れながら「その全体的な構造と矛盾」を究明することをめざしたものであった。それは、これまで個別にしか論じられてこなかった各々の差別を近代社会のなかに配置して見せたという点で衝撃的であり、ひろたはこのように述べていた。「個別史の研究がその「特殊性」を強調すればするほど「賤視《せんし》の根源」が前近代の歴史に求められる傾向をもつことにもなるのであり、それは全体史への展望を困難にしかねないであろう」。たしかに被差別部落の起源は近世以前に遡るように、各々の差別はそれぞれの個別の起源をもっている。先にも述べたように、部落問題についても、起源、そして近代以前とのつながりを重視することで、現存する差別を封建時代の残滓《ざんし》として説明する考え方がある。連続面を視野に入れることは重要だが、その点にばかりこだわっていたのでは近代においてその差別がどのような意味をもってきたのかという点や、他の差別との関連、共通性などが見えてこない、という問題提起であり、さらには、ひいてはそのような差別を抱え込んできた近代の社会構造それ自体を問うという問題意識が明瞭に打ち出されていた。

ともに被差別部落史研究から出発したわたくしたち、とりわけ藤野は、ハンセン病や売買春などの問題にもウイングを広げながら、ひろたの提起に学びつつ戦後までを見通して、差別を内包してきた近代国家／社会を問う試みを行ってきた(『日本ファシズムと医療――ハンセン病をめぐる実証的研究』岩波書店、一九九三年、『性の国家管理——買売春の近現代史』不二出版、二〇〇一年、など)。近代国家は、その価値観に反する人びとを排除しながら、「国民」をつくり出していった。この「国民」への包摂《ほうせつ》と排除の構造の解明が本書の第一の課題である。

また日本は「開国」によって「万国公法」世界に投げ出され、一つの国・民族を超えた資本主義世界、すなわちウォーラーステインがいうところの世界資本主義システムに組み込まれていったことによって、植民地・占領地をもつにいたるが、そうした国際関係のなかで生み出されてきた差別に目を向けることが、第二の課題である。そのことは、たんに植民地をはじめとするアジアの人びとに対する差別を生むだけではなく、国民国家—帝国のあり方をも規定し、それに見合った差別のありようがつくられていく。そして、それは敗戦によって植民地を喪失したことで克服されたわけではなく、ポストコロニアル研究が提起してきたように、今なお、その根が断ち切られないまま形を変えて存在しつづけているのである。

こうした視点で日本近現代史を俯瞰《ふかん》すると、すでにひろたも指摘しているように、個々の差別にはそれぞれ異なる独自の歴史があるとしても、近現代のある時期にさまざまな差別が強化されるなどの事実が見えてくる。これまで、部落差別、女性差別、ハンセン病患者・回復者への差別、障害者差別、アイヌ民族への差別、在日韓国・朝鮮人への差別、沖縄差別など、個々の差別についての近現代史は数多く書かれてきた。わたくしたちは、その成果にも学びつつ、またわたくしたちがともにこれまで積み重ねてきた被差別部落の近現代史研究を出発点に、さまざまな差別について歴史のなかで考えてきたそのささやかな成果を基盤に、この近現代社会の差別の構造の解明を試みる。

なかんずく、おのおのの差別のありように注目して近現代を時期区分し、それぞれの時代状況との関わりでその特徴を浮かび上がらせようとするものである。ただし、本書は、性急に、かつアプリオリに差別の要因を説明しようとするのではなく、それぞれの差別のありようを具体的に描くことに努めた。いま一度、個々の問題を見据えることによって、ひいては社会の構造を問い直してみたいと考えるからである。

読者の皆様におかれては、本書のページを繰るなかで、日本の近現代社会が排除と包摂によってさまざまな差別を内包してきたことを、わたくしたちと一緒に考えていただきたい。

黒川みどり
藤野　豊

# 目　次

第1章

# 国民国家の成立と差別の再編

一八六八年に成立した明治新政府は、立憲国家の体裁を整えながら、国民国家を創出していった。欧米に倣い江戸時代の陋習を一掃して開化政策を進め、賤民や遊廓の芸娼妓を「解放」した。しかし、排除の対象を見出しつつ「国民」の一体性がつくり出されるなかで、松方デフレ・産業革命をつうじて形成されたスラムの構成員らとともに、それらの人びとは「国民」の境界線上、ないしは「国民」の外に置かれた。そして、貸座敷と改称された遊廓では、以前と同様に貧しい女性が娼妓として性暴力にさらされ続けた。また、天皇制を守るため、皇族に加え華族という特権身分をつくる一方、女性は「家」制度の秩序に縛り付けられた。新しく版図に組み込まれた沖縄の住民や北海道のアイヌ民族に対しても政治的・社会的差別をつくりあげた。このように、近代国民国家は古き差別を継承・再編しながら、生物学的差異を含む人種主義のもとで新たな差別を生み出した。

# 1　開化と復古

### ——身分制の解体／再編

## 「平民同様」の内実——「解放令」

一八六七年、二六〇年余り続いた江戸幕府の支配もついに命脈が尽きて大政奉還が行われた。翌一八六八年、幕府は朝廷軍によって滅ぼされて元号も明治と改まり、天皇を中心とする中央集権国家体制がつくられていった。開国によって「万国公法」と呼ばれる欧米中心の国際秩序に組み込まれ、近代国家の建設へと歩を進めることとなった明治政府は、四民平等のスローガンのもとに封建的な身分制度を廃止し、「一君万民」のたてまえを浸透させていった。

一八七一（明治四）年八月二八日（旧暦）、その一環として明治政府は、「穢《え》多《た》非《ひ》人等《にんとう》ノ称被廃《しょうはいせられ》候《そうろう》条自今《じょういまより》身分職業共平民同様タルヘキ事」という法令を太政官布告として出し、以後、身分職業ともに平民と同様にするとした。これを、のちに「解放令」または「賤民廃止令」「賤称廃止令」と呼んでいる。

賤民身分の解放をめぐる議論はすでに幕末から諸方面でなされており、一面でそれらにも促されながら、明治新政府のもとで、公議所（議案提出権をもつ議事機関）を中心に賤民制度廃止の議論が開始されていった。そのなかで、全国統一的な近代的制度を創り出していくにあたり、穢多身分を別扱いすることの不具合がさまざまな場面で明らかとなり、また松本藩（現長野県）議員内山総助や、のちに明六社の一員となる加藤弘之らによって、人は生まれながらにして平等であり、いかなる権力によってもこれを制限したり束縛したりすることはできないとする天賦《てんぷ》人権論の考え方が表明されていた［黒川二〇一一a：一九―二二］。

公議所が廃止されて議論がいったん終息したのち、政府は、四民平等の考えに則った戸籍編製案と賤民身分廃止布告の草案を作成した。その中心となったのが渋沢栄一で、渋沢は、明治維新から数年間、民部大蔵省の役人を務め、そののち実業界で活躍したことで知られている。しかし、実際に成立した一八七一年の戸籍法では、賤民は戸籍には個々には載せられず、穢多何人というように人数のみが記載されることになっていた（現実には、その直後の「解放令」によって賤民が廃止されたため、このような記載のされ方はされなかった）。

賤民身分の廃止を直接に推進したのは大蔵省で、八月二二日に原案を仕上げ、きわめて短期間で「解放令」の発布にまでこぎ着けた。賤民身分の人びとの居住地は「除地《よけち》（じょち）」として税を免除されている場合があり転売の対象となりえなかったことから、一八七三年（新暦）に着手されることとなる地租改正（税収入を安定させ、政府の財政的基礎を固めるため、農民が保有していた土地の所有権を認め、地価を定めて、それに対し一律の割合で地租を金納させるという改革）を目前に控えて、そうした例外をなくして統一的な税制を確立することが必要だったからである。身分制度を残しておくことは、このように近代的な改革推進の妨げになることが少なくなかったのである。

ちなみに、一八七二年に編製された近代最初の壬申《じんしん》戸籍は、一部に「解放令」以前に付与されていた賤称を記載したものがあるため、現在閲覧が禁止されている。しかし、それは、当該の戸籍作成者の認識の誤りによるものであって、あくまで政府は身分の線引きを廃し、「平民」として同等に掌握し記載することを意図していた。

「解放令」は、漸次村々に伝えられていった。その際に、元穢多身分の人びとに対し、「平民同様」にする前提として、川で身を清めたり神社の火を持ち帰って竈《かまど》の火を改めるといったことが求められたりする場合があった。ここで見落としてはならないのは、それは翻ってみれば、ケガレは取り払えると認識されていたということであり、ケガレを理由にした差別はその根拠が薄弱であることである。そうであるがゆえに後述するように、差別を維持するために、身分やそれに纏《まつ》わるケガレに代わる新たな差別の徴表が求められてゆくのであった。

封建制度が動揺するなかで、「解放令」発布前後から、すでに穢多とそれ以外の村民との間の確執や、穢多の経済的な困窮を示す記録が散見されているが、「解放令」後、身分と表裏一体の職業をも失った被差別部落の人びとの混乱と困窮がいっそう深刻になったことは推測にかたくない。

現兵庫県のある被差別部落では、「解放令」後、百姓をするように仰せつかったがそればかりでは生計を立てるのがむずかしく、差別がなくなったとはいえ、もはや「乞食非人同様」の者もいると報告されている(原田伴彦ほか監修『近代部落史資料集成1』三一書房、一九八四年、三五七頁)。また、被差別部落の住民一同で、今後は部落民の徴表とされるような履物《はきもの》製造、斃牛馬《へいぎゅうば》処理、皮革業などに従事しないという取り決めを行ったところもある。しかし、現実には生活の糧《かて》を確保しなければならないためにそれらの仕事を継続したところが多く、そのような取り決めを行った部落は、それらの仕事に従事する者が少数であるか、またはほかの生業もあって、その仕事への経済的な依存度合が低かったのではないかと考えられる。

被差別部落の人びとの、〝同じ〟に見なされるためのそうした悲痛なまでの努力にもかかわらず、民衆による差別と排除は続いた。部落外の村が、わざわざ被差別部落民との交際をしないという取り決めを行ったり、また、風呂屋では被差別部落民が入浴に来ると、ほかの客がいなくなってしまうために、風呂屋の店主から入浴を断られたり、部落外の子どもと同じ学校に通学することを拒否されて部落だけの子どもたちが通う学校（通常「部落学校」と称されてきた）に行かなければならなかったり、あるいは神社の氏子から排除される、などの差別は各地で日常的に行われていた。

しかしながら、見逃してはならないのは、「解放令」発布とほぼ同時期にあたる一八七一年の岩倉使節団出発のころを機に、七三年から七五年にかけて高潮に達した文明開化のもとで、部落差別が、遅れた古い慣習であるという意味の「旧習」という言葉で表現されていたことである。差別という行為は「開化」に反することと見なされ、負の価値づけが与えられていたのである。それは、文明開化の世の中にあって、差別はいけないことであるという認識が社会のなかで共有されていたことを意味するものでもあった。

「解放令」の評価をめぐっては、賤民が身分とともに生活の糧を喪失したにもかかわらず、明治政府は何の措置をも講じなかったことを強調し、たんに一片の布告に過ぎなかったと否定的に見る傾向がある。しかしながら、「解放令」とは身分の線引きをまったく消去してしまうというもので、特別の措置を講じることはその妨げになる側面も孕《はら》んでおり、「解放令」は〝線引き〟の消去の徹底を第一義においていたのである。

しかし明治初年にもすでにそのような差別をめぐって、被差別部落と部落外の人びととの間に「紛糾」が起きることも多く、その「紛糾」に権力が介入する場合にはほぼ決まって、「解放令」が発布されたからといって奢《おご》り高ぶるべきではないと、被差別部落の側が戒められた。政府は、「一君万民」理念を鼓吹し、政府が「開明的」であることを内外に誇示するための一環として「解放令」発布にふみ切ったのであったが、いざ被差別部落と部落外の人びととの対立に直面すると、支配秩序を安定させるために、圧倒的多数派である部落外の人びととの意向を追認した。社会の秩序を維持することの方が、「解放令」のたてまえを貫くことよりも権力にとって緊要だったのである。このような権力の後押しがあったことは、その後も差別が維持されていった一因といえよう。

民衆は世替わりに期待を託していたが、為政者が交代しても生活はけっして好転せず、そのようななかで、これまで身分制度によって自分たちと隔絶した存在であったはずの被差別部落の人たちのみがあたかも地位を上昇させ、自分たちと肩を並べる存在になりつつあると映り、従来からのケガレ観に加えて、そのことへの不安と恐怖から露骨な排除の挙に出たものと考えられる。

そのような意識はときとして、「解放令」反対を掲げて武器をもって立ち上がるという行為となって噴出した。今日、「解放令」反対一揆として知られているものである。学制・徴兵令・地租改正といった明治政府の政策への反対と合わせて「解放令」取消が求められることもあり、それら一連の一揆をまとめて新政反対一揆と呼んでいる。新政反対一揆は、民衆に新たな負担を強いることとなった明治政府の政策への抵抗にちがいないが、その「旧習」復帰への願望は、一方でこのように差別の維持という要求をも内包しており、民衆意識を肯定的にばかりとらえることができない錯綜した複雑な側面を示している。

「解放令」反対一揆は、西日本一帯で「解放令」が出てから一八七七年までの間に、現在明らかになったかぎりでは二四件起こっている［上杉一九九〇：二七七―三〇五］。岡山県の一揆では、被差別部落の人びとが部落外住民と同等のふるまいをしたとして、部落外の人びとから「解放令」以前の状態に復帰するよう要求されたが、それを拒否したことから襲撃を受けた。この一揆で被差別部落の二六三戸が焼かれ、五一戸の家が壊され、さらに一八人の死者と一三人の負傷者を出した。

とはいえ、この段階ではまだ、近世までの身分に代わって被差別部落の人びとを排除する新たな徴表はできあがっていなかった。もっぱらかつて穢多身分に属していたことと、近世から持ち越されたケガレ意識のみをよりどころに差別がなされていたのであり、「解放令」によって被差別部落の集団を指す正式の呼称がなくなったあと、差別を維持しようとする社会の側は、「旧穢多」「元穢多」「新平民」などといった呼称をつくり出し、「解放令」後しばらくはそれらが乱用されていた。それらはいずれも「穢多」から「平民」へという身分を軸にしたものであり、いまだ旧身分、つまりかつて「穢多」であったということ以外に差別の理由が見出されてはいなかった。この点は、のちに述べる「特種(殊)部落」という呼称がつくられる段階との比較においても重要である。

ところで、旧穢多身分の人びとは「解放令」後もこのような差別にさらされる一方で、行刑役・番人・掃除などの仕事をしていた非人身分は、近代的警察制度の成立に伴って仕事を失い、もともと戸数も少なかったところも多く、おおむね解体していった。

## 遊廓から貸座敷へ――芸娼妓解放令

新政府は欧米諸国を意識した開明性を示すため、旧賤民身分への「解放令」のみならず、一八七二年一〇月二日、太政官から「人身ヲ売買致シ終身又ハ年期ヲ限リ其主人ノ存意ニ任セ虐使致シ候ハ人倫ニ背キ有《ある》マシキ事ニ付古来制禁ノ処従来年期奉公等種々ノ名目ヲ以テ奉公住為致《ほうこうずみいたさせ》其実売買同様ノ所業ニ至リ以《もって》ノ外《ほか》ノ事ニ付自今可為《べき》厳禁事」と布告、農業、商工業の技術習熟を目的とした年季(期)奉公については七年を超えてはならないと規定し、これにより「娼妓《しょうぎ》芸妓等年季奉公人一切解放」となり、貸借金をめぐる訴訟は取り上げないと通告した。これがいわゆる「芸娼妓解放令」である。近世に幕府や藩の許可を得て営業していた遊廓《ゆうかく》の存在は、事実上、否定された。

さらに、この太政官布告を受けて、司法省は一〇月九日、「娼妓芸妓へ借ス所ノ金銀並ニ売掛滞金等ハ一切債《はた》ルヘカラサル事」「人ノ子女ヲ金談上ヨリ養女ノ名目ニ為シ娼妓芸妓ノ所業ヲ為サシムル者ハ其実際上則チ人身売買ニ付従前今後可及厳重ノ処置事」と布達した。

この「芸娼妓解放令」が布告された背景には人身売買が人民の自由を奪うものだとする司法省の認識があった。すなわち、同年六月二三日、司法省は、人身売買に対して自由を束縛する「習弊」とみなし、これを禁止するとともに、「娼妓角兵衛獅子等ノ類新規召抱」を一年以内とする「奉公人年期定御布告案」を作成、太政官に提出しているが、これが一〇月二日の太政官布告の原案となっている。折から横浜港でペルーのマリア・ルズ号が中国人奴隷を運んでいたことが発覚、外務卿副島種臣《そえじまたねおみ》が神奈川県権令大江卓をして船を拘束させ、奴隷を救出するが、ペルー側はこれを不服として国際裁判所に訴え、日本の娼妓も事実上の奴隷制ではないかと批判する事態が発生していた。このことが、司法省の提案への追い風となり、大蔵省は、司法省案をさらに進めて「芸娼妓解放」を明記するように強く求めていた。そのため、太政官は「芸娼妓解放」まで踏み込んだ法令を布告したのである[大日方一九九二：二八〇―二八五]。

しかし、「芸娼妓解放令」にはもうひとつの背景があった。それは買売春行為による性感染症の蔓延《まんえん》を恐れる認識である。幕末の開国以来、娼妓への性感染症検診がなされていないことに対して欧米諸国から批判を受けていたため、一八七一年四月三〇日、太政官は「近来各地方売女渡世之者漸次繁殖シ其弊害不尠《すくなからず》殊ニ黴毒《ばいどく》伝染人身之健康ヲ害シ候」との理由から、売春を取り締まるよう各地方官に求めている。そして、これを受けて五月、民部省も、「遊女売婦ノ類新店開業」を禁止するとともに、従来の営業店も増員を禁止するよう、地方官に求めた。しかし、その際、民部省は、買売春の弊害として性感染症の蔓延だけではなく、「遊惰《ゆうだ》奢侈《しゃし》ニ流レ終《つい》ニ産業ヲ破リ一家退転」することや、「淫風盛ニ相成」ることもあげている。まさに、文明国を目指すうえで、人身売買をともなう買売春の存在は、衛生上からも殖産興業上からも、そして風紀上からも容認できなかったのである。したがって、買売春に対しては一定の規制が必要とされたのである。

このように、「芸娼妓解放令」は、開明性を示すための理由と性感染症予防、殖産興業、風紀改善という現実的な理由から発せられた。しかしながら、その文言には買売春を禁止するとは明記されていなかった。「芸娼妓解放令」の趣旨は人身売買の禁止にあって、芸娼妓の禁止ではないと解釈された。ここに、買売春が生き残る余地があった。

北海道を管轄する開拓使では、一八七二年一一月に布達を発し、「芸娼妓解放令」を「聖代ノ美典」と称え、「自由ノ権ヲ得セシメントナレハ深ク盛意ヲ奉戴《ほうたい》致ヘシ」と述べたのち、「当地方ハ遠隔ノ絶域」であり「一旦解放却テ難渋ノ輩モ之アル」との理由から「情実斟酌《しんしゃく》」するように求めている。そして、解放後、親戚縁者のない者は旧抱主のもとに寄寓《きぐう》すること、許可を受ければ今後も芸娼妓を続けることを認めている。さらに翌一八七三年一月九日、開拓使は「北海道ノ義府県トハ比較相成難」との理由から芸娼妓解放令の管内布達を見合わせた。そして、この措置を太政官から咎《とが》められると、二月五日には「芸娼妓解放令」により「民間ニ於テ万一娼妓等放逐ト心得違致目前流離ノ者有之候テハ不容易事」であるとして、貸座敷《かしざしき》制度を実施することを発布した(『開拓使事業報告附録布令類聚《るいじゅ》 下編』大蔵省、一八八五年―国立公文書館所蔵)〔今西二〇〇七：二二五―二三〇〕。

貸座敷制度とは、すでに全国各地で実施されていた買売春の抜け道であり、遊廓が貸座敷と名を改め、警察から鑑札を受けた貸座敷業者のもとで、鑑札を受けた娼妓による売春行為を公認するというもので、娼妓には性感染症検診が課せられた。娼妓は座敷を借りて、自分の意志で売春するという名目の下、以後、全国各地にこの貸座敷制度が導入され、「芸娼妓解放令」は有名無実となった。そして、人身売買は「前借金《ぜんしゃっきん》」の貸与と返済という形式の下で、事実上、黙認されることになる。こうして、国家が買売春を公認するという公娼制度が成立した。

しかし、公娼制度は近代国家特有のものではなく、近世の遊廓は、公娼制度そのものであった。したがって、公娼制度は近世・近代を一貫するとして、あえて近代公娼制度の特徴を黙殺する見解もあるが、これは買売春の公権力による許可という外見のみの共通性にとらわれた見解である。

では近代公娼制度は近世公娼制度とどこで決定的に異なるのか。それは次の三点にある。すなわち、貸座敷業者が納める税である賦金が地方財政上の財源に組み込まれていたこと、公娼は将兵の性欲処理の対象として連隊や軍港の所在地周辺に置かれ、近代軍制と不可分の関係にあったこと、公娼は性感染症検診を義務付けられ、性感染症予防という衛生政策上から必要とみなされたことの三点で、ここにあげた三点はいずれも近代特有のものであり、近代国家の国策全体と深く関わるものである。まさに、近代国家がその富国強兵政策の一環として公娼制度を求めたのであり、それは単なる近世公娼制度の存続ではない。このことを見落としてはならないのである。さらに、近代において、買売春に対する性感染症予防という視点が重視されたことから、娼妓に対して性感染症蔓延の元凶という視線が強まり、それが娼妓への差別意識を助長することにもなった。

## 文明開化と差別

「解放令」が出された時期は、おりから文明開化が推進されていくときでもあった。一八七一年一一月、岩倉使節団が日本を出発したころにはじまり、七三年から七五年にかけて高潮に達した文明開化は、当時から意味内容に種々違いが含まれていたが、西欧文明をモデルにしながら、たんに生活様式の近代化にとどまらず、新しい政治思想や倫理意識によりつつ、封建時代の権威や秩序、因襲を打破する役割を果たしたものととらえることができよう。しかもそれは、「とにかく奇怪な事などを説かれて、驚かさるゝ人は、〔中略〕文明開化の人とはいはれぬ、何事にもせよ、我心に得心せぬ事は、よくよく其理を推究《おしきわ》めて、なる程左様あるべき道理じやと、みづから弁別がついてから、信ずべき事は信じ、信ずべからざる事は信ぜぬがよいじや」(加藤祐一『文明開化』一八七三年〔明治文化研究会編『明治文化全集24』日本評論社、一九六七年、一七頁〕)。というように内的な理性を判断基準として、それに徹する一貫性をもっていたことは重要である。

「芸娼妓解放令」とともに「解放令」が「開化」と結びつけて説かれたものであったことは先に述べたが、文明開化を民衆に説き明かしたいわゆる開化本のなかに、身分差別問題に言及したものも少なくない。その一つ西村兼文『開化の本』(一八七三年)は、「同じ天地の間にありて、情合同じき人民なれば、貴族なりとて恃《たの》むに足らず、卑賤の人時に顕達し、新しきものは旧きに代る、人世の盛衰は常ならず、西洋の各国には、屠者の立身せし多くありて、文明開化の第一等は、貧賤をして富有ならしめ、卑しきをして貴ときにおよぼすにあり」(『明治文化全集24』四三〇頁)と述べている。

横河秋濤《しゅうとう》『開化の入口』(一八七三年)も同様で、そこでは被差別部落の人びとが、徐福が秦氏を名乗って「帰化」した際の子孫や崇神《すじん》天皇のときに無頼の民として罰せられた者の子孫、あるいは神功皇后の三韓征伐にお供して皮細工を習わされた者の子孫である、といった説は誤りであると否定し、以下のようにいう。「実は皇国の旧史に、新羅の孚何百人を某の地に置き蝦夷の孚何百人を某の国に置くと言ふ事が往々書て有る。今の穢多は全く是等の子孫かと思はれ升ノサ。何にもせよ、人類に相違もなし、今日人道を弁《わきまえ》て忠孝の片端をソコ〳〵に行へば、何も其の様に隔《へだて》をつける訳は決してないノサ。〔中略〕無理に彼を隔て我身を立てるは、それこそ天理人道に背けて居るから却て穢多と呼れても仕方はないノサ」と(『明治文化全集24』五八頁)。すなわち横河は新羅の子孫との説を採るが、重要なのは、それがのちの時期のように、けっして被差別部落を劣ったものと見なしたり排除したりする理由とはされていないことである。そうした「差異」も「人類に相違もなし」という普遍主義によって打ち消され、差別する者こそ「天理人道に背けて居るから却て穢多と呼れても仕方はない」とまで言い放っているのである。

明治政府は、一面で開明的な政策を打ち出して欧米列強に対抗する素地をつくることに励みつつ、もう一方においては、民衆の要求や意識をまったく無視しては統治をなしえないがゆえに、ときとしてそれらに迎合する政策を採った。またそのような明治政府の政策は、「朝令暮改」との非難も浴びせられてきたように、途中で挫折したとはいえ天皇の神権的権威によって統合しようとする神道国教化政策を採用した二面性ももっていた。

加えて、文明開化は文明と野蛮の分割をもたらしたとされる[ひろた一九九〇]。一八七二年の東京府の布達を受けて翌七三年には全国に違式詿違《いしきかいい》条例が布告され、民衆全体に対して風俗改良が強行されていった。そうした結果、貧民に向けられた差別的な眼差しについては次節で述べるが、ここでは、そうした一面を伴いながらも明治一〇年代までは明治政府主導によって欧化主義の一貫した理念が貫かれており、それらが平等規範の普及にもたらした影響は評価してしかるべきであることを述べておきたい。

## 2　「国民」の境界

### 琉球処分

「万国公法」秩序に組み込まれた日本は、そのもとで近代国家としての体裁を整えるために国境の画定に取り組んでいくこととなった。琉球王国は薩摩藩の管轄下にある一方で清に朝貢しており、明治政府は、それを清から切り離し、日本国の一部とすることをめざした。それは、ほかならぬ東アジアにおける中国中心の冊封《さくほう》体制を切り崩すことであり、一八七二年にはその第一段階として琉球王国を廃し琉球藩とした(これにはじまり、一八八〇年に宮古・八重山「分島」問題(宮古・八重山を清国へ割譲し、沖縄島以北を日本領とする案。清国の反対により廃案となる)が収束するまでの一連の過程を琉球処分という場合もあるが、狭義には、一八七九年に政府が断行した沖縄における廃藩置県をいう)。

琉球藩設置に次ぐ一八七九年の琉球処分では、処分官松田道之が軍隊と警察を背景に琉球に乗り込み、「父母ノ国」である日本と清への「両属」状態を存続させてほしいという琉球王府の要求を余所に首里城明け渡しを命じて王府を廃止し、琉球王国は約四五〇年間の歴史を終えて沖縄県となった。そうして東京在住を命じられた藩王尚泰《しょうたい》に代わり、旧佐賀鹿島藩主の鍋島直彬《なべしまなおよし》が初代県令に任じられた。

こうして強制的に中国との関係を断ち切られ日本に組み入れられた沖縄県は、沖縄の民衆の「世《ユー》替わり《ガワイ》」への期待とは裏腹に、日清戦争期まで「旧慣温存」の名のもとに、士族の優遇・懐柔の傍ら土地・租税・地方制度において旧態依然たる民衆統治が行われた。土地に緊縛されて現物納を求められた農民たちは、封建的圧政に苦しみ続けた。県・市町村などの地方制度がヤマトと同じになるのも、一九二一年まで待たねばならなかった。

その一方で、沖縄の人びとを「日本国民」に仕立て上げるべく、教育の普及には力が注がれた。

一八八〇年には小学校教員養成のための師範学校が設けられ、小学校も一四校、中学校も一校開設された。一八九四年、内務省書記官であった一木《いちき》喜《き》徳郎《とくろう》が、沖縄の地方制度の調査をまとめた「一木書記官取調書」のなかで、「沖縄人ノ頑迷ノ思想ヲ破リテ之ヲ内地ノ文明ニ同化セシムルハ教育ニ依ル外ナシ」［宮平二〇〇〇：三六六］といみじくも述べているように、沖縄の統治は、制度上の差別を内包しながらも「日本国民」として育成していく政策がとられた。〝同化と異化のはざま〟（大城立裕）で翻弄《ほんろう》される沖縄の歴史は、こうして始まった。

## 「滅びゆく民族」――アイヌへの眼差し

沖縄とともに明治維新により日本の領土に組み込まれたのが、北海道である。さらに、明治政府は樺太・千島をめぐりロシアとの間で領土を確定する必要があった。そこで、一八七五年五月七日、日本はロシアとの間にいわゆる樺太・千島交換条約を結び、千島（クリル）諸島すべてを日本領、樺太（サハリン）全島をロシア領とすることで、ロシアとの国境問題に決着をつけた。それまで、幕末の日露和親条約により、千島の得撫島《ウルップ》以北はロシア領、択捉島《エトロフ》以南は日本領とされていたのだが、この条約により千島最北の占守島《シュムシュ》までが日本領に組み込まれた。

しかし、こうした国家間の取り決めにより、そこに生活しているアイヌ民族の運命が翻弄された。すなわち、占守島のアイヌは、ロシア統治時代の教化によりロシア人化されていたため、明治政府は管理強化のために、一八八四年、九七名全員を色丹島《シコタン》に強制移住させた。この九七名のアイヌは半年後に八四名に減少し、さらにその後六年間に四九名の死者を出した［海保一九九二：一〇七―一〇九」。この現実に対して、千島アイヌを調査した人類学者鳥居龍蔵は、「適者生存、優勝劣敗の原則は、汝の手より幸福を奪ひ去り、今や昔日の勇気已に消滅し、其人口の如き、又減じ減じて、憐れにも僅かに六十有余名を残すのみ、この形成を以て進み行かば、汝の運命将に知るべきのみ」と哀惜の念を表明した（鳥居龍蔵『千島アイヌ』吉川弘文館、一九〇三年）。ここには、「劣等」な千島アイヌが優秀な日本人と接触することにより、生存競争に敗れ、滅亡に向かうという社会ダーヴィニズムの認識が明瞭に示されているが、こうした認識はアイヌ民族全体に対して広く抱かれていく。

すでに一八七三年に明治政府は北海道の開拓と防衛の任に当たる屯田兵の設置を決定し、七五年から屯田兵が北海道に派遣されている。こうして、アイヌと日本人の接触が多くなっていた。アイヌ民族へのキリスト教布教に従事したイギリス人ジョン・バチェラーは、一八九三年、アイヌ民族について「大概数年ヲ出テスシテ消滅スル歟《か》否《しか》ラサレハ移住民ト混交シテ終ニ現今ノ日本人ト区別シ得ヘカラサルニ至ルヤ論ヲ俟《ま》タサルヘシ」と断言した（ジョン・バチェラー（長岡照止訳）『日本北海案内記』一八九三年）。

アイヌは「滅びゆく民族」とみなされた。一八九八年一二月、第二次山県有朋内閣は、第一三回帝国議会に北海道旧土人保護法を提出、成立させる。この法律は、アイヌ民族に対する農業の奨励、窮貧者の救助、教育の奨励を規定し、日本人への「同化」を強要するものであったが、一二月六日、衆議院で法案説明に立った内務次官松平正直は、アイヌ民族の状況について「優勝劣敗ノ結果トシテ、追ゝ人種モ減ジ、生活ノ途、財産ヲ保護スル途モナク大イニ其生ヲ保ツト云フコトニ於テハ、甚ダ窮境ニ陥リツヽアル」と明言した（『第十三回帝国議会衆議院議事速記録』三号）。アイヌ民族は、法律上、「北海道旧土人」と呼称され、保護しなければ滅亡する弱い民族と位置付けられた。

こうしたなか、帝国大学医科大学教授で解剖学を専門とする小金井良精《よしきよ》は、一八八八―八九年、北海道を旅し、各地でアイヌ民族の墓をあばき、頭骨を持ち去った。この「盗掘」によって、小金井が持ち去った頭骨の数は一六四に及ぶ。小金井は頭骨を計測し、日本人と比較し、アイヌ民族の特徴を数値で示そうとした〔植木二〇〇八：四六―六九〕。小金井がこうした行為に走ったのも、アイヌを「劣等」な民族とみなす差別意識があったからである。そして、こうした行為は、その後も一九二〇年代には京都帝国大学の清野謙次、三〇年代には北海道帝国大学の児玉作左衛門らにより続けられていく。

### 「異種」という境界——被差別部落

このように近代国民国家の成立期において日本―日本人の境界への関心が高まるなか、一八八四年一二月に日本人類学会（八六年東京人類学会と改称）が成立してアイヌや琉球の人びとがその考察の対象とされ、先にみた「滅びゆく民族」という言説もそうした状況のもとでつくられていった。それらとともに、地理的には「日本」の内部にありながら容易には内部化されずにある被差別部落にも、人類学者たちの目が注がれていった。

人類学会機関誌『東京人類学会報告』には、箕作元八《みつくりげんぱち》「穢多ノ風俗」（六号、一八八六年）を嚆矢《こうし》として、藤井乾助の「穢多は他国人なる可し」（一〇号、一八八六年）、金子徴「エッタハ越人《エッド》ニシテ元兵ノ奴隷トナリタルモノナル事及ビ其他ノ事ドモ」（一三〇号、一八八七年）などが掲載されており、人類学会のなかで被差別部落起源論は重要な関心事の一つをなしていた。人類学者たちが起源を論じる際に依拠しているのは、神話や歴史書にもとづく不確定な近世以前からの〝学説〟と容貌《ようぼう》などの外観上の〝特徴〟であり、そこにはあえて「普通日本人」との差異を見出そうとする態度が見てとれる。彼らにとって被差別部落民はこれまで自らの視界には入らなかった「他者」であり、かねてからの朝鮮人起源説を継承しながら、「他者」性が強調されていくこととなった。その「他者」性とは、おおむね西洋的な「人種」概念に由来するものではなく、江戸時代に見られた貴賤の別による種姓観念や、幕末に高まった攘夷《じょうい》意識などと結びつきながら形づくられている曖昧模糊《あいまいもこ》としたものであった。しかし、藤井が「穢多」を「他国人」といい、金子が自らを「普通日本人」と称するように、茫漠《ぼうばく》とした基準ではあれ、そこに「日本人」との境界を見出していたことは重要である。

それらよりややあとに人類学による学知にもとづきながら、生体計測という〝科学的〟な装いを纏《まと》って被差別部落起源論に接近したのが、前述の鳥居龍蔵であった。鳥居が行った被差別部落調査は、少なくとも、一八九七年と九八年の徳島県と兵庫県の二件あり、それらは被差別部落の初の「人類学的調査」として注目を集めた。それを報道した新聞によると、その調査を通じて鳥居は、骨の形や髭《ひげ》のはえ方、目の形などから、マレー諸島、ポリネシアン島の原住民である「マレヨポリネシヤン」種族に似ており「蒙古《もうこ》人種」ではない、と結論づけた。鳥居の主観的意図は、「穢多」も「普通日本人」であることを示そうとするものであったが、鳥居の兵庫県での調査について『日出新聞』(一八九八年二月)は、そうした意図を付記することなく「マレー諸島、ポリネシヤン島の土人「マレヨポリネシヤン」種族に比するに尤《ママ》も酷似し絶へて蒙古人種の形式あらずと云ふ」と報じており、その読者の多くは、被差別部落民を「普通日本人」ではないものと受けとめたであろう。
加えて鳥居の学説それ自体、「普通日本人」であるにしてもなぜ被差別部落は「蒙古人種」との混交がなかったとされるのか、当時の人種の序列階梯《かいてい》で「蒙古人種」よりも下位に位置づけられる「マレー系」とされることはどんな意味をもつのか、などの問題を内包している。

そうした「人種」による起源の再定義は、福沢諭吉門下として知られる高橋義雄『日本人種改良論』（一八八四年）に見られる「遺伝ト習養トハ互ニ因果ヲ相為スモノナリ」という見解や、柳瀬勁介著（権藤震二補）『社会外の社会穢多非人』（大学館、一九〇一年）で、差別をする側・される側双方について指摘した「習慣ハ第二ノ天性」といった主張が登場するなかで、新たに「修養」や「習慣」という改変可能な要素が見出されて修正が加えられていった。しかし、他方で遺伝とは一線を画しているはずの「習慣」それ自体も改変困難なものとして、「人種」の境界に準ずる機能をも果たしていくこととなった。こうして社会の側は、被差別部落を排除し、それ以外の人びとが安泰を得るための、封建的身分制度の代替として十分な機能をもった「人種」という標識を獲得していく。後述するように、一八九八年には明治民法が公布され、「家」制度がしだいに民衆レベルにも定着していった。そうして「異種」であり、穢《けが》れた存在と見なされる被差別部落の人びとは、結婚を通じてますます「家系」から排除されていった。

## 「文明」の外

被差別部落への「異種」という眼差しが強められていた一八八〇年代、大蔵卿・大蔵大臣となった松方正義の下でのデフレ政策が進行し、急速に農村を中心に貧民が増加していく。没落した貧農層は膨張し続ける都市に流入し、スラムを形成していく。また、被差別部落にも貧民が流入しスラムを形成する場合も見られた。神戸市では、スラムを意味する「貧民部落」という語が、一九一〇年代前後には被差別部落を中心とするスラムを指す語に転じており〔安保二〇〇七：一六九〕、京都市では一九〇〇年代から一〇年代に市内から周辺の被差別部落に貧民が移動して集住、こうした地域が「貧民部落」と認識されていく〔小林二〇〇一：一一〇〕。都市部では、被差別部落とスラムの境界が曖昧となり、スラムの住民全体が被差別部落同様の差別の対象とされていった。

都市のスラムには港湾労働者や屑拾《くず》いなどの雑業層も集まり、コレラやペストなどの感染症の蔓延源ともみなされ、恐れられた。幕末以降、港都として急速に発展する横浜市でも、港の西に成立した「乞食谷戸」と蔑称《べっしょう》されたスラムは、ペスト流行時に「不潔」な場所として恐怖の対象となっていた〔阿部二〇〇三：二二三―二二八〕。

一九〇九年のペスト大流行時には、神奈川県警察部は「全患者ノ七分ノ三ハ同処ヨリ発生シタル者」とみなし、「下水ハ家ノ前後ニ氾濫シ土地卑湿ニシテ一種ノ異臭鼻ヲ衝キ屋内ノ狭隘《きょうあい》ニシテ不潔ナルコト言語ニ絶シ塵埃《じんあい》堆積スルモ敢テ介意セス」と不潔さを強調する認識を示していた〔神奈川県警察部衛生課編『神奈川県「ペスト」流行誌』一九一五年〕。

こうした恐怖心は被差別部落にも向けられていく。たとえば、京都市に隣接する柳原町の被差別部落はコレラ流行の「魁《さきが》け」とみなされ〔『日出新聞』一八九〇年八月二八日〕、大阪府当局も、「旧穢多等の居住する町村」はコレラの予防上、「最も清潔にすべき方法を立てざるべからず」との判断を示していた(『朝野新聞』一八八六年一〇月三日)。貧困で不衛生な生活環境という点で、後述するように、以後、被差別部落とスラムは同一視されていく。

## 3 近代天皇制と「家」の桎梏

### 自由民権と平等権

一八七四(明治七)年一月、朝鮮政策をめぐる対立などに起因する明治六年の政変で政府を去った板垣退助、後藤象二郎、江藤新平、副島種臣らが太政官左院に「民撰議院設立建白書」を提出したことを機に、国会開設を求める自由民権運動が始まり、八〇年三月、国会期成同盟が設立されるに及び、運動は高揚した。これに対し、政府を主導する伊藤博文は、一八八一年一〇月、民権派に近い主張をしていた大隈重信らを政府から追放するとともに、一〇年後の国会開設を発表した(明治一四年の政変)。伊藤は以後、一八八四年に華族令を発布し、従来の旧藩主、旧公卿に加えて維新の功労者も華族に加え、さらに華族に公侯伯子男の五爵を設けた。これにより維新の功労者として官僚や軍人も華族に列せられた。伊藤は、華族たちに、国会開設後は国民の選挙によらない上院(貴族院)の議員として政府を支えることを期待した。華族にはこうした政治的特権が保証され、しかもその地位は世襲されたので、華族は、事実上、新たな特権身分となった。

一方、国会の開設が具体化するなかで、憲法の制定も政治日程に上り、さまざまな私擬憲法案が作成された。色川大吉により「民衆憲法」と絶賛された神奈川県西多摩郡五日市町(現東京都)の千葉卓三郎ら自由民権運動に参加した農村青年が作成した「日本帝国憲法」では、「凡《およ》ソ日本国民ハ族籍位階ノ別ヲ問ハス法律上ノ前ニ対シテハ平等ノ権利タル可シ」「凡ソ日本国民ハ日本全国ニ於テ同一ノ法典ヲ準用シ同一ノ保護ヲ受ク可シ　地方及門閥若《も》シクハ一人一族ニ与フルノ特権アルコトナシ」と、華族や藩閥官僚の特権の否定にまで踏み込んで、法の下の平等を求めていた。

また、自由民権運動の理論家であった植木枝盛が作成した草稿「日本国憲法」では、「日本人民ノ自由権利」として「日本ノ民ハ法律ノ上ニ於テ平等ト為ス」「日本人民ハ諸政官ニ任セラル、コトヲ得ルノ権ヲ有ス」と簡潔に記されている。この草稿の修正版に当たる「日本国々憲案」でも「日本ノ人民ハ法律上ニ於テ平等トナス」「日本人民ハ諸政官ニ任セラル、ノ権アリ」と記されている。法の下の平等とそれにもとづく官吏任用の平等を植木は「人民ノ権利」として認めていた。

憲法で法の下の平等を認めるという考え方は、民権運動家だけではなく、官僚側にも存在した。立法機関の元老院が作成した憲法草案は「国民ハ法律内ニ在テ均平ナル者トス」「国民ハ皆文武官職ニ任スルコトヲ得」と、やはり法の下の平等と官吏・軍人の任用に関する平等を明記し、外務省の青木周蔵の「大日本政規」も「国民天賦之権利」として「豁国《かっこく》ノ人民諸般ノ典則ニ対向スルトキハ更ニ門地ノ特格ナク総テ同等タルヘシ」「諸般ノ官務モ亦タ世襲ノ旧癖ヲ廃シ各自ノ力量ニ従ツテ人民一統ニ之ヲ奉職スルコトヲ得ヘシ」と、法の下の平等とそれにもとづく官吏任用の平等を明記していた。このほか、参議山田顕義の「憲法草案」も「大日本国民タル者ハ法律ニ対シテ同権ナリ」を記している。さらに、伊藤博文を補佐して大日本帝国憲法を作成した井上毅《こわし》の「憲法草案」は「凡ソ国民タル者ハ法律ノ定ムル所ニ従ヒ平等ニ公権及私権ヲ有シ同一ノ保護ヲ受クヘシ」

と、「法律ノ定ムル所」という条件付きながら法の下の平等を認める姿勢を示していた[家永ほか一九八五]。

このように、民権派はもちろん、政府官僚側においても、憲法に法の下の平等を明記するという認識は共有されていた。したがって、第一次伊藤博文内閣の下で一八八七年一〇月に作成した憲法草案の第一九条には「日本国臣民ハ法律ニ対シ平等トス」と明記され、八八年一二月の草案でも、同条はそのまま記載された。しかし、枢密院に提出された成案の第一九条では、法の下の平等の条文は削除され、文武官任用の平等のみが記載されていた。

なぜ、法の下の平等は削除されたのか。前述したように、すでに一八八四年に華族令が発布され、華族という事実上の政治的特権身分が存在していたこともその理由の一つである。華族に法律上の特権を認める以上、憲法に法の下の平等を記載することはできない。さらに、大日本帝国憲法とともに公布される衆議院議員選挙法でも女性の参政権は認められず、男性の参政権についても直接国税一五円以上の納入という財産の条件が付せられていく。大日本帝国憲法には法の下の平等は明記されず、第一九条は「日本臣民ハ法律命令ノ定ムル所ノ資格ニ応シ均ク文武官ニ任セラレ及其ノ他ノ公務ニ就クコトヲ得」とのみ記された。

## 立憲国家と平等権

そして、一八八九年二月に大日本帝国憲法が発布され、翌年には帝国議会が開設され、日本は外見上は欧米並みの立憲国家となる。しかし、国民の法の下の平等は存在せず、一方、天皇には天皇大権という強大な権力が与えられ、陸海軍は天皇直属とされ、統帥権の独立の下、議会からも内閣からも独立した地位が確保された。その結果、官僚や軍部は、天皇大権を背景に、国民の意思や議会の動向を無視して政治を操作することが可能となった。そして、憲法と同時に発布された皇室典範により、皇位継承は男系男子に限定され、皇族の婚姻相手は同じ皇族か伯爵以上の華族に制限された。政治的に、女性と二五歳未満で直接国税一五円未満の男性納税者は参政権も認められない一方で、皇族と華族の男子は貴族院議員として国政に関わる特権を与えられた。近代天皇制とはこうした天皇を頂点に皇族・華族という特権的身分を認めた差別の上に成立した統治体系である。

さらに、こうした差別の統治体系は民法にも反映された。一八九八年、民法典論争を経てようやく民法が公布されるが、その条文には「子ハ父ノ家ニ入ル」「妻ハ婚姻ニ因リテ夫ノ家ニ入ル」と「家」への帰属が義務付けられ、夫による妻の財産管理、離婚条件として「姦通」の妻のみへの指定が明記された。

すでに一八七一年公布の戸籍法により「家」による国民統制がはかられていた。「家」は男系により継承され、妻には「家」の継承者を生むことが求められた。民法により、「すべての国民は「家」をつうじて管理されること」になった〔鹿野一九八三a：五九〕。

「家」への帰属という意識は、家柄や血統というものへの価値観を維持させた。それは皇族や華族への畏敬の念を高めるとともに、被差別部落への差別意識を強めさせた。「家」と「家」の結婚が当然であった当時にあって、被差別部落への婚姻忌避はこうした「家」意識にも支えられていく。

「家」を継承する者は男系という前提により離婚条件としての「姦通」が妻のみに存在したよう

に、妻には「家」を守るために夫以外の男性との性交渉は厳しく戒められたものの、夫にはそうした戒めはなされなかった。「姦通」は道義的な批判を受けるだけではなく、刑法に「姦通罪」が明記されたように、犯罪でもあった。

しかし、夫に妻以外の女性との性交渉が許されたのは、単に「家」制度を守るという理由からだけではなかった。前述したように、貸座敷制度が存在し、買売春が公認されていたからでもある。もし、夫に妻と同様の性の規制を課したなら、貸座敷は存在し得なくなる。そして、買売春を公認する限り、それと不可分の人身売買にも政府は寛容であった。

明治維新当初、刑法典として「仮刑律」「新律綱領」「改定律例」等の刑法典が次々と公布されるが、いずれの法令でも人身売買は重大な犯罪とみなされ死罪を含む厳罰が規定されていた。そこには、前述した「芸娼妓解放令」とも関連する新政府の開明的な認識が示されていた。しかし、貸座敷という形式で買売春が公認されると、人身売買の処罰にも変化が生じた。フランス法学者ボアソナードの指導で編纂《へんさん》され、一八八〇年七月に公布された刑法では、二〇歳未満の者への「略取誘拐」による人身売買は処罰されるものの、二〇歳以上の者への人身売買を罰する条文は記されなかった。さらに、一九〇八年から施行された新しい刑法でも、国外への人身売買は処罰されるものの、国内での人身売買を処罰する条文は記されなかった。こうして、買売春の公認のみではなく、それと不可分の人身売買も事実上、黙認されることになった。そして、二〇〇五年に刑法に人身売買罪が明記されるまで、日本では人身売買を直接取り締まる法律は存在しなかったのである。

# 第2章

# 帝国のなかの差別と「平等」

一九世紀末から二〇世紀初頭にかけて、日清戦争・日露戦争・第一次世界大戦に勝利した日本は、台湾、南樺太、朝鮮の植民地を所有し、欧米列強と肩を並べる「帝国」となった。こうした「帝国」の発展は植民地やアジアの人びとへの差別意識を強め、国内においてもそれにふさわしくない国民、たとえば精神障害者やハンセン病患者が排除され、差別の対象となった。また、「帝国」を支える国民統合政策のもとで被差別部落や植民地の人びとに「同化」を強要するなかで際立つ「差異」によって、いっそう排除が強められた。その一方で、第一次世界大戦後の「人種平等」の高唱のもと植民地民衆が立ち上がるなかで、植民地や沖縄も、「帝国」に包摂されていく。農村女性との格差をはらみつつ再編される「良妻賢母」イデオロギーに一部女性たちも抗し、また一九二二年に創立された全国水平社が一つの起爆剤となり、アイヌや沖縄の人びとも、それぞれに「解放」の途を模索していった。

## 1　植民地の領有

### 「人種」の序列階梯——人類館事件

立憲体制を樹立した日本は、それをもって東アジアの指導者を自負し、清や朝鮮への圧力を強めていく。一八九五(明治二八)年四月、日本は朝鮮の支配をめぐって戦った日清戦争の結果、下関条約に調印し、清より台湾・澎湖《ほうこ》諸島、それに遼東半島を割譲された。遼東半島はロシア・フランス・ドイツの三国干渉により清に返還を余儀なくされるが、その一方で、日本への割譲に反対して台湾民主国を建国した台湾の民衆の抵抗を武力で鎮圧して、日本ははじめて植民地を領有するに至り、統治機関として台湾総督府が設置された。日本統治下で、台湾の山岳地帯に居住する先住民は「蕃族」と呼ばれ、「未開民族」と蔑視され、警察と軍を駆使した支配が展開された。日本はアジア唯一の植民地保有国として「未開民族」をも支配する「文明国」という地位を得たのである。

その四年後の一八九九年、明治維新以来の悲願であった欧米諸国との新条約が発効する。日本は欧米とほぼ対等な外交関係を樹立し、また、「内地雑居」も実現した。これにより、幕末以来の居留地制度が廃止され、欧米人は、日本国内で自由に居住・移動ができるようになった。政府は欧米人に見られたくない「文明国の恥」を隠さなければならなくなる。前述の北海道旧土人保護法や、後述の精神病者監護法、法律「癩予防ニ関スル件」などは、こうした必要から生まれたものであった。

「文明国」意識の高揚は、周囲のアジア諸民族への差別意識を助長した。その象徴的な出来事が人類館事件である。一九〇三年、大阪で開催された第五回内国勧業博覧会では、その余興(民間パビリオン)として学術人類館が開設され、アイヌ民族、台湾先住民、沖縄県民、マレー人、インド人、ジャワ人、トルコ人、ザンジバル島民が見世物として展示された。当初は、韓国人(一八九七年、朝鮮は国号を大韓帝国と改めていた)や清国人の展示も予定されていたが、事前に両国政府や留学生からの抗議があり、中止されていた。こうした見世物は、同時期の欧米でも先住民やアジア・アフリカの諸民族を展示するという内容で博覧会の余興として開催されていて[吉見一九九二：一八〇―二〇七]、人類館はそうした事例を模倣したものであった。まさに、日本の国家と国民が「文明国」であると自負し、欧米と対等な立場にあることを自覚して、周辺の「未開民族」とみなされた人びとを人類学的興味から観覧しようとしたのである。

また、沖縄でも、県民が「未開民族」として展示されたことに対する激しい怒りの声が上がり、展示は途中で中止に至る。しかし、その怒りの趣旨は、「台湾の生蕃北海のアイヌ等と共に本県人を撰《えら》みたるは是れ我を生蕃アイヌ視したるものなり　我に対するの侮辱豈《あに》これより大なるものあらんや」(『琉球新報』一九〇三年四月一一日)と、独自の琉球王国の歴史をもつ沖縄県民をアイヌ民族や台湾先住民と同様に「未開民族」として扱ったという点に反発するものであった。さらに展示された県民女性が「貴婦人」と宣伝されたにもかかわらず実際は那覇の辻遊廓の娼妓であったことも、「陳列されたる二人の本県婦人は正しく辻遊廓の娼妓にして(中略)斯の婦人を指して琉球の貴婦人と云ふに至りては如何に善意を以て解釈するも学術の美名を藉《か》りて以て利を貪《むさぼ》らんとする所為の外なきなり」(同上)と、県民の怒りに拍車をかけた[松田二〇〇三：一二二―一三三]。沖縄では、『琉球新報』が人類館への批判を展開するが、こうした同紙の編集方針は、日本という国家への「国民的同化」にあり、人類館への批判もまた、そうした目的のためになされたものであった[金城二〇〇五：五四]。そしてこの事件は、つくられた「人種」の序列階梯の存在を如実に示した事件であった。

### 韓国併合と「日鮮同祖論」

この事件の翌一九〇四年、日本は清の領土「満洲」と韓国の支配権をめぐり日露戦争に突入する。日露戦争の結果、一九〇五年に結ばれたポーツマス条約で日本はロシアから北緯五〇度以南の樺太を割譲され、さらにロシアが「満洲」に得ていた権益(旅順・大連の租借権、鉄道経営権)を譲渡されるが、それだけではなく、日露戦争と並行して韓国の植民地化が進行していった。そして、それは一九〇四年の日韓議定書、第一次日韓協約、一九〇五年の第二次日韓協約、一九〇七年の第三次日韓協約を経て一九一〇年の韓国併合に至る。また、アメリカは桂・タフト協定で、ロシアは日露戦争の講和条約であるポーツマス条約で、イギリスは第二次日英同盟条約で、それぞれ、日本の韓国植民地化を認めていた。日本は列強の承認のもとに韓国を植民地にしたのであり、韓国は地図から消され、ソウルに朝鮮総督府が設置され、陸軍の寺内正毅が初代総督に就任した。

韓国併合に際し、それを正当化する論理が形成された。それが「日鮮同祖論」である。すでに、歴史学者久米邦武は、『古事記』『日本書紀』の研究を通して、神武天皇の兄弟が中国・朝鮮も支配したと主張していたが(「日本幅員の沿革」『史学会雑誌』一―三号、一八八九―九〇年)、こうした考え方が韓国併合で利用された。そのとき、積極的に「日鮮同祖論」をもって韓国併合正当化の論理をつくり上げたのが文部省の教科書編修官であった喜田《きた》貞吉であった〔三ツ井二〇〇四：五六―五八〕。

喜田は、韓国併合に際し、『韓国の併合と国史』（一九一〇年）、「韓国併合と国史の教育」（『教育界』九巻一二号、一九一〇年）、「韓国併合と教育家の覚悟」（『歴史地理』臨時増刊朝鮮号、一九一〇年）などの論考を次々に発表し、伝説や歴史的文献の記事、人類学、言語学の研究をもとに「日韓同祖」を説き、韓国は「わが帝国の分家」であると主張した。喜田が小学生向けに韓国併合の正当性をわかりやすく解説した「韓国の併合の意義　神功皇后の三韓征伐以前より朝鮮は我領土たり」（『日本少年』五巻一二号、一九一〇年）を見てみよう。喜田は次のように記している。

次郎はまことに不仕合せな子供であった。太郎の弟として、何不足のない家庭に生れながら、小さい時から悪戯をして屡《しばし》ば両親に迷惑をかける。とうとう悪い男に欺されて連れ出されてしまひ、貧しいながらも一戸を持って、時には他人に脅迫せられて、その手引をして太郎の家へ乱暴を働きに来た事もあった。その後も彼方此方《かなたこなた》の手に渡って、いろいろと苦労を重ね、実家はもとより、近所合壁《がっぺき》へ対しても迷惑をかけた事が少なくない。これではならぬと太郎の親は、先づ次郎を他人の手から離して、どこからもいぢる事の出来ない一人立ちのものとして見たが、何分にも次郎自身が確乎《しっかり》せんものだから、いつまでも、ごたごたの種が絶えぬ。それで今度は此方から人をつけて世話して遣る事にしたが、家が別別になって居てはどうも思ふやうにはならぬ。結局次郎自身も戻りたいといふし、太郎の親も其れが善からうといふので、名前ばかりの次郎の家を止めて、この度もとの家へ併合したのである。憐むべき次郎は是から楽しい家庭の人となって、これまでの苦労とは打って変った幸福な生活をするやうになった。〔中略〕読者諸子。この次郎は何だと思ふ？　いふまでもなく、次郎は即ち諸子お馴染の朝鮮人である。今度出来た韓国併合は、正に久しく他に流浪して不幸を嘗《な》めつくした次郎が其の実家に復帰したやうなものだ。朝鮮人は、本来日本人と同じ人種で、朝鮮の土地も、もとは帝国の一部分であった。

韓国は日本の弟分であり、自立できない弱い国なので、日本が併合して救ってやるのだと述べている。ここには、韓国民へのあからさまな差別意識が記されている。そして、一九一〇年一一月七日、朝鮮総督寺内正毅が首相桂太郎に呈出した「韓国併合始末」にも、併合に際し、寺内が韓国首相李完用に対し、「日韓両国ハ境土相接シ人文相同シノ古来吉凶利害ヲ倶《とも》ニシ終《つい》ニ分離スヘカラサルノ関係ヲ有セリ　是レ帝国カ敢テ前後二回ノ大戦ヲ賭シ数万ノ生霊ト幾億ノ財帑《ざいど》トヲ犠牲ニ供シ以テ韓国ヲ擁護シタル所以ナリ」と述べ、そうであるから韓国併合は「和気藹々《あいあい》タル間ニ協定ヲ遂《と》クヘキモノ」と迫った事実が記されている（国立公文書館所蔵）。

後述するように、喜田貞吉は、被差別部落に対しては、異民族起源説を否定し、国民に差別意識を捨て融和することを求め、水平社運動に一定の理解をもった歴史家としても知られる。喜田は歴史学者として部落差別を克服する途を示したのだが、こうした喜田の部落問題に対する認識と「日鮮同祖論」とがどのように整合するのであろうか。この点については、鹿野政直が「異分子と目される存在の「同化融合」を目指すという点で整合していた」と指摘しているように〔鹿野一九八三b：一七〇〕、喜田は、韓国の人びとには帝国の新たな構成員として日本人への「同化」を求め、日本人には帝国の古くからの構成員として被差別部落の人びととの「融和」を求めたのである。喜田にとり、被差別部落の異民族起源説否定は「日鮮同祖論」と表裏一体のものであった。

「日鮮同祖論」は、韓国併合以後も、日本の植民地支配を正当化する論理として機能し続けていく。『朝鮮総督府施政年報』一九二三年版には、韓国併合の趣旨について「脣歯輔車《しんしほしゃ》同文同種ノ関係ニ在ル日韓両国民ヲ統合シ一視同仁《いっしどうじん》ノ趣旨ニ基キ一家ノ親ヲ結ヒ朝鮮ノ秩序公安ヲ確立シテ両民族共通ノ利益ヲ増進シ両昌共栄以テ東洋ノ平和ヲ永遠ニ維持シ帝国ノ安全ヲ将来ニ保障スルニ在ル」と述べられ、総督府の『施政二十五年史』(一九三五年)にも、「日本と朝鮮とが数千年来密接不離の関係を有したことは一度双方の歴史を繙《ひもと》けば明かなる所である。されば両者の間には早くより平和的交通が行はれたばかりでなく古くは日本と半島諸国とは宗属の関係を有し、又血族的混和を生じ、且つ一方の治乱は他の一方に其の影響を与ふることが少くなかつた」と記されている。

しかし、日本の植民地支配に対し、韓国民衆は抵抗し、一九一九年には三・一独立運動も起こった。「同祖」の国であるから併合して救ってあげたのに、韓国民衆はそれに感謝せず、独立を求めているという反感が日本人の意識を覆い、「不逞《ふてい》鮮人」という呼称を生み出し、後述するように、この語により韓国民衆への差別と恐怖と憎悪が増幅された。

さらに、一九一四(大正三)年に起きた第一次世界大戦に日本は参戦し、ドイツ領であった赤道以北のミクロネシアの島々を占領、「南洋群島」と呼んで支配した。そして、大戦後、国際連盟からの委任統治という形式で、事実上、「南洋群島」を植民地化し、パラオ諸島のコロール島に南洋庁を開設した。こうして、ミクロネシアの人びともまた、「蕃族」「土人」とみなされ、日本人の「文明国」意識をさらに高めた。一九三三(昭和八)—三九年、『少年倶楽部』に連載された島田啓三作の絵物語「冒険ダン吉」は、南の島に漂着した日本の少年ダン吉が、島の王となり島民たちを指揮して島を文明化するというストーリーであるが、ダン吉は文明の象徴である靴を履き、腕時計を身に付けた姿で描かれ、一方、島民たちは「蛮公」と呼ばれ、皆同じ顔で描かれ、名前はなく、胸に白く「一号」「二号」と番号を記され区別されていた〔長谷川二〇〇七：九二—一〇九〕。この島は南洋群島の島とは特定されていないが、このダン吉と島民の好対照な描かれ方が、「南洋群島」の人びとへの民族的差別観を見事に示していた。

## 「旧慣温存」から「同化」へ

日清戦争が終わり琉球帰属問題が決着するとともに、やがて台湾と朝鮮という二つの植民地をもつこととなった大日本帝国は、その基盤を整え、「帝国の一体化」を推進していく必要が生じてきた。そうしたなかで沖縄も、日清戦争による日本の勝利によって名実共に日本の一部となり、「旧慣温存」政策の見直しが行われていった。

琉球処分後、琉球王国時代の学校を改変しながら小学校を設置することに力が注がれ、同時に中学校や学校教員養成のための会話伝習所（のち師範学校）も設けられた。しかし、師範学校・中学校は本土出身の教師で占められていた。小学校の教師は師範学校から卒業生が輩出されるにつれて、しだいに沖縄県出身者が増えていったが、標準語が十分に話せず、学業が浅いという偏見が支配していた。また、就学率の全国平均との差は著しく、一八九六年に全国が六四・二％であるのに対して沖縄は三一・二％であった〔近藤二〇一一：一九八〕。

沖縄は、地方制度においても「「内地」のなかの「異法域」」〔高江洲二〇一一：一七〇〕であり、本土と同様の「自治」を行う段階にはないとの認識のもと、「間切《まぎり》」などの旧慣を踏襲した特別制度が実施された。しかし、日露戦後になると、「戦後経営」を支える地方行政上の必要も加わり、沖縄県や「島嶼《とうしょ》」の特別制度が見直されていった。また、韓国併合の与える影響は大きく、植民地の台湾や韓国とは区別するべく、一九〇九年には沖縄に県制が敷かれ、韓国併合の二年後の一二年には、衆議院議員選挙法が施行されて「内地」との一体化が推進された。ただし、宮古・八重山郡は除かれ、それらを含めて「内地」と同様になるのは一九一九年まで待たねばならなかった。

ちなみに北海道では、一九〇二年に札幌・函館・小樽の三区に参政権が行使され、一九〇四年には全道で行われていた。そうした序列化に沖縄の知識人たちも組み込まれ、沖縄史研究者としても知られる比嘉春潮《ひがしゅんちょう》が、韓国併合直後に、「万感交々至《ばんかんこもごもいた》り、筆にする能はず。知り度きは吾が琉球史の真相なり。人は曰く、琉球は長男、台湾は次男、朝鮮は三男と」と日記（「大洋子の日録」）に書きとどめたことはよく知られている（『比嘉春潮全集5』沖縄タイムス社、一九七三年、一九二頁）。

日本は「内地延長主義」のもと、三・一独立運動を経た一九二〇年から、相次いで朝鮮、台湾、樺太、関東州にも「内地」の法制度を適用していった。一九二〇年には、沖縄県に一般町村制が適用されることとなった。特別区制が敷かれていた首里・那覇も翌年には市となった。

こうした沖縄のおかれた位置に対して、一八八二年から実施された県費留学制度のもとで東京で学んだ人びとや、彼らをも含めて成立していった沖縄言論界の人たちが、しだいに批判の声を上げていった。なかでも最も果敢な闘いを展開したのは、ただ一人の平民出身者として東風平《こちんだ》村から第一回県費留学生に選ばれ、内閣発令の高等官である沖縄県技師として県庁に就職した謝花昇《じゃはなのぼる》であった。謝花は第八代沖縄県知事奈良原繁のもとで、一部特権者利益に偏した杣山《そまやま》開墾政策を批判したことにはじまり、自治権、参政権を求めて奈良原県政とぶつかり敗北し、一九〇一年、職を求めて山口県に赴任する途中に精神の病に倒れ、一九〇八年に死去する。謝花の闘いは、琉球王国時代の旧支配階級のなかの開化派が集う公同会や太田朝敷《ちょうふ》ら『琉球新報』とも性格を異にして対立することとなった。それらは尚家を中心に事業経営に従事する資本家的性格をもっており、その勢力拡大を阻害する官界や「内地」人による差別を批判することはあっても、県政と決定的に対立するには至らなかった。平民・農民の支持のもとに沖縄「土着県民」の自治権獲得運動を進めるべく、奈良原県政との徹底的抗戦に挑んだ謝花の運動とは性格が異なっていた［秋山二〇一一：二五六―二五七］。

## 被差別部落という「難村」の発見

被差別部落もまた、日露戦争後、植民地領有が推進されるなかで、改めて〝発見〟されていった。部落問題はすでに見たように、しだいに社会問題として浮上してきていたにもかかわらず、せいぜい部落単位で自主的に生活改善のための規約がつくられるのみで、なんら対策が講じられないままに放置されていた。ところが日露戦争による増税で疲弊した農村をたて直すために一九〇八年から政府が行った地方改良運動とよばれる国民統合政策のもとで、被差別部落にも視線が注がれていく。内務省は、納税成績、就学率の向上、風紀の改善などを町村間で競わせて「模範村」をつくり出していくなかで、被差別部落がその障害となる「難村」として浮かび上がってくることとなった。

それゆえ内務省は、それらの課題の徹底をはかるべく同時期に部落改善政策を実施する。

一九〇五年、内務省に先駆けて部落改善政策を行い、それが模範として内務省の政策にも採り入れられた三重県は、『特種部落改善の梗概《こうがい》』(一九〇七年)という冊子を刊行する。その冒頭には、①警察官による指導、②それを効果的に浸透させるための補助機関として部落改善団体を設置すること、の二つが基本方針として記されており、それにもとづいて生活の細部にまで立ち入って干渉し、生活習慣・風俗の改良を促し、かつ密告の奨励や罰則規定などを設けて改善を促した。しかしながらこの時期の部落改善政策は、ほとんど予算的裏づけもない精神主義的な運動にすぎなかった。被差別部落の経済的貧困という問題に手が着けられないかぎり「問題」とされた点が根本的に改善される見通しはなく、三重県のように一時的に厳しい監視と強制のなかで効果をあげたかに見えその成功ぶりがたたえられた地域もあったが、長続きはしなかった。そうしたときに、政策自体が省みられるのではなく、その原因を怠惰で道徳心が欠如している、などといった被差別部落の人びとの「性情」に求めて説明されていったのである。その際に、被差別部落の人びとの「人種」のちがいを言い立てることは好都合であり、以下に見るように、政策自体の矛盾を補うものとして、「人種」がちがうという認識が、部落改善政策のなかで浸透していったのである。

三重県がその冊子に「特種部落」という呼称を用いたことは、その背後にある「異種」認識をも定着させることとなった。『特種部落改善の梗概』には、祖先・人情及道徳・風俗と職業・衣食住・語調容儀・宗教・教育・衛生・前科者・改善規約という項目が立てられており、「祖先」という項目欄には、朝鮮半島からの渡来人、蝦夷《えみし》(大和政権に服属しなかった東北地方の住民)、北畠氏(南北朝時代に伊勢国国司として南朝方軍事力を支えた）の臣下、落剝者《らくはく》（落ちぶれた者）らの集団が被差別部落の起源であると記されている。そうしてそれに続く、「人情及道徳」以下の項目も、被差別部落の人びとをそうした観点において「特種」と見なしているがゆえに設けられたものといえよう。そうして、「普通人」に対するものとして被差別部落の集団を「種族」とよび、通常人間以外に用いる「繁殖」という語も使われている。そこにはしばしば侵略者が、「文明」という物差しで先住民を「未開」または「野蛮」な「種族」と見なしたのと同様の認識が見られる。

この『特種部落改善の梗概』は、部落問題の解決策として被差別部落民の台湾移住を説いた書物として知られる、柳瀬勁介著（権藤震二補）『社会外の社会穢多非人』（大学館、一九〇一年）と、実は構成や内容が驚くほど似通っている。柳瀬は、一八六八年、筑前（現福岡県）植木に生まれ、東京法学院、日本法律学校に学び、部落問題に強い関心を寄せるようになった。その解決の場を台湾に求め、自ら台湾総督府の官吏となって現地に赴くが、そこで一八九六年一〇月、赤痢のため死亡した。『社会外の社会穢多非人』は、友人権藤震二が、数年を経て刊行したものである。『社会外の社会穢多非人』が一一四頁からなるのに対して、『特種部落改善の梗概』はわずか三〇頁の冊子であり、書かれた意図もまったく異なるものであるが、三重県のそれは、柳瀬の著書の叙述を借用しながら綴られているのである。

柳瀬は、肉食の禁忌、異種類の嫌悪などもすべて今では取り除かれたから「依然擯斥《ひんせき》せらるゝ所以のものは他なし」と言い切り、今日の擯斥は、被差別部落民が多年排斥されてきた結果として道徳・知識・品格が劣ることと、多年の習慣によって社会が擯斥を「暴慢」と思惟せず、一方擯斥を受ける側もそれに慣れてしまったことをあげる。彼は、擯斥を行う社会の責任を問うことをけっして忘れてはいない。社会の擯斥を受けないようにするために、被差別部落民が劣っていると見なされる点を指摘し、その改善方法を提示するのである。ところが、三重県当局の認識はその点が抜け落ち、もっぱら被差別部落民の矯正が自己目的になってしまっている。先述したように、地方改良運動が展開されるなかで、被差別部落が「最悪の難村」として浮上してきたことが、それにいっそう拍車をかけた。身を挺して部落問題解決に向かった柳瀬の主観的意図と、三重県をはじめとする権力機関との間には大きな隔たりがあったが、後者が人種主義を広める上に、柳瀬の著書が重要な役割を果たしたことの意味は問われなければならないだろう。

この三重県の部落改善政策は全国の模範となり、他府県でもいくつかこれにならって、ほぼ同様の政策が行われていった。それとともに、被差別部落に対する呼称も、「人種」のちがいを思い起こさせる「特種」から、「特殊」と文字を変えて、それが一般的に用いられるようになった。

ちなみに、「部落」は、元来、村の一部を構成する共同体集落をさす言葉であり、それに「特種（殊）」をつけて、今日いうところの被差別部落をさす言葉としたのである。そのような呼称は、差別においてこれまで人が単位とされていたのが、集落という単位になったことを意味するものにほかならないが、そうした把握の仕方は、すでに松方デフレ後の貧民問題の浮上、そして町村合併における排除において、その端緒が認められよう。

三重県に範を取りつつ、内務省嘱託として部落改善政策を主導した留岡幸助は、嘱託就任以前に三重県の被差別部落を訪れたときの印象を次のように述べている。「何是《なぜ》嫌厭《いや》がる、かと云ふに、昔より此部落の者は罪悪といふ罪悪は犯さゞるものなく、その近隣の町村は云ふを俟たず施《し》いて近県の人々までも苦しめ、而かもその性質兇悪《きょうあく》にして事の善悪を顧みず、己れの意志に背く所あらば直に党を結びて良民を襲撃し、警官之を鎮静せんとすれば反抗して止まず、〔中略〕彼等の生活は恰も台湾にある生蕃の其れと酷似して居るのである〔中略〕何故に新平民は双生児を他と比較して多く産むかと云ふと、その解答は甚だ六ヶ敷《むつかし》い。新平民は普通民と比較して生理機関を異にしたるか、兎《と》に角《かく》長き日月の間普通民と生活状態を異にして居りしが為に、自ら其生理機関に異状を生じて、他と比して多くの双生児を産むに至りたるならんか、研究を要すべき問題である」(『警察協会雑誌』八七号、一九〇七年八月一五日。傍点引用者)。ここでは日清戦争時の台湾征服戦争の対象であった台湾原住民と被差別部落民が同様の位置づけに置かれていることに留意しておく必要があろう。そうして、生物学的差異もまた如実に語られているのである。

これらに明らかなように、このような部落認識は「血統」を核としつつ風俗・衛生・習慣などの実態が周縁に位置して形成されているものであり、実態の劣悪さがほぼ決まって「人種」的特殊性によって説明された。ただし、そもそも日本では、「人種改良」自体に遺伝だけではなく、「修養」という環境的要因を見出す傾向が強かったことが指摘されており〔冨山一九九四〕、それゆえ、部落改善政策が行われ、被差別部落の人びとの「修養」が求められたのであろう。とはいえ、被差別部落が内包する問題を「人種」的特殊性に起因する問題ととらえる以上、ひとたび行き詰まりが生じれば「改良」への展望はいきおい絶望的とならざるをえず、被差別部落は、町村が競って「改良」の成果を示す上での桎梏《しっこく》となり、統合と排除のジレンマに立たされていくこととなる。

## 浸透する人種主義

部落改善政策が開始されるのと相前後する一九〇六年に刊行され、多くの人びとに読み継がれてきた部落問題をテーマにした作品の一つに、島崎藤村の小説『破戒』がある。『破戒』は、信州の被差別部落に生まれ、師範学校を出て尋常小学校の教師となった瀬川丑松《うしまつ》という人物が主人公で、長らく議論があったようにこの作品に反映された藤村の部落問題のとらえ方には、今日から見れば考えるべき問題点が孕まれている。しかし、他方でまたそうであるがゆえに、この小説は「新平民」という差別語の定着をはじめ、当該時期の部落差別のありようを如実に映し出してもいる。たとえば次の場面は、これまで見てきたような「人種」がちがうという認識がすでにある程度社会に定着していたことを示している。

被差別部落出身であることを隠して小学校教師となった丑松の同僚の間で、丑松が部落出身ではないかとの噂が立ちはじめ、師範学校時代からの友人である土屋銀之助は、丑松が被差別部落出身であるとはまったく知らずに、丑松にそうした〝よからぬ〟嫌疑がかけられることを避けるために、次のように述べる。

「僕だっていくらも新平民を見た。あの皮膚の色からして、普通の人間とは違っていらあね。そりゃあ、もう、新平民か新平民でないかは容貌《かおつき》でわかる。それに君、社会《よのなか》からのけものにされているもんだから、性質が非常にひがんでいるサ。まあ、新平民の中から男らしいしっかりした青年なぞの産まれようがない。どうしてあんな手合が学問という方面に頭をもちあげられるのか。それから推したって、瀬川君のことはわかりそうなものじゃないか」。そうしてその会話のなかにいた別の教師も、「穢多には一種特別な臭気《におい》があると言うじゃないか――嗅いでみたらわかるだろう」と言って、「まぜ返すようにして笑った」という（島崎藤村『破戒』岩波文庫、一九五七年）。この会話の前提となっているのは、被差別部落の人びとには、傍目にわかる身体上の特色があるということであり、それはまさに「まぜ返すようにして笑っ」てすませることができるほどに自明のことなのであった。

ちなみに藤村自身は、すべての被差別部落の住民にそのような身体的な特色があるとはみなしておらず、被差別部落の人びとを high class（上層）と low class（下層）に分けることができ、前者は容貌や性癖・言葉遣いなど部落外の人びととなんら変わるところがないのに対して、後者は顔つきや皮膚の色が異なっており、他の「種族」とは結婚しないと記していた（「山国の新平民」一九〇六年『藤村全集６』筑摩書房、一九六七年）。『破戒』に登場する猪子《いのこ》蓮太郎や丑松は前者に該当し、low class が、銀之助いうところの「新平民」像にそのまま重なりあうものであった。それでは身体上の特色を有した low class の「新平民」も文明化すればその徴が取り除かれるのか、という疑問も沸き起こる。しかし現実には、high class の外観上は同じであるはずの人びとも、執拗《しつよう》な詮索をしてまで「血筋」が問題にされ、その「血筋」によって排除されるのであり、それゆえに丑松は、被差別部落出身であることを告白して受け持ちのクラスの子どもたちの前で土下座をし、教壇を去らなければならなかったのである。

## 「民族の融和」

前述の部落改善政策は、もっぱら国民統合の観点から部落という「難村」を問題にした部落責任論にすぎず、被差別部落の「改善」にのみ目が注がれた。そのような眼差しに被差別部落からいち早く不満の声をあげたのは、大和同志会の人びとであった。大和同志会は、一九一二年八月二〇日、奈良市西阪町の被差別部落で精肉店を営む松井庄五郎を会長に、奈良県知事・奈良市長らの後援を得て結成された団体であり、松井が私財を投じて機関誌『明治《めいじ》之光《のひかり》』を発行し、近畿地方を中心に全国に読者を広げていった。

大和同志会を立ち上げるきっかけは、「特殊部落」という呼称の問題をはじめ、差別の原因を被差別部落の側にもとめる部落改善政策全般に対する批判にあった。松井は、資産家に生まれ東京帝国大学を卒業した、被差別部落には数少ない〝エリート〟であり、大和同志会は、その彼を筆頭に小学校教員など被差別部落内部の知識層を中心的な担い手として、殖産興業、教育の機会均等、本願寺改革、差別撤廃、臣民意識の徹底、「特殊部落」という侮蔑的呼称の廃止を、会の主張として掲げた。被差別部落の経済的自立、すなわち松井らいうところの「実業の育成」を行うことにあり、その妨げとなる事柄を改革するという、目的合理主義的な意識に根ざしていたといえよう。

差別からの解放を目的とする大和同志会とは対照的に、部落問題の解決を「大日本を形成」するための、すなわち一流の帝国主義国家となるための手段ととらえ、それへの取り組みを行ったのが一九一四年に創立された帝国公道会であった。そこには会長の板垣退助をはじめ、爵位をもつ名士たちのそうそうたる顔ぶれがならんだが、活動の実質を担ったのは幹事長の大江卓であった。帝国公道会は、内務省の意向を代弁するものでもあり、大江が述べたように、「特殊部落ノ改良」を行って、「進ンデハ社会ニ融和スル」役割を自任し、各地に起こってきた団体を統括するべく機関誌『公道』を発行した。帝国公道会は、植民地支配をも視野に入れて大日本帝国の一体化をはかるべく、「部落民の救済」は、「世界の一等国たる我が帝国の一大急務」であり、彼らを、「包容融和」できなければ帝国は「破裂」のおそれがあるとの警鐘を鳴らした。

被差別部落のなかから生まれた大和同志会は、あくまで被差別部落の人びとの権利を守ることを優先させており、国家に奉仕することはそのための手段であったが、被差別部落の外部から「同情融和」を旗印に誕生した帝国公道会は、大日本帝国を維持することが目的であり、大和同志会とは、目的と手段の関係が逆転していた。それゆえ、一九一七年ごろから労働問題がきわだつようになると、大江の関心はもっぱらそれに向けられ、『公道』の誌面は、部落問題から労働問題に取って替わられていった。目的が大日本帝国の堅持にあった以上、そのために労働問題の解決の方が急務と映れば、関心がそれに移行するのは当然であった。大江がふたたび部落問題に目を向けるのは、後に述べる米騒動の衝撃を経てのことであった。

## 2　新しい女／農村の女性

### 家父長制と資本主義のくびき

日清戦争を契機に日本の資本主義が急成長を遂げていくなかで、女子労働者は、製糸・紡績業を支える主力であった。それにもかかわらず、日本鉄道矯正会、活版工組合、鉄工組合を傘下《さんか》に集めた労働組合期成会(一八九七年結成)の機関誌『労働世界』を繙くと、女性労働者に対する蔑視と排撃に満ちた記事が散見される。たとえば、次のようにいう。

男工《おとこ》と女工《おんな》の競争は機械の発達に伴ふの悪弊なり。男工は女工の為に賃金を引下られ、終りには職業をも奪われ、男工は内に子守をして妻か《ママ》工場で金儲するに至る不始末は英米に見る所なるが、我邦の資本家も得たり賢こしと益々女工を雇入ると云ふ。〔中略〕女工と男工を混へ使ふは道徳上に醜体を顕《ママ》はす元なり。また男工は其職業を取られ、行末は大困難を受くべし、注意すべし(『労働世界』一四号、一八九八年六月一五日。句読点は引用者)。

『労働世界』を分析して労働運動が草創期からもっていた差別性を洗い出した鈴木裕子は、こうした状況のもとに置かれていた女性たちは、「家」制度のくびきに縛られていて、家のために働くことが「醇風美俗」として賞賛されたのであり、まさに「家父長制と資本主義が「握手」した」状態にあったとする[鈴木一九九一：二二]。

『母の時代——愛知の女性史』(風媒社、一九六九年)は、半世紀近く前、名古屋女性史研究会が、中央の動きを知るだけではなく「この土地に生きた私たちの母や祖母がその同じ時点で何を考え、どのような行動をしたか」を明らかにしなければ「私たちの主体的な生活意識や行動と交わり得ない」という動機から編んだ本である。そのなかの「女子労働者」の章はまず、愛知県の重要産業である織物業は、若い女子労働者の犠牲の上に築きあげられたことを記す。三重紡績愛知分工場では、既婚者は一割にすぎず、「女工たちのほとんどは嫁入りまでのあいだ、親のため家のために働かねばなら」ず、三重・岐阜・静岡・富山・新潟などから募集に応じてやってきていた。しかし、苛酷《かこく》な労働に耐えられず、病気による帰休・死亡や逃亡などが全体の七〇%を占めたという。また、一九一〇年生まれの加藤静子は、逃亡してやっと親元に帰っても、二日後には再び父親に連れられて工場に帰されたという。そのときの思いを込めた「年季奉公に出すよな親は 親じゃござらぬ子の仇《かたき》」といった唄も残されている。

## 再編される「良妻賢母」イデオロギー

近年、日本近代史においても、国家の基礎単位を「近代家族」とみなす研究が盛んである。都市と農村、階層による差異を伴いながら、第一次世界大戦期ごろからしだいに都市部の新中間層を中心に、「近代家族」が規範力をもつようになり、核家族のサラリーマンの妻たちは、「良妻賢母」という価値規範のもとで家事と育児に専念するいわゆる専業主婦として家庭を守り、戦後につながる性別役割分業が進行していった〔田中ほか二〇〇五〕。数からすればごく一握りにすぎなかったが、「職業婦人」と呼ばれる教員、タイピスト、看護婦、電話交換手など専門的な職業に就く女性たちも増えていった〔村上一九八三〕。しかし、「家」から急速に「近代家族」に移行しえたわけではなく、都市部においても近代日本を支えていたのは、「家/近代家族複合型」であった。

一九一一年、平塚らいてうらは、女ばかりの文芸サークル青鞜社を立ち上げ、『青鞜』創刊号(一九一一年九月)に、「元始、女性は実に太陽であつた。真正の人であつた。今、女性は月である」と平塚が謳《うた》い、与謝野晶子は、「山の動く日来る」を寄せた。それは、時代状況を何歩か先取りしていた。それゆえ、やがて平塚自らも名のる「新しい女」という呼称には、こうした女性たちの自我の発露を、既存の規範からの逸脱であるとして好ましく思わない世間の冷ややかな眼差しが込められていた〔堀場一九八八〕。

先にみた職業婦人の数の増加や職種の拡大を背景に、第一次世界大戦後には、支配層ならびにそれを代弁する論客たちによって、家庭の維持に支障のない範囲において「女の天分」を社会に活かそうとする議論や、「主婦」によって主導される「民本的家庭」論などが登場し、「良妻賢母」思想にも一定の〝修正〟が施されていった〔小山一九九一：一四八―一七〇〕。

かつて『青鞜』に集った女性たちもまた、一歩踏み出し、女性の地位向上を射程に入れた「改造」の必要を説くにいたる。一九一八年から一九年を頂点として、平塚と与謝野、そして山田わか・山川菊栄が加わって母性保護論争が展開された〔香内一九八四〕。「元来母は生命の源泉であつて、婦人は母たることによつて個人的存在の域を脱して社会的な、国家的な存在者となるのであ」るから、「国家は個人の自由に放任せず自ら進んで彼等を保護し、彼等の心身の健全な発達を計ることは国家として当然為すべき義務でないでせうか」(「母性保護の主張は依頼主義か〈与謝野、嘉悦二氏へ〈抄〉〉」『婦人公論』一九一八年五月号)という平塚に対して、与謝野は以下のように応戦した。「平塚さんの云はれる「国家」は現状のまゝの国家では無くて、勿論理想的に改造された国家の意味でせう。それなら、個人の改造が第一の急務で無ければなりません。改造された個人の力を集めなければ改造された国家は実現されない筈です」(「平塚さんと私の論争〈粘土自像〉」『太陽』一九一八年六月)。そこには、福沢諭吉を彷彿とさせる自主独立の精神が漲《みなぎ》っている。経済的自立を求めて模索する女性たちの間で、そのためにはまず「国家の改造」なのか「個人の改造」なのかについて、熱い議論が交わされていたのである。しかし、平塚も依拠したエレン・ケイの唱える「母性」という語は、当該時期に急速に用いられ、遺伝学とも結びつきながら「母」の重要性を再認識させることとなり、後述するように、女性を内面から縛る役割を果たしていった。その点で平塚の母性主義も、それが顕著となる戦時下を待つまでもなく、すでにそういう側面を内包していたといえよう。

小山静子が明らかにしたように、男が生産活動や兵営をとおして直接に国民国家の担い手となるに対して、「女はその男の活動を家庭にあって支え、次の世代を育てていくことによって、間接的に国民としてとらえられ、国民統合されていった」。それを支えたのが、「良妻賢母」というイデオロギーであった。「男は仕事、女は家庭」という性別役割分業に即応したそれは、先に見たような第一次大戦後の状況の変化のなかで再編され、「一方では潜在的能力を開発し、活動力や積極性をそなえた女性を育成していくことを目指し、他方では従来の性別役割分業を温存しつつ、女性の「男性化」を避ける、という課題が追究されていった」[小山一九九一：二三四―二三五]。前述の母性保護論争は、まさにそうした狭間におかれていた女性たちの葛藤《かっとう》を集中的に表現したものであった。

### 「日本農村婦人問題」

都市部の女性の問題が注目を集める一方で、農村の女性は依然大きな変化もないまま深刻な状況におかれていた。昭和恐慌を経て事態はいっそう深刻化する中、当時産業組合中央会の職員であった丸岡秀子は、「特に強調したいのは、農村婦人が「女性」のもつ苦難多い社会的地位を集中的に表現している点である」「母性生活、性的差別待遇、封建的隷属等のより苛酷な担い手として、その伝統の根強さ、根深さに於いて全女性を代表するものは、主婦、母としての農村婦人である」との思いを抱いていた。しかしながら、「従来婦人問題の領域で最も関心が持たれ、研究が積まれて来たものの多くは都市の勤労婦人に就てであ」り「農村婦人の問題は、農村問題一般の中のごく小さな一部面として扱われ、その隠された重要性に逆比例して全くとり残されていた」ため、戦争前の厳しい言論統制の中、「具体的な調査事実によってナマのままでほおり出すこと」によりそれを提示しようとし、一九三七年、『日本農村婦人問題』と題して世に問うた（［丸岡一九八〇：一一―一二、五］）。

丸岡は、地主制度のもとで小作は「飯米にさえこと欠くのが常態」であり、自作であっても「小作なみの者がその大部分」という認識のもと（一三頁）、なかでも「農村婦人は男子と同じく生産労働に参加しているけれども、家族制度の下に隷属させられ、てんでに孤立化させられているので、男子のように集団的な力として経済に参加する機会などは全然与えられていない。その労働の地位は、あくまでも家長に従属する家族労働の一部分である」（二五―二六頁）という。そうして、群馬県福島村の農業労働分配表（一九三二年）を示しつつ、「養蚕をする村では、婦人の労働は支配的であり、並み大抵ではない」ことに加えて、「朝は誰よりも早く起きて飯ごしらえをし、昼は一日中、男子と共に田圃や畑で働き、夕方は文字通り星をいただいて家に帰る。このとき男子は一度家に戻れば必ず一服、まず一杯と寛ろぐことも出来るが、婦人は仕度脱《と》る間もおそしと大急ぎで家にかけ上って、子供に乳を含ませながら暗い寒い台所で鍋釜の下に炊きつけなければならない」状況を告発する（三二頁）。思い込みを排して具体的な事実を突きつけようと徹底した姿勢で、克明な実態の叙述が続くが、重要なことは、丸岡はたんに都市に比べて農村女性のおかれた状況が苛酷であるということを訴えたかったのではない。重要な点は、「農村婦人がそのような社会的・立法的保護の圏外に置かれていること、驚くべき悲惨な低劣な母性生活を続けさせられていること、これらが工場婦人の母性生活に有形無形に作用して、その地位を引下げ、最小限の法的保護の実施さえ妨げている」「農村母性の条件を引き上げることなしには工場母性の条件を改善することは期せられない」と考えて、両者の「相関関係」を見ていたことにある*（九五頁）。

＊日本の農民家族経営において、女性が農業労働で果たした役割の大きさを分析した研究に、大門正克「農業労働の変化と農村女性――二〇世紀日本の事例」（西田美昭、アン・ワズオ編『二〇世紀日本の農民と農村』東京大学出版会、二〇〇六年）がある。大門は、一八九〇年代から一九三〇年代にかけての農民的小商品生産の発展が女性の労働時間を増大させ、また出産に支障をきたすなど、女性の負担に依存して行われていったことを明らかにしている。

## 3　隔離と囲い込み

### 監禁される精神障害者

近代日本は、一九世紀末から二〇世紀初頭にかけて、急速に「文明国」の道を突き進んだが、国民の生活は国家の発展から遠くに置かれ、それは国民の生命を守る衛生行政に顕著に示された。

近代日本の衛生政策は急性の感染症対策に追われ、一八七九（明治一二）年に虎列剌《コレラ》病予防仮規則、八〇年に伝染病予防規則、九七年に伝染病予防法が公布されたが、それ以外の病気に対する対策は遅れていた。こうした状況に変化が生じるのは、前述したように、一八九九年から欧米とのほぼ対等な新条約の発効にともない「内地雑居」が開始されてからである。欧米に対し、文明国としての外観を繕うため、精神障害、および慢性感染症である結核とハンセン病(癩《らい》)に対する法令が用意されていく。

まず、一九〇〇年に精神病者監護法が公布される。精神病者監護法は、「看護」ではなく「監護」の語が使用されたように、精神障害者の治療や保護に関する法律ではなく、「私宅監置室」、すなわち座敷牢《ざしきろう》のような監置室を患者の自宅に設置し、家族に精神障害者を自宅で監禁・監視することを求めた法律である。すでに、府県レベルの規則では、精神障害者に対する私宅での鎖錮《さこ》(監禁)は規定されていたが、精神病者監護法はそれを全国一律の法令にしたものである〔橋本二〇一一：二二―二八〕。一月二〇日、第一四回帝国議会貴族院本会議で、第二次山県有朋内閣の内務次官小松原英太郎は、法の目的は、精神障害者の「身体ヲ保護シ併セテ社会ニ及ボス障害ヲ防」ぐことであると説明し、これが社会防衛のための法律であることを明言していた(『第十四回帝国議会貴族院議事速記録』一二号)。この法の成立により、精神障害者は、監置室に追い込まれ、社会からは危険な存在としてますます恐れられ、精神障害者は衛生対策ではなく治安対策の対象とされていく。

この法に続いて、一九一九(大正八)年、精神病院法が公布される。この法は、精神障害者に対し、従来の「私宅監置」だけではなく、精神病院への収容を拡大しようとするもので、公立の精神病院の増設を目指していた。二月二二日、第四一回帝国議会衆議院本会議で、法案の説明に立った原敬内閣の内務大臣床次《とこなみ》竹二郎は、「年々是等ノ患者〔精神障害者〕ノ中デ、危険性ヲ帯ビテ放火殺人等ノ罪ヲ犯ス者百五十名ヲ下ラヌ有様デアリマス、公共ノ安寧ヲ乱ルコト少クナイノミナラズ人道上カラ申シマシテモ、社会政策上カラ考ヘマシテモ、速ニ改善ノ途ヲ立ツベキ事柄ト考ヘル」と、精神障害者と犯罪を結び付けて、精神病院の拡充の必要を訴えていた(『第四十一回帝国議会衆議院議事速記録』一六号)。このようにして、精神障害者は社会に危害を与える存在とみなされ、天皇や皇族の行幸啓に際しては、街頭にいる患者は身柄を拘束されていった。

## 隔離を分けたもの——結核とハンセン病

慢性感染症である結核については、一九〇四年に内務省令「肺結核予防ニ関スル件」で学校・病院などに痰壺《たんつぼ》設置を義務付けた程度で、結核予防の法律制定には至っていない。その後、一九一九年、精神病院法とともに結核予防法も公布される〔青木二〇〇四：一四六―一五四〕。しかし、患者の療養所への入所は法律で強制はされず、あくまで患者本人の意志によるものであり、結核患者は早期発見、早期治療、社会復帰の対象とされた。

これに対し、同じ慢性感染症であるハンセン病への対策は結核へのそれと大きく異なっていた。一九〇七年、法律「癩予防ニ関スル件」が政府提案の法として成立した。この法律は、資力のない放浪するハンセン病患者を隔離の対象とし、退院規定を明記していなかった。当時、ハンセン病治療には大風子油《たいふうしゆ》(大風子という樹木の種子からとった油)が使用されていたが、決定的な効果はないとされ、ハンセン病は不治と決めつけられていたからである。まさに生涯隔離の法であった。

この法律にもとづいて全国が五つのブロックに分けられ、それぞれのブロックに一カ所、ブロックを構成する道府県の連合立による療養所が開設された。すなわち、それらは全生《ぜんしょう》病院(東京府)・北部保養院(青森県)・外島《そとじま》保養院(大阪府)・第四区療養所(香川県、一九一〇年に大島《おおしま》療養所と改称)・九州癩療養所(熊本県、一九一一年に九州療養所と改称)であり、その完成を待ち、一九〇九年から隔離が開始された。療養所とは言っても、実質は隔離収容施設である。

しかし、当時は、日露戦後の財政緊縮期であり、膨大な予算は用意できなかった。外国人の目からハンセン病患者を隠すことを目的に、自宅で療養する患者は隔離の対象とせず、まず放浪する患者を隔離のターゲットにしたのである。当時、日本のハンセン病患者数は三万余名とされていた(一九〇〇年内務省調査)。結核は欧米の先進国にも多くの患者が存在しているが、ハンセン病は欧米の先進国には少なく、アジア・アフリカの植民地に多くの患者が存在していた。日清・日露の両戦争に勝利し、列強の一員としての地位を確立した日本にとり、三万の患者の存在そのものが「国辱」であった。もし、ハンセン病がほんとうに隔離を要するほどの感染力をもつなら、全患者の隔離を行うはずである。しかし、五カ所の隔離施設の定員を合計しても当初はわずか一一〇〇名に過ぎない。予防という医学的必要ではなく、「国辱」の原因の排除という発想から隔離が始められたことは明らかである。そこには、結核に対するような患者を治療し、治癒させ、社会復帰させるという視点は不在で、患者の永久隠蔽《いんぺい》となる生涯隔離が実施された。そして、こうした慢性感染症に対する対策としては医学的知見にもとづかない政策を正当化するため、ハンセン病は強い感染力があるとか、不治であるという宣伝が国家によりなされ、国民の恐怖感を煽った。

また、一九一五年、東京に開設された全生病院で院長光田健輔《みつだけんすけ》の意志で男性患者への断種手術が開始され、以後、他の療養所にも普及していく。女性患者の妊娠が発覚すると堕胎が強制された。これらの措置には法的根拠もなく、医学的根拠も明確ではなかった。ハンセン病は感染症であるが、ハンセン病に対する免疫の弱い体質があり、それが遺伝するのではないか、あるいは男性の精子から女性に感染したり、女性の胎盤から胎児に感染したりするのではないかという仮説にもとづき、患者の妊娠を防ごうとしたのである。ハンセン病患者はこうして子孫をもつ自由をも奪われた。

内務省衛生局が編纂した『癩患者の告白』(一九二三年)にさえ、「入院後初めて療養所と謂《いわ》んよりも、寧《むし》ろ収容所の感あるを覚えたり」「(療養所職員は)我らを見る事罪人の如く取扱ひ、犬猫の如く全然人間的の待遇を受ける事できないのを口惜しくも残念である」など隔離された患者の怒りの声が記されている。

以後、隔離は徐々に拡大され、一九三一(昭和六)年に公布された癩予防法は、すべての患者の隔離、すなわち絶対隔離を掲げ、さらに強制隔離、生涯隔離を徹底させた。患者は隔離されたうえで、断種され、あるいは強制労働を課せられ、抵抗すると療養所長の判断で監禁された。一九三〇年代後半からは無癩県運動が展開され、隔離を逃れて自宅にいる患者を捜し出して療養所に送っていった。これには自治体、宗教団体、さらには地域住民も動員された。自宅にいる患者は警察により監視を受け、いつ隔離されるかという恐怖のなかで生活を強いられた。

結核は治癒すれば「人的資源」として社会復帰可能であるが、ハンセン病は治癒しても重篤《じゅうとく》な障害が後遺症として残り、労働力としても兵力としても使用できない。この「人的資源」としての価値基準が、両者への大きな処遇の差を生み出したと考えられる。

## 管理される娼妓

また、一九〇〇年には内務省令として娼妓取締規則が公布されている。これにより、各府県でまちまちであった公娼制度の規則が統一され、娼妓には性感染症の検診と治療が義務付けられた。その一方で、同年に公布された行政執行法で「密売淫」で検束された私娼への検診も明記され、日本の買売春は性感染症予防と一体となって、国家の管理下で存続することになる。当時、性感染症である梅毒や淋病《りんびょう》が「花柳病」と医学的にも呼ばれていたのは、こうした性感染症は買売春で感染するという固定観念が強固に存在したからであり、公娼、私娼ともに性感染症の感染源とみなされ、後述するように、その点でも差別されていく。

そして、国家は、娼妓取締規則で買売春という行為を貸座敷営業地に封じ込めることで社会の風紀を守ることに専念し、そのなかで人身売買や強制売春という行為が行われていたとしても、それは黙認した。それゆえ、前述したように、一九〇八年から施行された刑法には、海外との人身売買を処罰する条文は明記されたものの、国内の人身売買を取り締まる条文は記されなかった。もし、刑法で国内の人身売買を処罰するならば、公娼制度は事実上、成り立たなくなるからである。

さらに、貸座敷営業地以外に集住して行われた買売春についても、公娼並みの検診を行う限りにおいて黙認した。国家が取り締まった買売春は、街頭に立って客を勧誘する形態や芸妓、カフェーの従業女性らが密かに行う場合のみである。すなわち、性感染症の検診を実行する限り、買売春は公認もしくは黙認され、それを実行しない買売春は禁止されたのである。

こうした買売春の実態、とりわけ公娼制度に対して、キリスト者、特にプロテスタントの女性を中心に廃娼運動が展開された。廃娼団体としては日本基督教婦人矯風会《きょうふうかい》（一八九三年結成）や救世軍日本本営（一八九五年結成）、それに廓清会《かくせいかい》（一九一一年結成）などがよく知られているが、こうした廃娼団体の主張は公娼制度の廃止であり、けっしてすべての買売春の廃止ではなかった。すなわち、国家が買売春を公認することに対し、それを「国辱」とみなして反対するのであり、私娼の廃止までは論じなかった。廃娼団体にとり、公娼の存在は「文明国」の恥辱であり、かつ性感染症の蔓延源として国民の質を道徳的のみならず体力的にも低下させる元凶であった。公娼を廃止し、私娼化すること、それが廃娼団体の当面の課題であった。廃娼運動家は、娼婦を性感染症の感染源であり、道徳にも反する存在とみなし、「賤業婦」「醜業婦」と呼んではばからなかった［藤目一九九七：一〇〇―一〇七］。

日本が国際連盟の常任理事国の地位を得た一九二〇年代、後述するように、帝国議会に廃娼法案が次々と提出される。法案提出の原動力となったのは、廓清会や矯風会などと、その意向を受けた超党派の廃娼派議員であるが、その背景には、国際連盟のもとで一九二一（大正一〇）年に調印された「婦人及児童ノ売買禁止ニ関スル国際条約」の存在があった。これは売春を目的とした女性・子どもの人身売買を国内はもちろん国境を越えて禁止するもので、その対象は満二一歳未満とされていた。しかし、日本では娼妓取締規則において満一八歳以上の女性に売春を認め、事実上、「前借《ぜんしゃっ》金《きん》」という名目での人身売買が横行していたため、一九二一年一〇月、原敬内閣は年齢条項を留保することと、朝鮮・台湾・樺太・「関東州」など植民地・准植民地を対象から除外することを条件に、この国際条約に調印、条約は二五年九月二八日に批准された。これに対し、廓清会と矯風会は年齢条項の留保は「国辱」であると批判、ついに一九二七年二月、第一次若槻礼次郎内閣は、年齢条項の留保を撤回するに至る。その一方で、以後も日本政府は公娼制度は自由意志にもとづくもので、人身売買に当たらないと強弁し続ける。

こうしたなか、廃娼運動は、公娼制度の存在そのものが「国辱」であり、かつ性感染症検診をしているから「安全」との過信を生み、かえって性感染症を蔓延させると批判するが、これに対し、内務省衛生局は、廃娼すれば性感染症について管理できない私娼が増加し、かえって性感染症が蔓延すると反論、廃娼は政治問題として浮上していく。

帝国議会では、一九一九年一月二八日、第四一回議会衆議院で弁護士出身の横山勝太郎(憲政会)が「公娼制度ノ存廃ニ関スル質問」を行って以来、二〇年代から三〇年代初頭にかけて廃娼を求める建議案や「廃娼法案」が次々と提出されている。法案は「婦女ノ人権保護ニ関スル法律案」(第四五回議会、一九二二年)、「公娼制度制限ニ関スル法律案」(第五〇回議会、一九二五年)、「公娼制度制限並廃止ニ関スル法律案」(第五二回議会、一九二七年)、「公娼制度廃止ニ関スル法律案」(第五六回議会、一九二九年)、「公娼制度廃止ニ関スル法律案」(第五八回議会、一九三〇年)、「公娼制度廃止ニ関スル法律案」(第五九回議会、一九三一年)である。これらの法案はすべて不成立という結果に終わるものの、この法案をめぐり帝国議会で公娼制度の是非をめぐり激論が展開されている。法案をめぐる質疑のなかでは、廃娼派は、公娼制度を「国辱」とし、性感染症蔓延の温床と非難、一方、公娼制度維持を唱える内務省は、性感染症予防のためには公娼制度は必要という論理を一貫させていた。国際連盟の動向に配慮して、内務省が考案した廃娼案は、従来の貸座敷を料理屋に転業させ、娼妓を酌婦に改称して、事実上、廃娼後も売春を黙認するというもので、その意図は「単に公娼という看板を塗り替え」るものでしかなかった[小野沢二〇一〇：二二八―二二九]。そこには売春を強要される女性の人権を守ろうとする視点は欠如していた。

### 差別の連鎖――スラムと被差別部落

神奈川県の地方紙を発行する横浜貿易新報社では、一九一二(大正元)年から毎年末に市民の寄付を募り横浜市内のスラム住民に正月の餅《もち》を贈る慈善事業を始めるが、その餅の引換券の配布を市内の女学生に行わせた。スラムを女学生たちが訪れ、一軒一軒、餅の引換券を配って歩くという演出に、女学生が施す同情と、それに対するスラム住民の感謝という構図が露《あらわ》にされた。

その同情は差別と表裏一体のものであった。一二月二五日付『横浜貿易新報』は、女学生の保護者に対し、「餅券配布の労を願ふに就きましては、皆様の保護は本社が引受けて、警官の御助力もあり、決して怪我間違ひ等はありませんから御安心を願ひます」と理解を求めている。スラムの治安の悪さが強調されることで、そうした場に勇敢に足を踏み入れる同情心の厚い可憐な女学生という印象が読者に鮮明に焼き付けられていく。一二月二六日付『横浜貿易新報』は、「纖手《せんしゅ》に捧げて弱者を慰問し至誠流露《りゅうろ》して声涙《せいるい》並び下る」と題して、女学生のスラム訪問を次のように報じた。

空朗かに晴れたるも天寒く、霜なほ白うして森煙るなる昨二十五日午前九時頃、市の繁栄に背きたる茅屋《ぼうおく》を尋ねて、袴着けたる若き乙女の三々伍々《ママ》、相率ゐて嬉嘻《きき》として行くがありたり。知らずや此の乙女、我社の微意に出で義人の同情になりたる白餅を世の薄幸者に頒たんとて、繊《かよわ》き手に其の引換券を手にせる元町高等女学校の篤志生徒三十名ならずや。〔中略〕彼等三十名の乙女は溢《あふ》るゝばかりなる同情を世の弱者の上に注がんとて、寒さも物かは、父母の許を得て我遅れじと走《は》せ集まりぬ。

　こうした『横浜貿易新報』のスラム訪問記事のなかで、スラムを被差別部落と同一視する文言が現れてくる。前述した「乞食谷戸」は、歴史的に見ても被差別部落ではないのだが、一九一二年一二月二五日付『横浜貿易新報』は、この地区を、前述した、当時の被差別部落への呼称であった「特殊部落」と記している。あるいは、港の南の丘陵部に展開した別のスラムについても、一九一三年一二月一七日付同紙は「百余戸の長屋は又の名を穢多村と言つて、此処に住む数百人は最も悲惨な生活を営んで居る」と報じている。同じく、同年一二月二七日付同紙にも、このスラムについて「世間伝て「彼処は穢多の長屋なり」と言ふ」と記されている。

　なぜ、スラムは被差別部落と同一視されたのか。もちろん、両者には貧困、不衛生という差別される共通点はある。しかし、それだけではなかった。「乞食谷戸」には大勢のハンセン病患者が集住していた。一九〇二年には、この地区の周辺に横浜市救護所も開設され、極貧の病者や行路病者、精神障害者とともにハンセン病患者も収容されている（横浜市役所慈救課『慈救時報』一巻二号、一九一九年八月）。一九〇五年の内務省によるハンセン病患者の調査でも「附近ノ共同墓地ノ通路ニ集合徘《はい》徊《かい》シ墓参者ノ喜捨ニヨリ生活スルモノアル」と記されている（「癩患者概数表其二」、「公文類纂」三一編・明治四〇年・一九巻・衛生・人類衛生、司法・裁判所―国立公文書館所蔵)。一九〇六年春、増田皮膚病院の院長増田勇は、この地のハンセン病患者の境遇に衝撃を受け、七月から出張治療を開始するが、当時、ここには男性二二人、女性九人のハンセン病患者が暮らしていたという(増田勇『癩病と社会問題』丸山舎、一九〇七年)。墓地の周辺で物乞いする大勢のハンセン病患者の姿、それが「乞食谷戸」という差別的呼称の由来ではないか。

一九一二年一二月二六日付『横浜貿易新報』は、「乞食谷戸」について、「盲《めし》いたる一老人の杖に縋《すが》りて背に嬰児《えいじ》を負ひ左手に又子供を引寄せたる哀れなる姿」や「付添人さへもなく唯一人破れたる床中に吟呻して今や死を待ちつ、ある痩衰へたる男、髪ふり乱して一椀の粥《かゆ》を力なく啜《すす》る一婦人」の姿を報じている。こうした周辺地域と明らかに異なる異様な風体の人びとが暮らす空間という印象が、被差別部落を連想させ、「特殊部落」という表現を受容させたのではないか。

また、「穢多村」とか「穢多の長屋」と報じられたスラムについては、そのようにみなされた理由として、職業をあげることができる。一九一九年の横浜市慈救課の調査によれば、この地区では「靴屋、草履造り、下駄直し等」を営む者もいたという(『慈救時報』一巻二号)。被差別部落に多いこうした職業に従事する者がいた事実が、スラム全体を被差別部落視させていたのである。

ここに紹介した横浜のスラム二地区は被差別部落と同一視されることにより、周辺の住民から嫌悪され、通婚はもちろん、日常的な交際も絶たれていった。日本の資本主義の発展を象徴するように急速に膨張する港都横浜は、被差別部落視されるスラムをその周縁部に生み出していたのである。被差別部落とスラムには差別の連鎖が形成されていた。

## 4　立ち上がるマイノリティ

### 差別による分断——米騒動

一九一四年から一八年にかけて第一次世界大戦が行われ、日本は海外からの工業製品の注文がふえて大戦景気が訪れた。造船業などから「成金」が出現する一方、物価の上昇に賃金の上昇が追いつかなかった労働者の生活は困窮した。経済学者の河上肇《はじめ》が『貧乏物語』を著し、「貧富の懸隔」を問題として人道主義の立場からその解決策を世に問うたのは、一九一六年のことであった。

一九一八年七月、政府が、前年に起こったロシア革命の進行を阻止するために、イギリス・アメリカ・フランスとともにシベリア出兵を決定したことから、それに伴う米価の値上がりを見込んだ米商人が米の買い占めや売り惜しみを行って、米価の値上がりにいっそうの拍車がかかった。しかし、政府は暴利取締令を出してそれらに対応する以外に有効な手段をとりえず、米価は急騰していった。米を買わなければならない労働者や、地主に小作料を納めると飯米にすら事欠く零細な小作人たちは、米の入手が困難となり、深刻な事態に追い込まれた。

そのような状況のもとで、一九一八年七月、やはり米の入手に困った富山県の漁民の妻たちが、県外に米が移出されていくのを阻止しようと立ち上がったのが発端となって、八月上旬から中旬をピークに全国に米騒動が広がっていった。そうして同年一〇月ごろまで米騒動は続き、その間、青森・岩手・秋田・栃木・沖縄を除くすべての府県で米騒動が発生した。なかでも特に激しく行われたところでは、軍隊が出動して鎮圧に当たった。

被差別部落は、安定的な雇用の途も差別によって閉ざされており、すでに見てきたように、多くは日雇い・雑業などと称される不安定な仕事に就くことを余儀なくされ、失業・半失業状態にある者がきわめて多かった。したがって、米の入手に困窮する人びとが大半を占めており、加えて、被差別部落の人びとに対しては、米の売り惜しみが行われたりした。米を嘆願に行った被差別部落の人びとに、米商人や地主が差別的言辞を浴びせて拒否したという事例も枚挙にいとまがない。

そうした条件が重なり、関西を中心に少なくとも二二府県一一六町村で、米騒動に被差別部落の人びとの参加があったことが明らかとなっている。しかしながら留意すべきは、一連の新聞報道や弾圧は、被差別部落の人びとが実際に担った役割以上に、過大に彼らの行為を位置づけ、あたかも主力が被差別部落民衆であったかのような米騒動像をつくり出そうとしたことである。

それゆえ米騒動は、被差別部落認識の上でも、一つの大きな転機をもたらすこととなった。新聞は、被差別部落の人びとが残虐で暴民であるかのような報道をくり返した。警察も、被差別部落の民衆と部落外の民衆が共同で米騒動を起こした場合でも、被差別部落の人びとのみを集中的に検挙するという対応をとった[藤野・徳永・黒川一九八八]。米騒動で検事処分にされた者のなかで被差別部落住民は一〇・八%であり、被差別部落住民の人口比が二%にも満たないことからすると、かなり高い割合であることがわかる。これは、前述したように、部落外民衆との分断を意図する権力によってつくり出された米騒動像であり、実態との乖離《かいり》を伴っていた。米騒動というこれまでにない全国規模の民衆蜂起《ほうき》は支配者にとって脅威であり、それゆえにこそ権力は、民衆の差別感情を巧みにあやつり、被差別部落の人びとに米騒動の責任を負わせることで、さらなる広がりを阻止しようとしたのである。ことに、その前年にロシア革命が起こっていたことから、その二の舞になるのではないかという危機意識が働いたであろう。

そうした事態をくい止めるべく、政府は、部落差別を積極的に利用した。内務省の「高官」は、「暴徒」の多くは「特殊部落の者」であり、最初に起こった富山県の「暴動」はそうではないが、京都・大阪・神戸・岡山・三重などの米騒動はいずれも「特殊部落民」が起こしたもので、その他の群衆は「特殊部落民」に雷同したにすぎないと述べて、その責任の大半を被差別部落の人びとに転嫁する宣伝を行った（『中外商業新報』一九一八年八月二二日）。また司法次官鈴木喜三郎も、米騒動に参加して検挙された者は、略奪を恣《ほしいまま》にしたのは「特殊部落の者」であり、自分たちはその「特殊部落民」のために働いたようなものだということがわかってようやく目覚める、という趣旨の談話を発表している。これらからも、政府が意図的に被差別部落に責任を負わせて事態の拡大を阻止しようとしたことが明らかである。すでに述べてきたように、大日本帝国の一体化をはかっていくために、権力にとって差別、そしてそれによって引き起こされる対立はむしろ障害であると考えられていた。しかしながらひとたび米騒動のような支配体制を揺るがしかねない危機が発生すると、それをくい止めるために部落差別は躊躇《ちゅうちょ》なく利用されたのである。

### つくられる「暴民」・「特種民」像

米騒動の渦中、新聞には「特種部落民」「特種民」「新平民」といった呼称が飛び交った。「新平民」はもとより「特殊部落民」という呼称に対しては、被差別部落の内部から抗議の声もあがり、一定の反省も呼び起こしていた。にもかかわらずこの時期には、「特殊」よりもむしろ、すでに鳴りを潜《ひそ》めたはずの「特種」の文字が復活した。それは、被差別部落の人びとの残忍性を強調することと一体であり、それを「人種的特性」によって説明するというものであった。

米騒動の渦中の一九一八年八月から九月にかけて、『海南新聞』は香川県を舞台とする「特種民族調」なる記事を一二回にわたり連載した。また、一〇月、大庭《おおば》柯公《かこう》は雑誌『大観』に、被差別部落の人びとは「日本国民中の退化種であり、奴隷種であり、壊血種であり、犯罪種族である」から、これまで社会から排斥され忌避されてきたことは不当ではないと述べた。これは、一九〇九年から十余年間、被差別部落を核に形成された神戸新川のスラムに居住してその間に『貧民心理の研究』(一九一五年)をまとめた賀川《かがわ》豊彦の記述をそのまま踏襲していた。神戸の新川に居住して被差別部落の人びとと起居を共にした賀川は、「彼等が不潔なるも、眼病の多きも(中略)皆一種の人種的意義を持つてゐると云へば云へるのである」「彼等は即ち日本人中の退化種――また奴隷種、時代に後れた太古民族なのである」と述べていた(『賀川豊彦全集8』キリスト新聞社、一九六二年、四四頁)。

これまでにも述べてきたように、被差別部落の人びとの「人種」の違いを言い立てる動きは以前からもあったが、米騒動を経て新たにそれに残虐性や暴民性の指摘が加わり、被差別部落に対する恐怖意識も加わった。

## 「同情融和」から「誇り」へ

米騒動に衝撃を受けた原内閣は、一九二〇年、内務省に社会局をもうけるなど社会政策に着手していった。社会政策とは、これまでのようなたんなる貧民救済対策ではなく、このころから急速に成長してきた労働運動や、しだいに増加しはじめた小作争議などを意識しながら、階級対立の緩和に取り組むものであった。そうして部落問題に対しても、「細民部落改善は刻下の急務である」として、一九二〇年度予算に部落改善費五万円を計上する一方、全国の部落調査に着手し、本格的に対策にのり出していくこととなり、階級対立緩和と並んで融和のための政策が推進されていった。

帝国公道会も機関誌を『社会改善公道』と改め、ふたたび部落問題に向き合うこととなった。一九一九年二月に、帝国公道会主催で行われた大会が同情融和大会と銘打たれていたことに示されるように、この時期の「融和」は、「同情」を前提とするもので、その大会に出席した内務省地方局長の添田敬一郎は、「部落外の人びとが同情を表し、すすんで結婚までするというくらいにしなければいけないのであるが、世間の同情を買い、無差別の状態となるためには、部落の人びととの改善とそのための自覚が必要である」と述べた。大江卓もまた、被差別部落の厳重な監視機関をつくることと、敬神思想による国家意識の育成による部落改善の必要をまず説いた上で、融和実現のための社会の同情の必要を訴えた。これらに明らかなように、当該時期の融和は、あくまでも被差別部落の人びとの改善の努力がなされることが前提とされていた。しかも、「人種」の違いまで含む差異を前提とした上での融和であったから、それを実現するには、社会の「同情」を引き出さないかぎり部落と部落外の溝は埋められないものと考えられていた。

前述の喜田貞吉が、被差別部落人種起源論の誤りを明らかにしたことも、これまで「融和」という言葉で表現されてきた、被差別部落と部落外の境界を取り払い、〝同じ〟になろうとする動きを後押しすることになった。

一九一九年一月、個人雑誌として『民族と歴史』の発行を始めた喜田は、その半年後の七月、二巻一号を「特殊部落研究号」と題して部落史研究の特集号に充てた。その「発刊の辞」には、「之〔被差別部落の人びとをさす〕を自然の成行に放任し居り候事は、啻《ただ》に彼等に対して同情に堪へざるのみならず、現時人種差別撤廃を世界に対して呼号する我が同胞間にありて、なほ此の差別撤廃の実現せられざる事は、洵《まこと》に相済まざる次第と存じ候」と述べられており、喜田を部落史研究へと駆り立てた理由の一つが、一九一九年のパリ講和会議に日本が提出した人種差別撤廃要求であったことが明らかである。喜田は、「同化融合」を阻んでいる社会の側の「賤《いや》しきもの」「穢れたるもの」という意識を問題にし、その根底には人種起源説があることに注目した。それゆえ「エタ源流考」と題する論文では、「まずその結論を初めに廻して、一言にして自分の所信を言えば、もと「エタ」と呼ばれたものは、現に日本民族と呼ばれているものと、民族上なんら区別あるものではないということに帰するのである」との一貫した見解のもとに、「エタと非人と普通人とは、それ〴〵関係あるもので、本支分流互に網の目をすいた様に組み合つて居て、とても簡単な系図ではあらはす事の出来ない程のものである」ことを提示して見せた。

そのような、「エタ」がけっして区別される存在ではないことの実証は、喜田自身「永く部落の民であるよりも、先ず日本の民となるが急務であります」（『民族と歴史』四巻六号）と述べるように、第一次世界大戦期に台頭してきた主張と同様、植民地領有国となった日本の新たな統合のあり方として、アイヌや朝鮮の人びと(前述)をも射程にいれた大日本帝国への「同化」を実現するという課題と不可分であった。しかし「人種平等」という普遍的原理が台頭する一方で、米騒動を機に被差別部落を特殊視する風潮も強まり、双方が交錯していた状況の下、喜田が歴史学という学問的根拠にもとづき、後者を粉砕したことの部落問題をめぐる認識に与える影響は、すこぶる大きかったといえよう。加えて喜田は、貴も賤もみな同一の日本民族であって、いずれもわが社会組織上における一時の現象たるにほかならない、と述べて、「家系」に対する幻想を徹底的に打ち砕いた。

喜田は、水平社創立後は、融和団体の統括機関である中央融和事業協会(後述)への協力を惜しまず、差別撤廃のための講演活動を行っていく。喜田のそのような向き合い方を融和主義として葬り去ることも容易だが、少なくとも彼の主観的意図は、差別に対する憤りに発して差別撤廃を実現することにあったのであり、しかも彼が人種起源論を粉砕して以後、かつてのように政府が発行する冊子などで人種起源論が唱えられることはほぼなくなったことも銘記されねばなるまい。しかし、社会の認識は容易には変わらず、人種起源論にもとづいて部落問題を理解する者も多く、また生物学的な意味での「人種」の違いを知識において否定することはできても、文化的相違が絡み合い、きわめてあいまいな「血筋」「ケガレ」といったものに託す「生まれながら」の違いに根ざした言説はあとを絶たなかった。

こうした状況のもと、被差別部落の人びとは、差別の原因を部落民に帰する部落改善論や、一九一〇年代に人道主義の流れを受けて起こってきた「同情融和」論をはねのけて、自力による解放の途を模索し続けていた。そうして一九二二年三月三日、全国水平社が立ち上げられた。「宣言」では、「吾々がエタである事を誇り得る時が来たのだ」とあえて差別的な呼称をも用いて自らの〝誇り〟を高らかに謳い上げ、「綱領」には「特殊部落民は部落民自身の行動によって絶対の解放を期す」と記した。運動はまたたく間に近畿を越えて西日本から関東にも広がり、当時の労働運動に支配的であったアナキズムの影響もあって、差別糾弾に立ち上がる民衆の行動はしばしば既存の秩序からの逸脱を伴いながら、戦闘的な運動が展開されていった。

内務省警保局は、差別糾弾闘争の高揚について、「彼等は多年一般民より受けたる圧迫に対する反抗と其の残忍性とに依り、糾弾に当り相手方の謝罪あるに拘《かかわ》らず、ややもすれば凶暴の行為に訴えんとし、〔中略〕之等は著しく一般民の反感を招き、各所に紛争を生じ」ていると述べ（渡部徹・秋定嘉和編『部落問題・水平運動資料集成　補巻1』三一書房、一九七八年、一六四頁）、被差別部落民衆の凶暴性、残忍性を強調して、かねてから部落民衆を特殊な集団とみなす人びとの差別意識を煽った。水平社に集った人びとの多くは、その壁を乗り越えるべく無産階級との連帯に期待を託し、社会主義こそが「無差別世界」の到来をもたらす（西光万吉「水平社が生まれるまで」『西光万吉著作集1』濤書房、一九七一年、四九頁）と信じて農民組合や無産政党の運動に参加していった。それは、「人種がちがう」「異種」という眼差しを注がれてきた被差別部落の人びとにとって〝同じ〟労働者として承認されるという平等獲得への一階梯でもあった。そうして、そのような「同化」の希求は、その後の水平社をはじめとする解放運動のなかに根強く継承されていった。

## 「さまよへる琉球人」――沖縄とアイヌの苦悩

水平社が「同情融和」をはねのけ、無産階級との連帯という新たな段階に踏み出していたとき、沖縄の人びとは水平社が先に直面してきたことと同様の問題を突きつけられていた。それを明るみに出す発端となったのが、広津和郎《かずお》が『中央公論』(一九二六年三月号)に書いた「さまよへる琉球人」に対する、沖縄青年同盟の「抗議書」であった。それは、沖縄の人びとが「ソテツ地獄」という言葉に象徴される一九二〇年以後の経済破綻《はたん》のもとで職を求めてやむを得ず故郷を離れ、「内地」においてて「リキジン」と罵《ののし》られ、嘲《あざけ》られ、差別視されている状況にあって、「琉球人」と題する広津の作品がいかに「御同情ある観察」であったとしても、県民が誤解を受け、ますますそうした事態を深刻化することの危惧を訴えたものであった。比嘉春潮・霜多正次・新里恵二『沖縄』(岩波新書、一九六三年)は、問題は「動機に於いて厚意であるべき筈のものが、結果に於いて」沖縄県民を「害する事になった」という点にあると指摘する。沖縄の人びとが嫌う「琉球人」という言葉を広津が「自然に」使っていることにも示されるように、「沖縄にたいする差別という社会的な現実を、彼が見おとしていた」という(二一一―二一二頁)。

広津は青年同盟の抗議を全面的に受け止め、自らの「同情とか厚意とか云ふものが、如何に第三者的な、生温い、身には痛痒《つうよう》を感じない人間が、遠くから他人の痛みに同情してゐるといふだけの薄つぺらなものであつた事」を恥じ入るとする誠意ある応答をした(「沖縄青年同盟よりの抗議書――拙作『さまよへる琉球人』について」『中央公論』一九二六年五月号)。

しかし、広津も、「水平運動のような運動も起こす事は出来ない」「帝国の南端の一小島国であるという事のために、日本帝国以外の他の国人の眼には、全然触れない」沖縄の人びとの置かれた状況を慨嘆しなければならなかったように〔同上、三八〇頁〕、現実に人びとの前に立ちはだかる壁の高さゆえに、「さまよへる琉球人」の復刻は、沖縄の本土復帰を前にした一九七〇年まで待たなければならなかった（この間の経緯は、仲程昌徳「『さまよへる琉球人』解説」広津和郎『さまよへる琉球人』同時代社、一九九四年を参照）。

同じころ伊波普猷《いはふゆう》もまた、「ソテツ地獄」以後の沖縄に向き合いながら、〝ヤマト〟と〝沖縄〟の間で沖縄のあるべき道をさぐりつづけていた。土地共有制度、共同性・相互扶助性への関心をはじめ、奄美をはじめとする被抑圧者への視点、「日鮮同祖論」を否定しての民族自決論への共感、そしてアイヌの青年違星北斗《いぼしほくと》との交流を通じて、伊波のアイヌ認識を転換させるにいたる（「目覚めつつあるアイヌ種族」一九二五年『伊波普猷全集11』平凡社、一九七六年）〔鹿野一九九三〕。

伊波が出会った青年違星は、一九〇二年に余市町に生まれ、一八年頃に「重病して少しづゝ思想的方面に趣味《ママ》をもって来た。大和魂を誇る日本人のくせに常にアイヌを侮蔑する事の多いことに不満でした。〔中略〕私の目にはシャモ〔和人〕と云ふものは惨忍な野蕃人である、とのみ思ふ様になりました」と回想する。違星は一九二五年から一年半の東京滞在期間に後藤静香《せいこう》や伊波らとの交流をつうじて、「アイヌの復興はアイヌでなくてはならない」との決意を固め帰郷する（『新短歌時代』創刊号、一九二八年一月〔違星一九九五：一五二―一五四〕）。後藤に宛てた書簡のなかで、「アイヌ自身には負ふべき責は少しもなかったであらうか?」と「内省」しながら、「アイヌでありたくない――と云ふのではない。――シャモになりたい――と云ふのでもない。然らば何か「平等を求むる心」

だ、「平和を願う心」だ。適切に云ふならば「日本臣民として生きたい願望」であるのである」といい、「シャモに隠れて姑息な安逸をむさぼるより、人類生活の正しい発展に寄与せねばならぬ。民族をあげて奮起すべき秋は来た。今こそ正々堂々「吾れアイヌ也」と呼べよ」(「アイヌの姿」[違星一九九五：一一二、一一四―一一五])。と記して自らをも奮い立たせるのであった。違星が東京で行った演説のなかで、「私は此頃天下の耳目を聳動《しょうどう》させてゐる水平運動を尊敬してゐますが、私にはこの人達がヱタといふ名称を嫌ふ心理がよくわかります。けれどもこの人達がヱタといふ名称をそのまゝ使用されたら、もつと勇しいことであると思ひます」と述べたことが、伊波の記した論考からうかがい知れる(「目覚めつゝあるアイヌ種族」『伊波普猷全集11』三〇七頁)。しかし違星は、一九二九年、二七歳で志半ばにして病没する(「違星北斗略年譜」[違星一九九五：一七二])。

一九二六年には、北海道旧土人保護法による耕地借受期間の終了をめぐる問題からアイヌの人びとによって解平社が立ち上げられ、水平社や日本農民党との連携も報じられたが(『東京朝日新聞』一九二六年一〇月二四日)、継続的な運動にはいたらなかった。

違星より一年あとに登別村に生まれた知里幸恵《ちりゆきえ》もまた、「その昔この広い北海道は、私たちの先祖の自由の天地でありました。天真爛漫な稚児の様に、美しい大自然に抱擁されてのんびりと楽しく生活していた彼等は、真に自然の寵児《ちょうじ》、なんという幸福な人たちであったでしょう」と問いかけ、「愛する私たちの先祖が起伏す日頃互いに意を通ずる為に用いた多くの言語、言い古し、残し伝えた多くの美しい言葉、それらのものもみんな果敢なく、亡びゆく弱きものと共に消失せてしまうのでしょうか。おおそれはあまりにいたましい名残惜しい事で御座います。アイヌに生れアイヌ語の中に生いたった私は、雨の宵、雪の夜、暇ある毎に打集って私たちの先祖が語り興じたいろいろな物語の中極く小さな話の一つ二つを拙ない筆に書連ねました」と「序」に記して『アイヌ神謡集』（一九二三年。後に岩波文庫、一九七八年）を編んだ。知里は、「私はアイヌであったことを喜ぶ。私がもしかシサム〔隣人。ここでは和人の意〕であったら、もっと湿ひの無い人間であったかも知れない。アイヌだの、他の哀れな人々だのの存在をすら知らない人であったかも知れない。しかし私は涙を知ってゐる。神の試練の鞭を、愛の鞭を受けてゐる。それは感謝すべき事である」（「日記」一九二二年七月一二日の条〔知里一九八四：一七七〕）と、水平社宣言にも通底するアイヌの「誇り」と連帯を、日記のなかで高らかに謳いあげた二カ月後、『アイヌ神謡集』の校正を終えた直後に心臓発作で死去した。

## 「内鮮融和」――関東大震災とその後

一九二三年九月一日、東京・横浜の大都市を中心に関東大震災が襲った。このとき、朝鮮人が大震災の混乱に乗じ暴動を起こした、井戸に毒を投げ込んでいるなどという流言が九月一日のうちに発生し、翌日には関東一円から全国に広まった。この流言は単に混乱のなかで民衆の差別意識が生み出したものというだけではなく、海軍省船橋送信所から各府県に打電されたように、軍や警察により意図的に広められたものである。その結果、民衆が結成した自警団や軍・警察により多くの朝鮮人が虐殺された。その数は六〇〇〇人に及ぶとも推測されているが、朝鮮人と誤認され、殺害された中国人や日本人も数多くいた。

十五銀行本店庶務課長の染川春彦は藍泉と号した俳人でもあったが、震災直後から東京市中を見て回り、その体験を克明な日誌に綴っている。それによれば、藍泉がはじめて朝鮮人の暴動という流言に接したのは九月二日の昼であった。このとき、藍泉は「朝鮮人が爆弾を投ずるのだと云ふ、不安な噂が伝はって来る。併《しか》し何《ど》うも風声鶴唳《ふうせいかくれい》らしいと私は言って居た。如何に多数の鮮人が居るにしても、彼等に爆弾の用意があるべき筈が無い。此の不意に起った災害を、鮮人が予知することが何で出来るものか、と私は言って聞かせた。倦《う》み疲れて神経過敏になってゐる人達には、深く考へる余裕が無くなってしまってゐる。一犬虚に吠へて万犬実を伝へて来る。伝へてくる位は可いが、自分は現に爆弾を投げ入れたのを見たやうなことを話してる愚な人さへある。〔中略〕何も知らぬ鮮人こそ好い面の皮であった」と、冷静に判断していた。流言を煽る者を「愚か」と批判し、流言に脅える人びとには「風声鶴唳」(怖気づいてわずかなことにも驚く)と説明していた。

ところが、その日の夜、余震を恐れて線路の上に野宿していた藍泉は、青年団の「井戸の中に劇薬が入れてあると云ふから、諸君気を注けろよう」という声に飛び起き、「これは路傍の無智な人達の噂ではない。苟《いやしく》も青年団で、皆に知らせる必要があると云ふ証左を得たからであらねばならぬ。さすれば私の宅の井戸も実に危険千万である、と彼等は鬼神の如き働きがあるように恐れ」、家族を促し、自宅に戻った。青年団の発言ということで、流言が真実とみなされた。

そして、翌三日、上野公園で、藍泉は朝鮮人の男が群衆に暴行されている現場に遭遇する。「我々は常に鮮人だと思って、憫《あわれ》みの心で迎えてゐるのに、此変災を機会に不逞のたくらみを為ると云ふのは、所謂人間の道を弁まへないものである。此の如きは宜しく此場合血祭りにすべきものである。巡査に引渡さずに擲《なぐ》り殺せと云ふ声は此際痛快な響きを与へた」と日誌に記し、自らも「握り太のステッキで一ツ喰はしてやらうと思って駈《か》け寄っていった」。しかし、藍泉は結局、その朝鮮人を殴ることはしなかった。それは、興奮している群衆に自分も朝鮮人と間違われるかもしれないと恐れたからに過ぎない。結局、その朝鮮人は巡査に連行されていった。

韓国併合時、「日鮮同祖論」を根拠に、「劣等」な朝鮮民族を救済するために韓国を併合するという論理が国民に浸透させられた。救済してあげたのに、それを理解せず、独立を叫ぶ朝鮮人は「不逞鮮人」と呼ばれた。「不逞鮮人」は朝鮮人への恐怖と差別が結合した言葉である。藍泉もまた、そうした認識から、ついに朝鮮人への暴行に加わろうとしたのであった。同情は、その対象が従順である限り継続される。しかし、その対象が反抗した時、同情は憎悪と差別の感情に転化する。このときの藍泉の言動は、なぜ、関東大震災時、朝鮮人への大虐殺が行われたのかを見事に説明するものであった(染川藍泉『震災日誌』日本評論社、一九八一年)。

震災前後、朝鮮総督府や警察の意向を受け、社会事業家も参加して朝鮮人への差別をやめようと訴える内鮮融和運動が展開されていた。東京では一九二一年一二月に相愛会が設立された。同会は「日韓併合」の精神に基づき「内鮮融和」の実績を上げることをうたい、在日朝鮮人の職業紹介や宿泊施設の提供などの事業を開始した[倉持二〇〇四：一二三]。大阪でも一九二二年には、在日朝鮮人自身の手による「相互救済」を掲げた団体が次々と生まれ、さらに二三年五月、相愛会大阪本部が、二四年五月には大阪府内鮮協和会が設立され、協和会は職業紹介や宿泊事業、委託診療、夜学校経営、受託供給などの事業を実施していく[塚崎二〇〇七：三〇―三五]。また、京都では一九二四年に京都協助会が設立され、宿泊施設協助会館の経営や職業紹介や健康診断、授産等の事業を実施していくが、その前身ともなる京都朝鮮人協助会は二一年一一月に生まれていた[杉本二〇〇九：七三―七七]。

内鮮融和運動は関東大震災の朝鮮人大虐殺を機に突然に始まったわけではないが、関東大震災後、この運動の重要性が社会的に認識され、運動が拡大していったのである。また、これらの諸団体の活動にも明らかなとおり、内鮮融和運動は、社会事業をとおして在日朝鮮人の生活防衛に取り組み、日本人の社会事業家も参加していた。在日朝鮮人への差別に反対し、差別の結果でもある経済的不利益の改善にも取り組んだのである。しかし、そうした側面のみを重視して、内鮮融和運動が、警察や朝鮮総督府の政策に基づき、在日朝鮮人の思想統制と日本人への「同化」を進めた「皇民化」政策の前史となったという側面を軽視することはできない。被差別部落に対する融和運動への評価と同様に、内鮮融和運動には在日朝鮮人への差別に反対し、その生活を擁護した側面と、そうした行動をとおして在日朝鮮人を管理統制し、「皇民」への途を歩ませた側面の両方が存在している。内鮮融和運動は、戦時下、「皇民」として自らを意識させることにより、在日朝鮮人に日本人との同質化による差別からの解放の途を指し示していく。

# 第3章

# アジア・太平洋戦争と動員される差別

「国民」と「非国民」

一九三一年九月、柳条湖事件を機に満洲事変が勃発、以後、日本は一五年にわたりアジア・太平洋地域への侵略戦争を続けた。国際的にも米英に替わってナチス政権下のドイツとの提携を強め、優生思想をはじめとする政策にも影響を受けていった。男性には強い兵士になること、女性には強い母になることが求められ、それにふさわしくない障害者や病者への差別が強められ、存在に値する生命と値しない生命とが選別された。また、多くの被差別者には、「挙国一致」の掛け声の下、「皇民」として戦争に協力することで平等を実現できるという幻想が与えられ、それは被差別部落からの「満洲」移民の奨励や、「慰安婦」の動員、沖縄県民への犠牲の強要などに顕著であった。さらに、戦局が悪化して兵力が枯渇すると、基準を下げて知的障害者を徴兵したり、隔離されたハンセン病患者の「大東亜共栄圏」への派遣が計画されたりするなど、被差別者の平等への希求が戦争への総動員体制の一環に組み込まれていった。こうしたなか、在日朝鮮人や華僑もまた、「皇民」の証を見せることで、その存在を許された。

## 1　アジア・太平洋戦争の開始と棄民

### 挙国一致下の平等幻想

一九三一(昭和六)年九月一八日、中国東北地方(「満洲」)の奉天郊外柳条湖で日本の関東軍は南満州鉄道(満鉄)の線路を自ら爆破し、これをきっかけに満洲事変が勃発《ぼっぱつ》した。戦闘は「満洲」全土に拡大し、関東軍は「満洲」全土を占領、一九三二年三月一日、日本の傀儡《かいらい》国家「満洲国」を建国した。そして、一九三七年七月七日、日本軍は北京郊外の盧溝橋で中国軍と戦闘に突入、ついに日中全面戦争となり、さらには、日中戦争が東南アジア・太平洋地域に拡大、一九四一年一二月八日、米英との戦争にまで発展していった。

こうしたなか、国民は戦争の拡大は、女性の戦争参加への道をつくり、そこに男女平等の幻想を生じさせた。

また、労働者、農民の間にも熱狂は広まり、社会民衆党・社会大衆党も「満蒙の権益を無産大衆へ」と叫び、軍部に接近していった。さらに、天皇制打倒を主張していた共産党のなかからも、天皇制の下での共産主義実現を求め、一九三三年、獄中にあった党幹部が次々に「転向」を声明した。全国水平社創立の主要メンバーであり、共産党に入党していた西光万吉も、「高次的タカマガハラ」論を考案し、天皇にすべての財産を集中することで平等無差別の社会が実現できると唱えるに至った。

戦争のなかの平等、そうした幻想が、まず、被差別部落の人びとに適用された。それは、被差別部落の「満洲」への分村移民の推進であった。

満洲事変勃発以後、国策としての「満洲」移民が進められていた。一九三六年五月に、関東軍が二〇年間に一〇〇万戸・五〇〇万人の移民計画を発表し、一九三七年五月には拓務省がその第一期としての一〇万戸移住計画の大綱を発表した。さらに、日中全面戦争となると、「満洲」移民に拍車がかかる。一九三八年には、満蒙開拓青少年義勇軍が創設され、数え年一六―一九歳の少年三万人を「満洲」に送るべく、茨城県下中妻《しもなかつま》村内原には訓練所も設置されていった。特に、日中全面戦争勃発後は、「満洲国」の防衛上、移民の重要性は高まった。そのため、農林省は一村を二分して移民させる分村移民政策を打ち出し、一九四〇年以降は分村移民が「満洲」移民の主要な形態となった。

こうした「満洲」移民の国策は、日中全面戦争の勃発により牛皮の輸入が減少し、皮革産業が苦境に立たされていた被差別部落の経済更生策にも反映していった。全国水平社も一九三七年九月一一日に「非常時に於ける全国水平社運動」という方針を決定し、戦争協力の道を選び、四〇年には水平社の解体を目指す部落厚生皇民運動を内部から発生させ、一方、水平社運動の存続を求める人びとは融和団体との合同による融和新体制を目指す大和報国運動への道を模索していく。こうして、全国水平社も戦争遂行のための挙国一致のなかに平等社会の実現を求めていった。そして、一九四一年六月二五日、それまで全国の融和団体を統制していた厚生省内に事務局を置く中央融和事業協会は、大政翼賛会との一体化のため同和奉公会に改組され、全国の府県レベルの融和団体はその府県本部となる。「同和」とは一九二六年一二月二八日に出された昭和天皇の「践祚《せんそ》後朝見御儀の勅語」にある「人心惟《こ》レ同シク民風惟レ和シ」という文章からつくられた語である。こうして、部落問題への取り組みへの国家統制がいっそう強化されるなか、一九四二年一月二〇日、全国水平社の組織は言論出版集会結社等臨時取締法の下、消滅させられた。

このように、戦時下の挙国一致の掛け声の下、あたかも部落差別は解消するかのように喧伝《けんでん》された。たしかに、内務省警保局による『社会運動の状況』各年次版によれば、差別事件の数は、一九三六年が六五〇件、三七年が四七四件、三八年が四九九件、三九年が四一七件、四〇年が三七三件と減少傾向にあった。しかし、被差別部落の戦死者の村葬に村の幹部が出席しないなどの差別事件はあとを絶たず、さらには広島区裁判所検事の差別事件(一九三九年)、国民精神総動員中央連盟幹事の差別事件(一九三九年)、代議士道家《どうけ》斉一郎の差別事件(一九四〇年)なども起こり、まさに、挙国一致の下の差別解消は幻想でしかないことが示されていた。と同時に、「国民一体」のたてまえが浸透することによって、被差別部落の人びともそれと現実との乖離に目覚め、これまで水平社運動が起こっていなかった地域で差別が告発されていくという側面もみられた。

### 資源調整――「満洲」移民

このような状況下の、被差別部落における「満洲」移民の奨励について見ていきたい。すでに、中央融和事業協会では、一九三八年に被差別部落から「満洲」に移民したり、あるいは、満蒙開拓青少年義勇軍に参加する者に助成金を出すことを決めていた。そのため、全国の被差別部落では「満洲」移民への関心が高まっていった。ここに資源調整事業が登場する。

一九四〇年二月、中央融和事業協会は四〇年度の事業計画として資源調整事業を決定した。そして、六月二五日、一九四〇年度第一次全国融和事業協議会の場で、協会は被差別部落の過剰な人口資源と狭隘な土地資源の調整を図るため、時局産業への転業職と「満洲」移民を積極化すると、資源調整事業の意義を説明した。事業の中心は「満洲」移民にあり、全国から二五地区を資源調整事業の特別指導地区に選び、この地区に対し、重点的に「満洲」移民を奨励していくことになった（『同和事業年鑑』一九四一年版）。

資源調整事業は、小作に甘んじていた被差別部落の農民たちに自作農への夢をかきたてたが、それだけではなかった。すなわち、上田音市のような水平社運動家や融和運動家が、「満洲」に移民すれば差別からも解放されると宣伝したのである。すでに、和歌山県同和会の藤範晃（晃誠）は「満洲」では、自然とのたたかい、思想とのたたかい、「匪賊《ひぞく》」とのたたかいで忙しく、内地から持ち込まれた差別意識などは「あとかたもなく消え去る」と述べていたが（藤範晃「満洲移住と差別問題」『融和時報』一五二号、一九三九年七月）、資源調整事業を指導した中央融和事業協会参事の下村春之助は、差別観念は「社会意識であるが為めに、個人がその社会を離れゝば、その差別観念は個人の心から遠く離れてゆくのである。即ち差別観念は、別の社会たる満洲に住むやうになれば、自然に解消して行く性質をもつてゐる」「満洲に住めば差別は解消する」と明言した。下村が差別解消を強調する根拠は、「満洲」という異境の地では日本人としての一体感が強められるということにあった（下村春之助「満洲に住めば差別は解消する」『資源調整月報』三八・三九号、一九四一年六・七月）。

中央融和事業協会では、特別指導地区のなかの指導者を対象に一九四〇年九―一〇月、資源調整事業指導員錬成講習会を開き、長野県の八ヶ岳修練農場で農業指導を実施し、さらに「満洲」に場所を移し、現地視察も行った。参加者は二六名であったというから、各指導地区からほぼ一名ずつの参加であった。参加者は、講習後、故郷の地区に戻り、地区の「満洲」移民を指導することになる。静岡県から参加した受講生は、「因習伝統なく実力が物を云ふ新天地に王道楽土を築く満洲開拓こそ自己を活し子孫の恒久的繁栄を期し以て国策に順応し即ち新体制下に於ける大政翼賛に貢献する所以にして洵に一石三鳥ではなからうか」と、「満洲」移民への期待を述べていた（「資源調整事業講習会に臨みて」『更生』三五号、一九四一年一月）。

資源調整事業の特別指導地区のなかで、もっとも早く「満洲」移民に着手したのは、熊本県鹿本《かもと》郡の地区である。戸数一三八戸、人口八一三人のこの地区は農業が八〇戸と最多であるが、その大部分は小作であり昭和恐慌以後、地区の経済は窮乏の底に陥っていた。そこで、資源調整事業の特別指導地区になると、全戸数の半分に当たる七〇戸の「満洲」移民の計画を立てたのである。一九四一年五月一〇日、第一次先遣隊が移民先の吉林省五家站《ごかたん》に向けて出発、四三年一二月現在で、移民団は戸数五六戸、人口二四〇人を数え、敗戦直前の四五年八月一三日の在団者は二七二人であった。しかし、八月一五日の夜半から中国民衆の攻撃を受け、一七日の夕刻、ひとりを除いて二七一人が全員が戦死、もしくは自決した。成年男子は兵役に就いていたため、死者の大部分は老人、女性、子どもであった〔部落解放同盟熊本県連合会鹿本支部ほか一九八八〕。「満洲」に行けば差別から解放されると信じさせられた人びとの悲劇であった。

## 2 優生思想による排除

### ナチズムと優生政策

ここで、同時期のヨーロッパに目を転じれば、一九三三(昭和八)年一月三〇日、国家社会主義ドイツ労働者党(ナチス)を率いるアドルフ・ヒットラーが首相に就任し、ドイツにナチス政権が成立した。ヒットラーは、かつて『わが闘争』に記した「アーリヤ人種の人種的優秀性」という「神話」にもとづき、ユダヤ人や障害者をドイツから一掃し、ドイツ民族の生物学的質の向上と、良質の人口増殖を推進するという夢想を実現するべく、体系的な優生政策に着手した。まず、一九三三年七月に遺伝性疾患子孫防止法(断種法)を公布し、先天性、遺伝性とみなされた知的障害者・精神障害者・身体障害者や重症のアルコール依存症者に強制的な断種を開始し、さらには一一月に危険性常習犯罪者法を公布し、性犯罪者への去勢を行った。そして、一九三五年九月、ニュルンベルクで開かれたナチスの党大会でドイツ国公民法を定め、ドイツ人とユダヤ人の結婚を禁止し、三六年一〇月には結婚保健法により感染性疾患者、遺伝性疾患者、精神障害者、禁治産者の結婚を禁止した。こうした政策の延長線上に、T４計画(「安楽死」政策)の下での知的障害者、精神障害者の虐殺、さらにはユダヤ人、ロマ、同性愛者等「反社会分子」と断定された人びとへの虐殺が行われた。

しかし、その一方では、ナチスは健康な国民には結婚と出産を奨励し、その健康の維持管理を行い、さらに、第二次世界大戦中の占領地ではレーベンス・ボルン(生命の泉協会)により「アーリア系」とみなされた少年少女を誘拐するなど「純血」かつ「優秀」なドイツ民族の増加策を推進した。ナチスは優生政策と健民政策を一体化させて実施していく。政治的独裁、経済統制、自民族の優越性の強調と特定の民族・社会集団への差別の煽動、国民の身体・生命の国家管理、社会主義・自由主義思想への弾圧、好戦的な外交と継続する侵略、まさにこうしたナチス政権の執った政策はイタリアのファシスタ政権とともにファシズムと規定される。そして、日本も一九三〇年代、天皇制の下で軍部、親軍派の官僚や政党人、軍需産業に基盤を置く財界などの諸勢力が、昭和恐慌からの脱出を目指してファシズム体制をつくり上げていく。

### ナチズムと日本

一九三三年に国際連盟を脱退し、国際的に孤立を深めた日本は、ヒットラー率いるナチス政権にしだいに接近していく。一九三六年には日独防共協定を結び(翌年、イタリアが参加)、さらに四〇年にはアメリカを仮想敵とした日独伊三国軍事同盟を締結するに至る。日本がヒットラー率いるドイツに接近したのは、ヒットラーの下の強力な政治指導や経済指導に魅力を感じたからであるが、さらに、その優生政策にも影響を受けるようになった。

日本でも、ナチス政権の遺伝性疾患子孫防止法公布を機に、断種法の制定が具体化されていく。日本では、「アーリヤ人種」を優秀とするナチスの論理には警戒しつつも、遺伝的に優秀な民族を創造するという政策には賛同し、優生政策を推進させた。一九三四年二月、第六五回帝国議会に立憲民政党の議員による議員立法案として民族優生保護法案が提出される。これはナチスの法をほぼ踏襲したもので、犯罪者や遺伝性とみなされた知的障害者、精神障害者、身体障害者、諸種の中毒症患者、結核とハンセン病の重症者が断種の対象とされ、これらの疾病、障害の対象者が妊娠した場合の堕胎の実施も明記された。二月二二日、衆議院本会議で法案の説明に立った荒川五郎は、これらの病者、障害者の存在は「国家ノ恥辱」「民族ノ不幸」と断定した(『第六十五回帝国議会衆議院議事速記録』一六号)。このときは審議未了となったが、この法案提出以後、「断種法」をめぐる論議は活発化した。

その後も法案は何度も議会に提出され、その過程で法案は整備され、単にナチスの法の踏襲ではなく、日本民族衛生学会が関与して日本独自の法案へと修正されていく。そのなかで、結核やハンセン病の患者は断種の対象から外された。こうした法案の修正過程を重視し、ナチスの優生政策と日本の優生政策の違いを強調することもできるが、ナチスの法が契機になって日本の断種法制定が促進された事実を軽視することはできない。その点において、日本の優生政策はナチスの影響を受けて進展したのである。

日本でも断種法の必要が叫ばれているなかで、一九三六年八月、ベルリン・オリンピックが開催された。一九四〇年の次回オリンピックの東京開催が決まったため、日本国民のベルリン・オリンピックへの関心も高かった。ヒットラーは、このオリンピックをドイツ民族の優秀性を世界に示す機会ととらえ、国威発揚に最大限利用した。世界の文明はギリシアに始まり、その文明を受け継ぐのはドイツ民族であり、ドイツ民族は強く、かつ美しくなければならないというナチスのメッセージが、このオリンピックに示された。

オリンピックを観戦した日本陸上競技連盟理事の浅野均一は「今次のオリンピックを通じて、ナチスドイツの発展振りを各国人に知らしめた点に於ては、成功であつた」とヒットラーの強い指導力を痛感し(「オリムピックで見たナチス」『文藝春秋』一四巻一一号、一九三六年一一月)、開会式を観た詩人西条八十《やそ》も「ナチス王国でのオリムピアードでは総てが劇にはじまり劇に終る。余はこの世界的な劇を眼前に見たことを、四十年の生涯において最も生き甲斐のあるものに感じた」(『朝日新聞』一九三六年八月二日)と、ヒットラーの美的演出力に感動していた。

それは、オリンピックの記録映画にも反映した。ヒットラーの意を受けて監督を務めたレニ・リーフェンシュタールが作成した映画『オリンピア』は、開会式と陸上競技を中心とした第一部が「民族の祭典」、水泳や体操など陸上競技以外の種目を中心とした第二部が「美の祭典」と名付けられ、一九三八年からドイツ各地、さらには世界各地で上映された。映画のタイトルは、まさに「強いドイツ」「美しいドイツ」というナチスが求めた民族の優秀性を象徴するものであった。そして、一九四〇年、この映画は日本でも上映された。本来ならば、この年は「紀元二六〇〇年」奉祝行事の一環として東京オリンピックが開催されるはずであったが、日中戦争の激化のため、開催を返上していたので、国民はベルリン・オリンピックの記録映画のなかで、日本人選手の活躍に熱狂し、『オリンピア』は「映画興行史に特筆大書さるべき」成果をもたらした(『キネマ旬報』七二一号、一九四〇年七月)。

しかし、この映画は単にベルリン・オリンピックの記憶をよみがえらせただけではなかった。この映画に対する批評には、「一つのオリムピック競技をたんなる観光事業や博覧会的な見世物でなく、それによつて自国の国家的威力と民族的優秀性を宣揚してゐるところに、ドイツの文化政策がいかにすぐれたものであるかを知らねばならぬ」（滋野《しげの》辰彦『キネマ旬報』七二二号、一九四〇年七月）、「内容から見て、この映画が色々のことを暗示することも見逃《みのが》せない。例へば民族的生存競争の縮図とも見られる点だ」（田部重治『キネマ旬報』七三五号、一九四〇年一二月）など、ナチスの優生政策、健民政策を絶賛する声が数多く記されている。映画『オリンピア』は、ナチス同様に「強い日本」「美しい日本」を建設することの必要性を日本の社会に強く印象付けたのである。

## 「強い日本」「美しい日本」

「強い日本」「美しい日本」を求めることは、それに反する人びとを排除することにつながる。生きる価値のある生命と生きる価値のない生命の選別と差別、鍛えられる身体と廃棄される身体の選別と差別を必然的にもたらした。

戦争末期の一九四四年七月、肢体不自由児が学ぶ東京都立光明国民学校を杉並区国民学校の教師たちが見学に来た際、一人の教師が校長の松本保平《やすひら》に「いま日本は非常時です。我々の同胞は厳寒の満州で寒さをこらえ、飢えに堪えて戦っているのです。先生はこの勇士に対して申訳ないと思いませんか。良心に対して恥かしくありませんか」「すぐにこの子供らを親元へ返し、この立派な施設を、お国の役に立てたらどうです」と非難し、ほかの教師からも「その通り」「そうだ、そうだ」の声が上がったという。松本は、学童疎開の際にも、「同じ学校でありながら、肢体不自由児学校は都の厄介者か、お荷物か」と不安を抱えながら交渉し、一九四五年五月にようやく長野県上山田温泉のホテルに受け入れてもらうことができた。疎開の際、松本は、治療機械の運搬に軍の協力を取り付けるため、輜重《しちょう》部隊の隊長に「本土決戦の場合、肢体不自由児は足手まといになる。この児童がいなければ、それだけ戦力は増強する」と、差別意識を逆に利用して説得し、協力を実現させた（松本保平「太平洋戦争と光明学校」障害者の太平洋戦争を記録する会編『もうひとつの太平洋戦争』立風書房、一九八一年）。どのように教育しても、鍛錬しても戦力、労働力にならないとみなされた肢体不自由児は、学ぶこと自体が差別の対象とされたのである。まさに、先の教師の松本への非難や軍の協力の根拠には、ドイツでＴ４計画を推進させた論理と共通するものがあった。

さて、日本の断種法は、国民優生法として一九四〇年の第七五回帝国議会で成立、五月に公布され、四一年七月一日から実施されていく。この法律が公布された直後に『オリムピア』第一部「民族の祭典」が封切られている。この映画の興行的成功は国民優生法の成立と表裏一体のものとも言えよう。

国民優生法は議員立法ではなく、一九三八年一月、陸軍からの強い要請を受けて国民体力の強化を軸とする衛生行政の専門官庁として開設された厚生省の下で作成された法律である。一九四〇年三月一二日の衆議院本会議で法案の説明に立った厚生大臣吉田茂は「興亜ノ大業ヲ完成シ、将来愈々《いよいよ》其ノ発展ヲ期センガ為ニハ、我ガ国民ノ優秀性ヲ保持スルハ固ヨリ、益々是ガ増強ニ努ムルコトハ、今日喫緊ノ要務」と力説した（『第七十五回帝国議会衆議院議事速記録』二五号）。国民優生法は、任意の断種を原則とするが、その一方では強制断種も認め、精神病院長や保健所長は本人や配偶者の同意を得なくても代わって断種の申請を行えることとしていた。

前述したように、国民優生法からはハンセン病患者は除外された。しかし、すでにハンセン病患者には一九一五(大正四)年以降、断種が実施されていた。国民優生法は遺伝性とされた病者、障害者が対象であり、感染症であるハンセン病の患者は対象にはできない。したがって、国民優生法の成立によりハンセン病患者への断種は違法となりかねない。これに対し、厚生省予防局優生課長床次徳二は、「癩に付きましては、相当理由が認められます」と述べ、超法規的にハンセン病患者への断種の継続を認めた(床次徳二「国民優生法に就いて」『民族衛生』九巻一号、一九四一年五月)。こうして、国民優生法の下、精神障害者、知的障害者は〝合法的〟に、ハンセン病患者は法律の拡大解釈により断種を受けていく。

では、実際に、国民優生法により断種された病者、障害者はどれくらいいたのであろうか。岡崎文規「日本における優生政策とその結果について」(『人口問題研究』六一号、一九五五年八月)に掲載された戦後の厚生省公衆衛生局のまとめでは、国民優生法による断種を受けた人数は、一九四一年度九四人、四二年度一八九人、四三年度一五二人、四四年度一八人、四五年度一人、四六年度五九人、四七年度二五人とされ、その多くは精神障害者であった。国民優生法は優生保護法の成立をもって一九四七年度で廃止されるのであるから、このまとめによれば、国民優生法により断種を受けた者の総数は五三八人である。これは、一九三四年のみでも五万六二四〇人が断種されたドイツとは比較にならない数字である。しかし、人権は数のみで評価されるものではない。戦時中と戦後初期、五〇〇人を超える病者、障害者が「国家ノ恥辱」「民族ノ不幸」として断種された事実を忘却することは、生命の価値への差別を肯定することである。さらに、それ以外に法的根拠のあいまいなま、多くのハンセン病患者も断種されていたのである。

その一方、国民優生法とともに徴兵前の男子に体力検査を義務付ける国民体力法が公布され、結核、性感染症の早期発見、早期治療を求める健民運動、農山村出身兵士の体力強化を目指した無医村対策が、戦争の激化のなかでも進められた。「劣等」とされた国民の出生を排除することと、健康な国民の体力を強化することが一体となって推進されたのである。そこには、ナチス同様の「強い日本」「美しい日本」を求める差別と戦争の論理が生きていた。そのなかで、被差別部落民は国民として包摂され、病者・障害者は排除されていく。

## 3　「皇民」をつくる

### 「内鮮融和」から「協和」へ

戦争が激化するなか、日本には多くの朝鮮人が強制連行されてきた。彼らは植民地支配を行う宗主国の下で、過酷な労働と差別にさらされ、生き抜くために「皇民」の道を歩まざるを得なくされた。また、すでに日本に生活の基盤をつくっていた華僑たちも、敵国人という差別、迫害にさらされる。彼らもまた、生き抜くために「皇民」の証《あかし》を示さざるを得なくなる。本節では、こうした戦時下の朝鮮人と華僑の境遇について見ていきたい。

一九三〇年代半ば以後、日中全面戦争の開始と相前後して、植民地の人びとに対する「皇民化」

政策が推進されていった。朝鮮では、一九三六年に総督に就任した南次郎のもとで、「内鮮一体」にもとづく総動員体制が行われ、三七年から展開された国民精神総動員運動のもとで、「皇国臣民」をつくり出すための国旗掲揚、「国語」奨励、創氏改名などの政策が行われていった。趙景達《チョキョンダル》は、こうした「内鮮一体」のもとで、日本帝国への期待を膨らませた朝鮮の人びとには「奇妙な自尊意識」が芽生えていったと指摘する。すなわち「内地」が第一線的地位にあるのに対して、朝鮮は第二戦的地位にあるという亜帝国意識である。この意識は、植民地であることを忘却して自己を日本帝国の正式な一員として規定し、「二等臣民」たることを認識するがゆえに、限りなく「内地臣民」に近接していこうとする、虚偽と幻想の優越意識であった」という［趙二〇一三］。

一九三九(昭和一四)年七月四日、平沼騏一郎内閣は、国家総動員体制の下での労務動員実施計画を閣議決定し、そのなかで、炭鉱などに配置するべき労働力として朝鮮からの労働者八万五〇〇〇人を計上した。ここに朝鮮人の強制連行に至る労務動員政策が開始された。当初、朝鮮総督府は朝鮮北部開発のための労働力を確保するため、日本への労働者の送出には消極的であったが、炭鉱などの労働力不足の解消のために政府に押し切られてしまった。労務動員された朝鮮人を待っていたのは、前近代的な労務管理が行われていた炭鉱や土木作業の現場であり、彼らは逃亡防止のための厳しい監視下に置かれた。そして、一般の日本人からも警戒するべき異質な存在として差別と恐怖の対象となった。

さらに、対米英戦争に突入していた一九四二年二月一三日、東条英機内閣は「朝鮮人労務者活用に関する方策」を閣議決定し、積極的に朝鮮人労働者の導入に踏み切った。これにより、本人の意志に反する労務動員、すなわち、脅迫や誘拐、拉致などによる動員が激化していく。そして、一九四四年八月八日、小磯国昭内閣は「半島人労務者の移入に関する件」を閣議決定し、国民徴用令に基づく朝鮮での徴用を本格的に発動させた。敗戦時、日本には、労務動員された朝鮮人は三二万二八九〇人もいたが、これに逃走者を加えれば、労務動員された朝鮮人の総数は四十数万人とも推測されている［外村二〇一二：四二―四四、六四、九八、一〇五―一〇六、一八八、二一〇］。

こうして、朝鮮から送られてくる大勢の労働者を管理するために、それまでの内鮮融和運動への国家統制も強化された。それが協和事業である。すでに大阪では内鮮協和会という名の組織は存在していたが、「内鮮融和」という呼称そのものが「協和」という語に改められた。協和事業は、日本語の普及や風俗、習慣の日本人への「同化」、そして天皇の崇拝と戦争の意義の宣伝などを行うもので、一九三九年には沖縄県を除くすべての道府県に協和会が設置され、それらの上部団体としての中央協和会も設立された。道府県協和会の会長は知事が務め、警察部長や社会部長などが役員となり、支会長には警察署長、分会役員にも特高課内鮮係の警察官が就いた。そして、協和会は、それまで在日朝鮮人の生活を守る活動を行っていた人びともその組織に取り込んでいった［外村二〇〇四：三二六―三三五］。労務動員された朝鮮人は協和会に強制加入させられた［外村二〇一二：五四］。

以下、協和会の実態を富山県の事例に見ていこう。富山県協和会は一九三九年一一月一七日に設立され、県社会課内に事務所を置き、「内地在住朝鮮人の生活の安定を図り、その内地生活への融合同化を期する」ことを目的にしていた。会長は知事、副会長は県学務部長と県警察部長、常任理事に県学務課長と県特高課長、評議員には県下各警察署長を配していた。

富山県内では、労務動員政策が開始される以前の一九三六年から黒部川第三発電所の建設工事に大勢の朝鮮人労働者が働いていたが、三八年八月にはダイナマイトの爆発事故で六名が犠牲になり、一二月には宿舎が雪崩に襲われ、すくなくとも三九名が犠牲になるなど、朝鮮人労働者の事故が相次いでいた。さらに、この工事以外にも県内には多くの朝鮮人労働者が生活していた。富山県協和会は、こうした人びとの管理、統制のため、軍事教練、飯場労働者への会員章交付、創氏改名・神社参拝などの「皇民化」政策、職業転業・勤労奉仕・国防献金などの戦時協力、生活改善・隣保事業・衛生改善などの教育・教化、渡航管理などの事業を行っている〔内田ほか一九九二：二七四―二七七〕。『厚生時報』一号（一九四〇年二月）は、県特高課・社会課との懇談会に出席した「半島同胞は何れも欣喜《きんき》本会の趣旨に賛同」したと伝えているが、前年に黒部川第三発電所建設工事で多くの朝鮮人労働者が死亡していることを考慮すれば、協和会の設立は県にとっても時宜にかなっていたと言えよう。富山県協和会は、一九四〇年三月、富山市をはじめ県下二三市町村に支部を結成していく（『協和事業』二巻五号、一九四〇年六月）。

富山県協和会は、一九四〇年一〇月、富山市と高岡市の二カ所で「心身両面の鍛錬を施し、新体制下に於て明確なる日本精神を体得せしめ、以て速かに皇国臣民としての素質を錬成」するべく、協和事業中堅人物養成講習会を開催した（『厚生時報』九号、一九四〇年一〇月）。この講習会に選抜されて参加したある会員は、「皇民」となる自覚を次のように記している。

最も感銘を受けたる事は国歌の合唱であります。勿論其の意味は深遠にして容易に解する事は出来ませんが、其の音律等何となく感激に堪へません。本年から尋常一年に入学した長女が偶々《たまたま》自宅で歌つて居るのを聞いた時は夫れ程までも感じなかつたが今回の講習中に之を歌つて非常に感じ爾来《じらい》自宅で長女と共に合唱し愚妻も常会に出て国歌を合唱する事があるから教へて居る次第であります。

娘が歌うのを聞いても君が代に感銘を覚えなかった男が、講習会に出席してからは深く感銘するようになったという。さらに、講習会では、生活様式の「皇民化」も求められた。彼は、このように記す。

食事の作法を教へられたが、我々半島人が内地人に同化して行くには生活の様式に注意する事が大切でありますから、半島人の習慣である片膝を立て、食事する事は不衛生であり又不体裁であるから講習を受けてからは、坐つて食事をすることに実行させて居ります。

「半島人」とは、植民地帝国日本が朝鮮人を指して使用した差別的呼称である。彼は食事の際の立膝を「不衛生」「不体裁」と卑下し、それを改めることで「内地人に同化」しようと述べている。そして、講習会では、「日鮮同祖論」の講義を受け、次のように深く感激していた。

厳格な日課により煙草を飲む余暇も与へられぬ様講習会で非常に窮屈に感じたが、自己修養の又となき機会と思ひ受講者二三不真面目のものもあつたが、私は終始一生懸命に受講した積りである。御飯の食べ方、礼拝の仕方其の他何一つ感銘せぬものはなかつたが我々半島人と内地人との関係は昔に遡ると一つであつたものであると云ふ御話等はほんとに嬉しかつた。今度の支那事変の如きは単なる武力戦、経済戦に過ぎないが将来は民族戦に迄発展すると申されたが、我々も日本国民として一生懸命心掛けねばならないことを深く感ずる処があつた（『協和事業』三巻二号、一九四一年二月)。

ここに書かれた感想が彼の本心かどうかはわからない。しかし、この内容は模範的な「皇民」の姿である。朝鮮人としての民族意識や生活様式を否定し、どこまでも「皇民」となりきること、それが戦時下の日本に生きる朝鮮人の課題とされたのである。

一九三〇年に一〇歳で日本にわたってきた金達寿《キムダルス》は、子どもの世界でも「やーい朝鮮人」とからかわれ、職に就こうとしても朝鮮人を理由に拒まれるという差別を体験してきた。その後、苦学の末、一九四二年一月、「金光淳《かねみつじゅん》」という日本名で神奈川日日新聞社に記者として採用され、日本人女性と恋をする。ふたりの関係は結婚を考えるまでになり、金は自分が朝鮮人であることを「告白」するが、そのとき、彼女が口にした「朝鮮の人だって、いまはもう日本人でしょう」という一言が金を苦しめた。「おれは日本人か? それは一方的な同情というものではないのか」、金は悩みぬいた結果、関係を終わらせ、新聞社にも休暇をとり、ソウルに向かって旅立った。一九四三年四月末の出来事であった(金達寿『わがアリランの歌』中公新書、一九七七年)。この金達寿の苦悩に、朝鮮人に求められた「皇民化」の差別性が象徴されている。

### 沖縄の「皇民化」

沖縄でも、国民精神総動員運動のなかで、同様の「皇民化」政策が推進されていった。その特徴は、県当局が率先して「標準語励行運動」と「風俗改良運動」を県是として掲げ、一九四〇年の「沖縄方言論争」を巻き起こすまでの過剰さで行われたことであったとされる。

周知となっている「沖縄方言論争」については、沖縄方言を否定して標準語使用を強行する沖縄県当局を批判して、柳宗悦《やなぎむねよし》は「国語問題に関し沖縄県学務部に答うるの書」を著し、日本民芸協会の人びとともに、標準語の強制は「地方語への閑却となり、ややもすれば侮蔑となり、抑圧となる」こと、そして沖縄県だけでそれを行うことは「沖縄県民を特殊扱いにしている感じを与えるものであり、「況んや県民の微妙な心に屈辱の思いを与えないであろうか。何か沖縄の言語を野蛮視しているきらいがないであろうか」と問うた〔柳宗悦「国語問題に関し沖縄県学務部に答うるの書」『月刊民芸』一九四〇年三月〕〔比嘉ほか一九六三〕。柳が沖縄県知事淵上《ふちがみ》房太郎に会って問いただした際の「標準語にかえぬかぎり、この県の発展はありません。現に徴兵検査の折など、未だに正しく言葉の使えぬものがあって笑い話になるくらいです」「この県の事情を他県と同じに見てはこまるのです。この県は日清戦争のときでも支那につこうとした人がいたくらいです」という知事の回答に示されるように、沖縄県民のアイデンティティを消し去り「皇民」に仕立て上げようとするものにちがいなかった〔比嘉ほか一九六三〕。しかしながら、柳を支持する発言は地元紙には少なく、知事の発言にもいみじくも語られているように、柳らの批判は「いわば戦時の日本文化が発展するために必要な限りでの沖縄文化」であり、「日常生活と切り離された、あたかも民芸品のようなものでしかな」かったことが見抜かれていたことを戸邉秀明は指摘する。標準語が苦手なために出稼ぎ・移民・徴兵などの場で差別され不利益を被っている県民にとって、この論争は「文化の問題ではなく、なによりも個々人の生活、ひいては人権の問題に直結していた」と戸邉はいう〔戸邉二〇一二〕。ここにも、琉球処分以来、〝同化と異化のはざま〟〔大城立裕〕で翻弄されていた沖縄の人びとの問題が示されている。沖縄県教育会によって、沖縄独特の姓を改めたり読み方を統一しようという運動が行われたが、その一方、沖縄独特の姓をヤマト風に改めようという運動が、東京在住の沖縄県人で組織されている南島文化協会から起こされたことも、境位にある困難さを物語っているといえよう［大城二〇一二］。

### 華僑と建国体操

一方、日中戦争勃発後、華僑は敵国人という厳しい立場に置かれていた。ここでは、横浜の中華街の華僑の動向について見ていきたい。

一九三七年七月七日、日中戦争が勃発すると、多くの中国人留学生は帰国したが、日本に生活基盤を築いてきた華僑にも動揺が広がった。九月二三日までに横浜港から帰国した神奈川県在住の中国人は男性二九二人、女性二一七人に上るが、その七割が横浜中華街の在住者であった。しかし、帰国せず残留した華僑も多く、彼らが選択したのは、中国に樹立された日本の傀儡政権を支持するという「日華親善融和」の道であった［東海林一九九六：九三七—九五〇］。そして、その証としたのが建国体操である。

建国体操とは、元内務省警保局長として国民の思想統制に奔走した松本学が考案した日本の古武道の型を取り入れ、「八紘一宇《はっこういちう》」の建国精神を鍛えるという体操で、一九四〇年の「紀元二六〇〇年」奉祝の一環として広められていった。特に、横浜市中区の伊勢佐木警察署長坂元清剛が建国体操に傾倒して管内の職場、学校、町会に積極的に実施を奨励したので、建国体操は横浜市中区内に集中的に広まっていった。中華街もまた中区にあった。

一九三八年一二月一五日から六日間、坂元は中華公立学校(現横浜中華学院)に赴き、生徒に建国体操を指導、三九年一月五日には、伊勢佐木警察署管内の建国体操の分会で組織する横浜建国金鵄《きんし》会《かい》の出初式には中華公立学校の生徒四〇名が参加し(陳洞庭「建国体操についての感想」『厚生時代』二巻二号、一九三九年二月)、さらにその場で横浜在住華僑の指導者である横浜中華会館理事長陳洞庭の発声で「日支両国の万歳」が三唱された(松本角蔵「建国体操出初式」『厚生時代』二巻二号)。中華公立学校の訓育主任呉伯康も「坂元署長殿は日華親善を建国体操より始められた事は最も良い方法と思ひます。其の主義は非常に正しく其の意味は非常に深遠である。纏めて云へば体育を主唱し、日華両国に力強い親善国家を建設し、もう一歩進めば永遠の東亜平和を確保することが出来ると信じます」という賛辞を坂元に贈った(呉伯康「宴会中一言申上げます」『厚生時代』二巻二号)。以後も、建国体操は「日華親善」に活用され、日本の子どもと華僑の子どもとが輪になって建国体操を行い、「新興亜実現の第一歩」と評されていった(藤田甚兵衛「次代の青年と建国体操」『厚生時代』二巻九号、一九三九年九月)。

その後も、中華公立学校の生徒たちは、一九三九年二月一一日の「紀元節」には横浜市主催の建国大行進に参加し、伊勢山皇大神宮で建国体操を実演するなど(久保寺玄造「建国金鵄会証書授与式並に建国行進」『厚生時代』二巻四号、一九三九年四月)、「紀元二六〇〇年」に向けて建国体操に熱心に取り組んでいく。こうした点が評価され、四月二六日には、厚生省体力局長佐々木芳遠が、建国体操の視察のため、中華公立学校を訪れている(「厚生省体力局長横浜市に於ける「建国体操」を視察す」『厚生時代』二巻五号、一九三九年五月)。

こうして、いよいよ一九四〇年、「紀元二六〇〇年」を迎える。一〇月一二―一三日、奈良県の橿原神宮《かしはらじんぐう》で皇紀二千六百年奉祝橿原神宮奉納建国体操大会が開催され、中華公立学校建国体操ノ会が優良分会として表彰を受けた。同校では、これを励みとして、以後も「日支親善は建国体操の形を通してこそ日本精神の涵養《かんよう》が出来得ると云ふ信念の下に全校生徒一人残らず建国体操に精進して居り、建国舞踊並音頭なども中中の上達振り」を示し、一九四一年一月七日―二月三日に横浜建国金鶏会が行った寒中修練会にも生徒が参加している。その終了式に臨んでは、「寒中修業に依り更に練磨せられたる心身を以て東亜全民族の為め八紘一宇の大精神顕現に御邁進《まいしん》あらんことを衷心希望致す」という横浜中華会館からの祝辞も寄せられた。これは、前年三月三〇日に南京に日本の傀儡政権である汪兆銘政権が樹立されたことを受けてのものであったが、その祝辞には中華公立学校建国体操ノ会が優良分会に選ばれたことが「吾等至上の光栄」と述べられていた(「建国体操寒中修練会記」『厚生時代』四巻二号、一九四一年二月)。

華僑たちは、建国体操に打ち込むことで、自らの祖国を侵略する日本を支持し、侵略の論理である「八紘一宇」を受容する姿勢を日本社会に示すことで、迫害と差別から自らを防衛した。華僑にとり、建国体操は「皇民」の証であった。

## 4　戦場への動員

## 「慰安婦」の動員

総力戦として展開された一九三一年の満洲事変に始まるアジア・太平洋戦争は、男性に対して二級の国民の位置づけを与えられていた女性たちを、一挙に戦争協力へと駆り立てた。マイノリティはしばしば国家への積極的貢献を果たすことによってその位置からの脱却＝「同化」をはかろうとするが、とりわけ総力戦下においては、「宗主国／植民地、中央／地域、都市／農村、富裕／貧困、男性／女性などといったときの後項に対し周縁ゆえの参加を促し、その参加による前項の中心への接近という幻想を振りまいた」のであり［成田二〇一四：三六九］、女性たちは縦横無尽な「良妻賢母」主義に縛られ、家庭を基礎にしながら、〝主体的〟参加を求められ、総力戦に絡め取られていったのであった。動員のかたちは、慰問袋や千人針に象徴される銃後活動への従事、家庭の保持、看護婦・「慰安婦」としての従軍など、さまざまであった。

アジア・太平洋戦争下、日本軍が将兵のための「性的奴隷」とするべく「慰安婦」を擁した慰安所を設けたことは周知の事実である。慰安所がはじめて設けられたのは、現在、判明している限りでは、一九三二年、上海事変勃発時、海軍陸戦隊が上海で中国軍と交戦した際であったとされる。一九四二年に日本性病予防協会で「戦局下の性病問題」の題で講演した海軍軍医中尉高杉新一郎は、聴衆が性感染症の専門医に限られていたため、「これは申上げてよいかどうか分りませんが」と前置きしながら、「売娼婦の如きものも海軍の軍医が直接これを「コントロール」致して、始終無毒の売娼婦といふやうなものを供給するやうに、一寸言葉が悪うございますが注意致して居る次第でございます。かういつたやうな色々な注意によりまして、上海に居ります海軍の兵隊の花柳病は非常に成績がよくありまして、一番よい時には上海の海軍の病室に性病はたつた一人患者が居つただけといふこともあるのであります」と、「慰安婦」設置による性感染症予防効果を自慢していた（『体性』二九巻七号、一九四二年七月）。

「慰安婦」設置の第一の目的は、このような性感染症の予防にあった。もちろん、「慰安婦」設置の目的はそれだけではなく、日本軍将兵による強姦防止、将兵に「性的慰安」を与えることによる士気の高揚、将兵が現地の売春店に行き軍の機密が漏れることの防止などにもあったが、北支方面軍第三五師団の歩兵二一九連隊警備隊第七中隊の「営外施設規定」のなかの「特殊慰安所」の規定には、「特殊慰安所ノ経営ニ必要ナル薬品、防護用品等ハ官物ヲ交付スルコトヲ得ルモノトシ其細部ハ軍医部長之ヲ定ムルモノトス」と明記され、軍医により性感染症の予防が図られていることが示され（歩兵二一九連隊附属第七中隊「昭和十八年度諸規定綴」―防衛省防衛研究所所蔵）、「慰安所」設置により、軍が将兵の性感染症予防対策を組織的に実施していたことがわかる。

「慰安婦」には、当初、日本で売春を行っている女性たちが動員された。永井荷風は、その日記『断腸亭日乗《だんちょうていにちじょう》』の一九三八年八月八日の条に、次のような記述を残している。

水天宮裏の待合叶家を訪ふ。主婦語りて云ふ。今春軍部の人の勧めにより北京に料理屋兼旅館を開くつもりにて一個月あまり彼地に往き、帰り来りて売春婦三四十名を募集せしが、妙齢の女来らず。且又北京にて陸軍将校の遊び所をつくるには、女の前借金を算入せず、家屋其他の費用のみにて少くも二万円を要す。軍部にては一万円位は融通してやるから是非とも若き士官を相手にする女を募集せよといはれたれど、北支の気候余りに悪しき故辞退したり。北京にて旅館風の女郎屋を開くため、軍部の役人の周旋にて家屋を見に行きしところは、旧二十九軍将校の宿泊せし家なりし由。主婦は猶売春婦を送る事につき、軍部と内地警察署との聯絡《れんらく》その他の事をかたりぬ（『断腸亭日乗4』岩波書店、一九八〇年）。

この情報をもたらした待合叶家の女将は、警察から黙認されて売春営業（私娼）を行っている。それゆえ、その弱みに付け込まれて軍や警察から「慰安婦」の募集を求められたが、現地の気候がきびしく、女性も集まらず、辞退したという。荷風は、この記述の後、「世の中は不思議なり。軍人政府はやがて内地全国の舞踏場を閉鎖すべしと言ひながら戦地には盛に娼婦を送り出さんとす〔。〕軍人輩の為すことほど勝手次第なるはなし」と軍部をきびしく批判しているが、このように当初は、日本国内から「慰安婦」が集められた。その募集にはこの女将のような売春営業者や人身売買を生業としているような人びとが関わっていた。

「慰安婦」の歴史について最初の本格的研究を行った千田夏光《かこう》は、一九三七年から「慰安婦」募集に従事したという男性からききとりを行っているが、そこで、この男性は、自らについて、軍人でも軍属でもなく、「私は福岡編成の連隊になんとなく付いて中国へ行っていたのです。別に御用商人というのでもなく、兵隊が酒が欲しいと言うと都合して来てやるとか……そんな仕事をしていました」と語り、日本国内の私娼による売春業者のもとを歩いて女性を集めたと述べている〔千田一九七三：二四―二八〕。

一九三八年三月一一日に陸軍省兵務課が北支方面軍、中支派遣軍の参謀長に発した通牒「軍慰安所従業婦等募集ニ関スル件」には、次のような「慰安婦」募集の問題が指摘されている。

支那事変地ニ於ケル慰安所設置ノ為内地ニ於テ之カ従業婦等ヲ募集スルニ当リ故《こと》ラニ軍部諒解等ノ名儀ヲ利用シ為ニ軍ノ威信ヲ傷ツケ且ツ一般民ノ誤解ヲ招ク虞《おそれ》アルモノ或ハ従軍記者、慰問者等ヲ介シテ不統制ニ募集シ社会問題ヲ惹起《じゃっき》スル虞アルモノ或ハ募集ニ任スル者ノ人選適切ヲ欠キ為ニ募集ノ方法誘拐ニ類シ警察当局ニ検挙取調ヲ受クルモノアル等注意ヲ要スルモノ少カラサルニ就テハ将来是等ノ募集等ニ当リテハ派遣軍ニ於テ統制シ之ニ任スル人物ノ選定ヲ周到適切ニシ其実施ニ当リテハ関係地方ノ憲兵及警察当局トノ連繋《れんけい》ヲ密ニシ次テ軍ノ威信保持上並ニ社会問題上遺漏ナキ様配慮相成度依命通牒(陸軍省「昭和十三年陸支密大日記」一〇号―防衛省防衛研究所所蔵)。

日本国内からの「慰安婦」募集について、誘拐に類する行為も行われており、陸軍省でも軍の威信にかかわると重視し、募集人の人選にも注意するように求めている。当時、日本では、貸座敷での売春は公認され、さらに小料理屋やカフェー、待合などさまざまな外見をつくろった場での売春もある程度黙認されており、それにともなう人身売買も事実上、放任されていた。そうしたなかで、「慰安婦」募集には、陸軍省でさえ問題視するような行為が多発していたのである。

しかし、その一方で、「慰安婦」となった女性には、そこに自発的な国家への献身があったことも事実である。東京の公娼地帯吉原で茶屋を経営していた福田利子は、当時を次のように回想している。

いろんな方におききしても、正確な人数はわからなかったのですが、十六年ごろ、吉原から従軍慰安婦を出すようにという軍命令が、貸座敷組合に来たのだそうでございます。貸座敷組合からそれぞれの見世《みせ》に通知がいき、前線行きを希望する花魁《おいらん》が集められ、内地勤務と外地行きに分かれ、任地と称する場所に出かけて行きました。〔中略〕花魁の中には、従軍慰安婦になると、年季がご破算になるので、それで応募した人もいれば、兵隊さんと行動をともにしたくて、前線行きを希望した人もいました。あのときは必ずしも強制ではなく、自分から希望して、兵隊さんについて行きたいといった花魁が多かったんですよ（福田利子『吉原はこんな所でございました――廓の女たちの昭和史』主婦と生活社、一九八六年）。

吉原の娼妓のなかには、自ら志願して「慰安婦」になった者も多いという。売春という蔑まれた業に従事している自分たちでも戦争に協力できる、国のために働けるという、女性たちの一級の国民になれるという希望が国家により掬《すく》い取られ、戦場に送られた。

このように、当初、「慰安婦」は国内から集められたが、戦争が拡大するにつれ、国内からの「慰安婦」だけでは需要をまかなえなくなり、朝鮮、台湾等の植民地や占領地の女性を「慰安婦」に徴発するようになる。対米英戦争に突入してからは、中国大陸はもちろん、東南アジア、太平洋の島々にまで「慰安婦」が送致されていった。こうした植民地や占領地の女性を「慰安婦」に徴発する場合は、軍の威力を背景にした強制があったことは否定できない〔吉見ほか一九九五〕。一九四二年三月一六日、台湾軍参謀長は陸軍省に対し、ボルネオに派遣した「特殊慰安婦」五〇名のなかから「人員不足シ稼業ニ堪ヘザル者」も生じたので、さらに二〇名増加する必要が生じたので「諒承」してほしいと電報を打っている（台湾軍「南方派遣渡航者ニ関スル件」陸軍省「昭和十七年　陸亜密大日記」一二三号―防衛省防衛研究所所蔵）。植民地からの「慰安婦」の徴発は軍の作戦の一環であったことも明らかである。

## 男性の戦意高揚――「性的慰安」

そして、戦況が悪化し、国内各地に防空部隊が設置されると、日本国内にも慰安所が次々と設けられていった。その設置の主たる目的は「性的慰安」による戦意高揚であった。そもそも、「慰安婦」について論じるとき、もちろん、植民地や占領地の女性に対する日本軍の武力を背景にした強制があったということは重要な論点となる。しかし、それだけではなく、なぜ「慰安婦」という名称が使用されたかということについても考えなければならない。まさに女性が男性に「性的慰安」を与えて戦意を高揚させるという発想こそが問題なのである。男性の「性的慰安」のために、女性には性的苦痛を甘んじさせて当然とする論理は、日本の公娼制度を維持させた基盤であるが、まさに男性には性的たくましさ、女性には性的やさしさを求めるジェンダーの視点がそこにある。そして、何よりも戦時性暴力という女性差別が「慰安婦」を生み出した元凶である。

戦局が悪化した一九四四年二月二九日、東条英機内閣は、「高級享楽停止ニ関スル具体策要綱」を閣議諒解した。これは、高級料亭や高級待合、芸妓置屋、カフェー、バーなどを休業させ、密集地区にある劇場、映画館を整理するもので、現実性を帯びてきたアメリカ軍による空襲への防空対策と国民の精神の引き締めを目的とした措置である。しかし、その一方では売春関係の営業は許容されたのである。この要綱には「待合は全部一応休業せしめたる上高級待合は引続き之を休業せしめ下級待合に付ては待合の名称を廃し其の実質を慰安所的のものたらしめて之が営業を継続せしむ」「芸妓置屋及芸妓にして慰安的営業に必要なるものは其の名称を改めて営業せしむるも其以外のものは之を休業せしむ」と記されているが、明らかに「下級待合」を「慰安所」とすることと、芸妓による「慰安的営業」を認めている。

これは待合や芸妓置屋における私娼行為を事実上、認める措置である。この要綱に付随して決定された「高級享楽停止(接客業)ニ関スル具体策要綱ノ実施上留意スベキ事項」でも、「下級待合」は「其の名称を廃し慰安的のものたらしめて之が営業を継続せしむる特別措置に付ては必要性に付充分勘案し必要なる最小限度に於て之を認むること」「之が実施形式等に付ては地方の実情に即し処置すること」と、取り締まりに柔軟性をもたせるように示唆している。

この要綱が決定されてから約一年が経過した一九四五年一月、内務省警保局警務課は「高級享楽停止に伴ふ接客業の現況と輿論《よろん》」をまとめ、戦意高揚のためには「性的慰安」の一層の必要性を強調し、「性的慰安施設として下級待合に対し新に斯種営業を認めた」と公言した(以上、「種村氏警察資料」―国立公文書館所蔵)。

こうした国策を受けて、芸妓置屋が慰安所に改組されていく。一九四五年五月一五日、東京都小石川区白山の芸妓を対象に警備兵のための接待所(慰安所)が設けられ、芸妓は「接待婦」と改称されて、将兵への「性的慰安」を課せられた。地元の富坂警察署長は、この接待所に対し、「接待婦ヲシテ月二回以上健康診断ヲ受ケシメ接待婦ヲシテ稼業中ハ之ニ関スル証票ヲ常時携帯セシムルコト」「接待所ニハ衛生室ヲ設ケ器具ヲ常備シ病毒伝播ノ防止ニ努ムルト共ニ遊客ニ対シテモ是ガ使用ヲ勧奨スルコト」を命令した(浪江洋二編『白山三業沿革史』雄山閣出版、一九六一年)。アジア・太平洋戦争の末期において、「性的慰安」の名の下に、「慰安婦」は国内にも拡大されたのである。

## ハンセン病患者の動員計画

前述したように、ハンセン病患者や知的障害者、精神障害者は優生政策の対象として「劣等」視されていた。しかし、戦線が拡大し、兵力が不足してくると、こうした病者、障害者も戦争に動員せざるを得なくなる。国家は、身体的理由、精神的理由から差別されてきた人びとに、戦争への動員により平等な臣民になれるという幻想を与えた。

アジア・太平洋戦争下、日本は中国・東南アジア・太平洋の島々の広大な地域を侵略し、占領した。この地域は「大東亜共栄圏」と呼称されたが、ここには多くのハンセン病患者が生活していた。日本軍は、兵士への感染を恐れ、こうした患者の処遇に苦慮し、そのなかで、救癩挺身隊構想が浮上した。この構想は、隔離されたなかで、戦争にも参加できないハンセン病患者を「大東亜共栄圏」に派遣し、現地の患者の隔離に従事させようというものである。

一九四二年四月、国立ハンセン病療養所長島愛生園《ながしまあいせいえん》(岡山)の医官早田皓は、「日の本の癩者達は、御恵を遠く救はれざる民草に及すべき大使命を負はされて居る。救癩挺身隊の出現之こそ日の本の癩者に生れた幸を体得する日でなくて何であらう」と患者に呼びかけた。すなわち、日本と朝鮮の軽症患者三〇〇〇名に簡単な医学や熱帯地方の農業、簡単な機械工学の知識を与え、さらに「個人主義を排撃した精神的猛訓練」を施したうえで、フィリピン、東インド諸島、ビルマ、マレーに派遣し、現地の患者の隔離と指導に当たらせようというのである(早田皓「誰が東亜の癩を戡定《かんてい》するか」

『愛生』一二巻四号、一九四二年四月）。ここで言う「御恵」とは皇室の「恩恵」、特にハンセン病患者への同情を「つれづれの友となりても慰めよ　行くことかたきわれにかはりて」という歌に詠んだ貞明皇后の「恩恵」を意味した。

　早田の提案に応えて、貴族院議員下村宏（海南）は「恐らく患者の諸君は、奉公の道に恵まれず、気づらく傷心して居られた事と思ふ」「共に共に南方に進出し、同病相憐む大慈悲心の流露により、二百万の不幸なる癩者の心からの救ひの友とならねばならぬ」（下村宏「軽症患者の一部をして南方救護のため進出せしめよ」『愛生』一三巻一号、一九四三年一月）と患者の決起を促し、「東洋癩生」というペンネームをもつ長島愛生園事務官宮川量《はかる》もまた、「一つの療養所から少数有能の職員と若干名の病友を以て一部隊を編成する。かくして命令一下出動、最も費用のかゝらぬ模範的自給自足の医療所を建設する」と具体案を示し、「八紘一宇の理念さらに我等に尊い皇室の御仁慈がある。これを大東亜の病める兄弟姉妹に頒《わか》ち与へ、共に大恵に浴さしめたいものである」と希望を託した（東洋癩生「大東亜救癩進軍譜」同上）。

　これに対し、国立ハンセン病療養所星塚敬愛園《ほしづかけいあいえん》（鹿児島）のある患者は「嗚呼！　彼の日、南方救癩の熱意と信念に燃えた開拓挺身隊を満載した癩輸送船が、御歌をかゝげて世紀の海を！　堂々と渡る栄光のその日は決して痴人の夢ではなく、現実に然も近き将来に必ず来るべき光栄の日である。然り断じて来らしめなばなりません」と感激し（「南方救癩に処する我等病者の心構へ」『愛生』一三巻三号、一九四三年三月）、国立ハンセン病療養所多磨全生園《たまぜんしょうえん》（東京）のある患者は「われわれはいま、胸に一万五千の「日の丸」の御旗をかざして待機してゐる。／もし　命ぜられて　許されて　日本の癩者が海を渡る日が来たら……／一万五千の一割を送らう。／〔中略〕誇るべし、日本には……日本の癩者には……／「御歌」があるのだ。／「御歌」を奉じ／「御歌」の精神を体した一万五千の使途《ママ》たちがゐるのだ。／ああ！　小さな船に「日の丸」をおしたてて／日本の癩者が　海を渡る日はさう遠くはあるまい。／ああ！　その日！　癩者海を征く日こそ　大東亜三百万のはらからが　東方の太陽を……／「御歌」を……拝する日なのだ！／世界の半数の同胞が　号泣する日だ。待ちどほしいぞ。癩者海をゆく日！／「御歌」海を渡る日！」と、救癩挺身隊に参加できる喜びを詩に歌った（「「御歌」海を渡る」『山桜』二四巻一〇号、一九四二年一〇月）。「御歌」とはもちろん、貞明皇后の「つれづれの……」の歌である。

　しかし、戦局が悪化するなかで救癩挺身隊は実現には至らなかった。ただ、単なる構想に終わったかというと、そうではない。宮川量が一九四二年五月一四日に茨城県下中妻村にある満蒙開拓青少年義勇軍の訓練所を訪れ、訓練の様子を視察しているからである。宮川は、愛生園に提出した「報告書」に、「之等青少年教育ハタヾニ本園ノ将来ニ於テ重要ナルノミナラズ東亜ノ癩ノ戡定ニ於テモ如ズヤ一役ヲ果スモノタルコトヲ疑ハズ」と明記している（「島田等資料」―長島愛生園『愛生』編集部所蔵）。宮川は、満蒙開拓青少年義勇軍の訓練を救癩挺身隊にも施そうと考えていたのである。救癩挺身隊は、実現しなかったとはいえ、それは、差別と隔離のなかで国家の役に立ちたいと焦燥するハンセン病患者の平等への希求を戦争に動員する計画であった。

## 知的障害者の徴兵

こうした思いは、障害者も同じであった。帝国陸海軍には「軍隊保育」という語があった。一九四二(昭和一七)年に陸軍省が作成した「軍隊保育要領」という文書があり、そこには、「軍隊保育」の目的は「合理的ニ健兵ヲ育成シ以テ戦力ノ充実昂揚《こうよう》ヲ図ル」こととされ、そのために「教育訓練ヲ合理化シ漸進的ニ心身ヲ鍛錬スルト共ニ休養及給養ヲシテ兵業ニ調和セシムル」ことが必要とされた。すなわち、「軍隊保育」とは、兵士に対し一律に厳しい訓練を課すのではなく、兵士個々の心身の状態を考慮した訓練を行うとともに適度な休養を与えることにより、疾病を防ぎ、漸進的に強い兵士をつくっていくという考え方である。「軍隊保育」が必要とされたという事実は、徴兵制のもとの陸軍に、訓練上の配慮を必要とする兵士も数多く含まれていたということを意味する。

一九二七年に公布された兵役法にもとづく兵役法施行令はその第六八条で、徴兵検査の際、身長一・五五メートル以上で「身体強健」と判定された者を、甲種もしくは乙種(さらに第一乙種、第二乙種、第三乙種に区別)合格として、現役兵として徴兵対象とする一方、「兵役ニ適セザル者」として、一八種の疾病・障害をあげている。そのなかには「癩」「盲」「聾」「唖」とともに「筋骨甚薄弱ナルモノ」「不治ノ精神病又ハ不治ノ神経系病」「胸腹部臓器ノ慢性疾患ニシテ一般栄養状態ニ妨ゲアルモノ」が含まれ、こうした病者・障害者は徴兵検査を受けたとしても、事実上、徴兵対象から除外された。

また、身長一・五五メートル以上で身体状況が乙種に次ぐ者、身長一・五〇メートル以上一・五五メートル未満であっても兵役に耐えうる者は丙種と判定され、いちおう合格ではあるが、第二国民兵役に編入され、通常は徴兵されることはなかった。

さらに兵役法施行令第六九条では「全身畸形《きけい》」「不治ノ精神病ニシテ監視又ハ保護ヲ要スルモノ」「癲」「両眼盲」「両耳全ク聾シタルモノ」「唖」「腕関節又ハ足関節以上ニテ一肢ヲ欠キタルモノ」を兵役免除すると記されている。戦時下の経済統制を推進した企画院で調査官を務めた美濃口時次郎も、病気や障害などで「すでに肉体的に国防力または労働力として活動し得るだけの体質を具へてゐない者は勿論其の国社会の人的資源と見做《みな》すことは出来ない」と述べている（美濃口時次郎『人的資源論』八元社、一九四一年）。

しかし、実態は大きく異なっていた。一九三八年一月に千葉県市川市にある国府台《こうのだい》陸軍病院が精神障害兵士を収容する施設に改組されるが、これについて、かつて、陸軍軍医少佐として、同病院に勤務した浅井利勇は、陸軍省医務局長小泉親彦が「戦争の長期化に伴い、現役徴集人員の増加、多数の補充兵の召集により素質の低下を早くより見越し」ていたからであると回顧している（浅井利勇「精神薄弱者及び精神病質者対策」諏訪敬三郎編『第二次世界大戦における精神神経学的経験――国府台陸軍病院史を中心として』国立国府台病院、一九六六年）。

もちろん、それまでにも、入営後に兵士が知的障害や精神障害を発症する場合はあった。こうした兵士は、脱走などの軍規違反を犯した場合、陸軍懲治隊、陸軍教化隊に送致され、懲罰の対象となった。しかし、アジア・太平洋戦争期、そうした兵士が増加するなかで、陸軍は新たな対応をせざるを得なくなる。国府台病院には知的障害や精神障害のため、傷病兵として送致された兵士たちの膨大な「病床日誌」が残されている。この文書は、まさにアジア・太平洋戦争が激化するなかで知的障害・精神障害の兵士が増加していく事実を示すとともに、そうした兵士を「保護兵」（ほかに

「保育兵」「鍛錬兵」「特別訓練兵」「増健兵」などの呼称がある）として特別な訓練や任務を課し、さらに知的障害兵士だけを集めた部隊編成の計画もあった事実を現代に伝えている〔清水二〇〇六〕。

こうした兵士たちは、戦場においてどのように処遇されたのか。前記の「病床日誌」には、「尋常小学二年マデ通学セルモノノ如キモ、自己ノ姓名スラ書キ得ス」とか、「射撃ヲ実施セシムレバ危害ヲ友軍ニ及ボス」などと記された兵士もいたことが記されている。

では、なぜ、こうした兵士を召集したのか。もちろん、戦争の激化による兵員不足が根本的な理由ではあるが、「病床日誌」には、「兵員不足ノ際ナレバ当番位ニハ使用可能ナラン」「特ニ勤務ヲ付与セズ食器食糧洗浄等ノ使役」を命じたなど、所属部隊の上官の言葉も記されている。

しかし、だからと言って、知的障害や精神障害の兵士たちが、皆、前線に出ることもなく、傷病兵として生還できたわけではない。「満洲」に設置された陸軍第二航空軍野戦航空修理廠軍医の高木俊一郎は、一九四四年、新京（現長春）に「逃亡を重ねる兵隊一五〇名、内訳は所謂ボーダーラインから知能年齢五歳位という人まで七〇名と、暴れたり盗んだりする人八〇名とで編成され」た「特殊教育隊」をつくるが、敗戦時、上官より「この兵隊たちはソ連の戦車がきたらすぐ逃亡するであろう。それは日本の軍隊として許すことはできない。したがって、その気配がみえたら全員を殺し、将校下士官は火炎ビンを持って戦車の下にとびこみ、全員玉砕せよ」との命令を受けたと回想している（高木俊一郎『私の歩んだ道』私家版、一九八五年）。生還して、国府台陸軍病院の「病床日誌」に記録されている兵士以外に、判断能力の弱さを利用され「弾除け《たまよ》」として戦場に倒れたり、あるいは足手まといとされ日本軍により殺害された多くの兵士がいたのではないだろうか。

## 5　棄民と「捨て石」

### 移民と棄民

沖縄は、一八九九年のハワイを嚆矢としてその後も移民を多く送り出してきたが、その背景には経済的困窮があり、さらには徴兵忌避があったことも近年の研究のなかで明らかにされてきている［金城二〇一一］。

一九二〇年の戦後恐慌以後、日本は慢性的不況に陥るなかで、とりわけ沖縄は、翌年に黒糖相場が暴落したことが大打撃となって、民衆は米や甘藷《かんしょ》なども十分に入手できずに、有毒成分をも含むソテツから澱粉《でんぷん》を摂取しなければならないほどの窮状にみまわれた。新聞などはそれを「ソテツ地獄」と称して報じた。南洋移民がはじまったのは、「ソテツ地獄」による経済的困窮の深まりを契機としており、これまでの移民先であったアメリカ合衆国や中南米は日米関係の緊張から難しくなり、「南洋出稼ぎ」「南洋移民」が増えていった［今泉二〇一一］。

アジア・太平洋戦争下で、南洋群島のなかでも、サイパン島、テニアン島では、沖縄戦に先立つこと一〇カ月、地上戦が行われ、その戦闘に巻き込まれて沖縄県民をはじめとする多くの住民が命を落とすという犠牲に加え、引き揚げ船が沈没したりフィリピン・台湾などの寄港先で戦争の犠牲になる場合もあった［今泉二〇一一］（今泉裕美子「〈視点〉地上戦から何を学ぶか」『琉球新報』二〇一四年七月七日）。

一九四二年以後、日本の軍政下におかれたフィリピンには沖縄県の人びとが多く移民しており、ここでも多くの犠牲者を出した〔新垣二〇一一〕。南洋群島とフィリピンを合わせて約二万五〇〇〇人の沖縄県出身民間人が命を落としたといわれている。また一九四四年七月に米軍の占領下におかれたサイパン島では、日本人一万人が死亡し、そのうち約六〇〇〇人が沖縄県出身者であった（「社説 南洋群島戦訴訟――国策の犠牲者に謝罪を」『琉球新報』二〇一三年八月一六日）。

他方、一九三二年から開始された「満洲」移民においては、沖縄は先にみたように、すでに南洋群島などに多く移民していたことや、当初は気候・風土が「満洲」と似た地域が選ばれたことから、農業移民募集の対象とならなかった。ところがそれは沖縄に対する差別によるものと受け止められ、沖縄県選出の衆議院議員伊礼肇《いれいはじめ》が働きかけ、一九三九年から、「分村移民」も含めて移民が送り出された。そうした農業移民やさらに満蒙開拓青少年義勇軍の送り出しに伴い、「大陸の花嫁」として「満洲」に渡った人もいた。それらの人びとが、日本の敗戦によって、関東軍はいち早く敗走してしまうなかでソ連兵や現地中国人の襲撃に遭い、子どもを残して帰国したり途中で命を落とすなど多くの犠牲を伴ったことはすでにこれまでの研究が明らかにしてきたとおりである〔宮城二〇一二〕。

### 「捨て石」――沖縄戦

一九三八年の国家総動員法の公布は、経済的基盤の弱い沖縄に深刻な影響を及ぼした。なかでも飯米の不足は深刻であり、多くを本土や台湾からの移入に頼っていた沖縄では、本土より一年早い一九四〇年四月から米の配給制が実施されたが、食糧事情の悪化は深刻であった。この配給を仕切るのが、一九四〇年に成立した大政翼賛会の末端に位置づけられた隣組であった。住民の戦争への動員が進められていくなかで、隣組は、住民を相互に監視させ、スパイなどの疑いをかけて警察に密告させる役割を担った。一九四四年八月には、宮崎に向かった学童疎開船対馬丸が米軍に攻撃されて沈没し、多くの学童が犠牲になるという事件も起こった[黒川二〇〇六]。

一九四四年一〇月、米軍がフィリピンに上陸し日本の敗戦は決定的であったが、戦争を引き延ばす日本に対して、アメリカは本土上陸は避けられないと判断し、そのための中継補給地として沖縄占領を考えた。沖縄戦とは、そうした状況のもとで、一九四五年三月末から六月末までの約三カ月間にわたって、沖縄本島を中心に日米両軍の間で多数の住民を巻き込んで地上戦が展開され、米軍が沖縄本島とその周辺の島々を占領するにいたった戦争である[林二〇〇九]。

沖縄戦の記録や語りは、ひめゆり部隊をはじめとして[仲宗根一九八二、二〇〇二]おびただしい数にのぼるが、ことに「集団自決」をめぐってこれまで語ってこなかった人びとが口を開き始めたのは、二〇〇七年の、集団自決が軍の強制によるものとする高校日本史教科書の記述の削除を求める文部科学省の検定意見が付いたためであった。同年九月二九日には、これに抗議する県民大会が開かれ、一一万人を超える人びとが集まったと報じられているが、検定基準は改められないまま今日にいたっている。

沖縄戦最初の地上戦がはじまった慶良間《けらま》列島は、「集団自決」や住民虐殺の先駆となり、また多くの犠牲者が出た場所でもあった。渡嘉敷《とかしき》村で母親・妹たちが犠牲になるなかで生き延びた、当時六歳だった新崎直恒は、自分の孫が戦争当時の自分と同じ六歳になった時に一度だけ経験を話したが、「できるだけ時間をかけて忘れよう、忘れようとして努力してきた」ため公の場で語ることはなかった。しかし、そうした事実を否定しようとする事態を前に、「私たちからしたら、歴史から抹殺されることに強い怒りを覚える。沖縄戦の史実が歪曲されないかと不安に思う」といい、当時の様子を克明に語った〔謝花二〇〇八〕。「集団自決」が起こったのは、行政や「皇民化」教育などの果たした役割が背景にあったことも事実であるが、日本軍の強制と誘導によるものであったと、沖縄戦における「集団自決」を克明に研究した林博史はいう〔林二〇〇九：二〇四〕。

本土決戦を引き延ばすための「捨て石」として持久戦を強いられた沖縄戦の、防衛隊などを含めた県民の犠牲者は、推計一五万人にのぼるとされる。これは、日本軍将兵七万三〇〇〇人、米軍死者一万二五〇〇人を合わせた数をはるかに上回る数字であった〔謝花二〇〇八〕。

屋嘉比収《やかびおさむ》は、日本軍による住民虐殺と「集団自決」の強制が行われた沖縄戦の「問いを立てる」ことこそが、「平和的生存権が定められた憲法に基づいた日本本土と同じ「戦後」はいまだ始まっていない」とさえ主張できる沖縄の現状に向き合うために不可欠だと述べている〔屋嘉比二〇〇八〕。

第4章

# 引き直される境界

帝国の解体

敗戦により植民地・占領地を喪失し、帝国の解体を余儀なくされた日本は、在日朝鮮人をはじめとする旧植民地・占領地や沖縄の人びとに犠牲を強いたまま、国民国家の再生をはかっていった。

天皇制を支える精神構造の根源的変革にはいたらないまま、「共感の共同体」（酒井直樹）が再興された。それは「非日本国民」に対する排除と表裏一体であった。

民主化が推進されるなかで、「家」制度も地主制も消滅したが、意識の変革は制度のそれとの間にタイムラグを生じる。戦後復興が進むなかで都市と農村の格差はいっそう拡大し、残存する封建的な意識が、女性や被差別部落などに対する差別を支えていたことも看過できない。また遺伝学・優生学も戦前にも増して頭を擡げ、それが被差別部落や、ハンセン病患者をはじめとする病者、障害者等に対する差別を生んだ。

# 1　日本国憲法と平等権

## 制約された人権

アジア・太平洋戦争で日本の敗色が濃厚になってきた一九四三(昭和一八)年一二月一日、エジプトのカイロにローズベルト大統領(米)、チャーチル首相(英)、蔣介石総統(中国)の連合国首脳が集まり、日本敗戦後の処理について会談し、「カイロ宣言」を発表した。そこには、「日本国ヨリ千九百十四年ノ第一次世界戦争ノ開始以後ニ於テ日本国カ奪取シ又ハ占領シタル太平洋ニ於ケル一切ノ島嶼ヲ剝奪《はくだつ》スルコト並ニ満洲、台湾及澎湖島ノ如キ日本国カ清国人ヨリ盗取シタル一切ノ地域ヲ中華民国ニ返還スルコトニ在リ　日本国ハ又暴力及貪慾《どんよく》ニ依リ日本国ノ略取シタル他ノ一切ノ地域ヨリ駆逐セラルヘシ」「朝鮮ノ人民ノ奴隷状態ニ留意シ軈《やが》テ朝鮮ヲ自由且独立ノモノタラシムル」との決意が示された。

さらに、一九四五年七月二六日、トルーマン大統領(米)、チャーチル首相、蔣介石総統の名前によりドイツのポツダムで発せられた日本に降伏を求める「ポツダム宣言」では、「「カイロ」宣言ノ条項ハ履行セラルヘク又日本国ノ主権ハ本州、北海道、九州及四国並ニ吾等ノ決定スル諸小島ニ局限セラルヘシ」と明言され、日本の領土は北海道・本州・四国・九州と周辺の諸島に限定された。

こうして、八月一四日、日本はポツダム宣言を受諾、翌一五日、天皇の声でその旨を国民に告げ、敗戦を迎える。ここに、一九三一年の柳条湖事件以来のアジア・太平洋戦争は終わった。敗戦後、日本は連合国軍の占領下に置かれ、連合国軍最高司令官総司令部(GHQ)の間接統治を受ける。この占領は事実上、アメリカによる単独占領に等しいものであったが、その下で、種々の「民主化」が断行され、戦後日本は民主主義の時代を迎えた。

民主化の象徴が日本国憲法である。一九四六年一一月三日、大日本帝国憲法の改正という手順を踏み、日本国憲法が公布され、四七年五月三日から施行された。新しい憲法は、第一一条で侵すことのできない永久の権利として基本的人権の尊重をうたい、その基本的人権のひとつとしての平等権については、第一四条で「すべて国民は、法の下に平等であつて、人種、信条、性別、社会的身分又は門地により、政治的、経済的又は社会的関係において、差別されない」「華族その他の貴族の制度は、これを認めない」「栄誉、勲章その他の栄典の授与は、いかなる特権も伴はない。栄典の授与は、現にこれを有し、又は将来これを受ける者の一代に限り、その効力を有する」と明記した。

GHQにおける日本国憲法の草案作成の経過を概観すれば、一九四六年二月四日、GHQの民政局(GS)内に作業班が編成され、憲法草案の起草がはじまっている。その際、作業班の人権小委員会のメンバーのベアテ・シロタが部落問題を念頭に置いて、法の下の平等の条文のなかに、差別してはならない対象として"caste"の語を記したという[渡辺一九九〇：三二]。一九八七年、シロタは「第十四条の最初の文節で、私たちは「カースト」について明確にしなければならないということでした。そうしなければ差別は続くだろうと懸念したからです」と明言している[渡辺一九八八：七七」。

たしかに、一九四六年二月一二日に完成した「GHQ草案」には、差別してはならない対象として“race”“creed”“sex”“social status”“national origin”とともに“caste”の語が記されていた。そして、法の下の平等を保障されるのは“all natural persons”と明記された。この「草案」を提示された幣原喜重郎《しではらきじゅうろう》内閣は、「草案」の法の下の平等について「一切ノ自然人ハ法律上平等ナリ　政治的、経済的又ハ社会的関係ニ於テ人種、信条、性別、社会的身分、階級又ハ国籍起源ノ如何ニ依リ如何ナル差別的待遇モ許容又ハ黙認セラルルコト無カルヘシ」と翻訳した。しかし、その後、幣原内閣は、大幅な書き替えを行い、三月二日にGSに提出した「日本国憲法」案には「凡テノ国民ハ法律ノ下ニ平等ニシテ、人種、信条、性別、社会上ノ身分又ハ門閥ニ依リ政治上、経済上又ハ社会上ノ関係ニ於テ差別セラルルコトナシ」と記されていた。法の下の平等が保障されるのは「国民」に限定されたのである。これに対し、GSは修正を求め、三月五日に内閣が作成した案には「凡テノ自然人ハ其ノ日本国民タルト否トヲ問ハズ法律ノ下ニ平等ニシテ、人種、信条、性別、社会上ノ身分若ハ門閥又ハ国籍ニ依リ政治上、経済上又ハ社会上ノ関係ニ於テ差別セラルルコトナシ」と改められていた。すなわち、GSと幣原内閣の間には、法の下の平等を保障する対象を「国民」に限定するか否かという対立が生じていたのである。そして、三月六日以降、幣原内閣とGSとの間で、この問題をめぐり論争が続き、結局、「国民」に限定するという幣原内閣の主張が通ってしまう。なぜ、GSは妥協したのか。その理由について、GSの次長であったチャールズ・ケーディスは、当時、アメリカにおいても「外国人がアメリカ市民と一〇〇パーセント平等ではありませんでした」

と説明している〔部落解放研究所近現代史部会一九八九：一七〕。こうして、六月二五日、第一次吉田茂内閣により「帝国憲法改正案」が衆議院に提出される。そこには、第一三条として「すべて国民は、法の下に平等であつて、人種、信条、性別、社会的身分又は門地により、政治的、経済的又は社会的関係において、差別を受けない」という条文が示されていた。法の下の平等が「国民」に限定されたことは、次節で述べる在日韓国・朝鮮人の人権に大きく関係していく。

その一方で、七月一六日、第九〇回帝国議会衆議院帝国憲法改正案委員会で、水平社運動の活動家であった田原春次（日本社会党）が、この「社会的身分」には被差別部落の人びとが含まれるのかと質問すると、憲法担当の国務大臣金森徳次郎は「此ノ規定ガ役立ツ主眼点ガ其処ニ置カレテ居ルト私ハ信ジテ居リマス」「諸般ノ差別ガ行ハレマス場合ニハ、国法ハ固ヨリ眠ツテ居ツテハイケナイノデアリマシテ是等ニ対シテ十分ノ措置ヲ講ジテ斯様ナコトノ起ラナイヤウニスベキ旨ノ原則ガ第十三条ニ掲ゲラレテ居ル」と断言した（『第九十回帝国議会衆議院帝国憲法改正案委員会議録』一四回）。日本国憲法は部落差別を明確に否定したことになる。こうして憲法第一四条は成立した。

また、第一二条で「この憲法が国民に保障する自由及び権利は、国民の不断の努力によつて、これを保持しなければならない。又、国民は、これを濫用してはならないのであつて、常に公共の福祉のためにこれを利用する責任を負ふ」と、さらに、第一三条で「すべて国民は、個人として尊重される。生命、自由及び幸福追求に対する国民の権利については、公共の福祉に反しない限り、立法その他の国政の上で、最大の尊重を必要とする」とも明記し、基本的人権に対して「公共の福祉」に反さないという制約を設けたことは、その後の人権の保障を制約することになった。

では、この「公共の福祉」とは何を意味するのか。一九四七年、文部省が中学生の副読本として作成した『あたらしい憲法のはなし』では、基本的人権について、「むやみにこれをふりまわして、ほかの人に迷惑をかけてはいけません。ほかの人も、みなさんと同じ権利をもっていることを、わすれてはなりません。国ぜんたいの幸福になるよう、この大事な基本的人権を守ってゆく責任があると、憲法に書いてあります」と説明している。この解釈に基づけば、「公共の福祉」に反さないという制約は、自分の人権を主張するために他人の人権を侵す行為は許されないという意味になる。また、法学者の戒能通孝は、その著『市民の自由――基本的人権と公共の福祉』(日本評論社、一九五一年)のなかで、「市民生活一般において、どの人にとっても迷惑に感ぜられ、どの人からもその除去を容認され得るが如き犯罪、不法行為、災厄またはそれらの可能性を除去することは、公共の福祉に合致した行為である」と述べ、その具体例として犯罪者の逮捕、伝染病予防のための消毒・予防注射の強制などをあげている。戒能は、基本的人権を制約する「公共の福祉」を犯罪・不法行為・災厄の除去と特定している。

しかし、現実には、「公共の福祉」の意味が、多数者の幸福のためには少数者の人権は制約されてもやむを得ないと解釈され、たとえば、第五章一節で述べるように、ハンセン病患者への強制隔離政策も正当化されていくのであった。

## 象徴天皇制と差別

日本国憲法と平等権について考えるうえで、もう一点、戦後の天皇制についても言及しておかなければならない。敗戦直後、昭和天皇には戦犯論、あるいは退位論もあったが、GHQは占領政策の遂行上の利点を重視し、戦犯として追及することも、退位を求めることもしなかった。天皇は、一九四六年一月一日の「詔書」において「朕ト爾等国民トノ間ノ紐帯《ちゅうたい》ハ、終始相互ノ信頼ト敬愛トニ依リテ結バレ、単ナル神話ト伝説トニ依リテ生ゼルモノニ非ズ。天皇ヲ以テ現御神《あきつみかみ》トシ、且日本国民ヲ以テ他ノ民族ニ優越セル民族ニシテ、延テ世界ヲ支配スベキ運命ヲ有ストノ架空ナル観念ニ基クモノニモ非ズ」と述べた。これがいわゆる「天皇の人間宣言」と呼ばれるものである。そして、日本国憲法上でも、天皇は「主権の存する日本国民の総意に基く」「日本国の象徴であり日本国民統合の象徴」と位置付けられた。これにより、法的には天皇は政治から分離された。

天皇は、GHQの意向に沿い、「人間天皇」「象徴天皇」の姿を国民に印象付けるため、一九四六年二月から全国巡幸を開始する。まさに、それは「象徴天皇制へのパフォーマンス」と言える行動であった[坂本一九八九：まえがき]。しかし、巡幸の目的はそれだけではなかった。戦後の社会運動、労働運動の高揚のなかで、労働者と親しく接するという言動を通して「労資協調ムード作りに、天皇が一役買っていた」のである[鈴木一九七五：五九、六四—六五]。これは明らかに政府やGHQの意向を受けた政治的活動であった。

天皇の巡幸先として積極的に炭鉱が選ばれたのも、石炭産業が戦後の経済復興のために重要であり、また、炭鉱の労働運動が激化していたからであった。

一九四七年八月五日、東北巡幸の初日、天皇は福島県の常磐炭礦磐城《いわき》礦業所を訪れ、坑内に入った。石炭増産を求める天皇を迎えた三〇年勤続のひとりの労働者は「社会の下積みとされ、平常の社会でない一種特別な卑しい社会と見られ自分達もそうしたあたりの空気に流されて卑下してきたこの炭礦に、この暑熱のさ中に、陛下が親しく御出でになられて、炭礦の私達を励まされ、慰問されるということはほんとに辱《かたじけな》い」と感激していた（福島県編・刊『御巡幸録』一九四八年）。猛暑のなか、天皇が坑内に降り、「下積み」の「一種特別な卑しい社会」の人びとと同じ地点に立つという行為が、炭鉱労働者の心を見事に掌握した。自らも炭鉱労働を経験した上野英信は、過酷な労働と圧制と搾取のなかで、炭鉱労働者自身が自らを「下罪人」「亡者」と自嘲していたことを指摘しているが（上野英信『追われゆく坑夫たち』岩波新書、一九六〇年）、天皇の行動は、炭鉱労働者のこうした被差別意識に希望と映ったのである。

天皇の巡幸を機に、常磐炭礦では労資双方とも労資協調による増炭という決意を新たにしていく。取材をしていた『福島民報』の記者は「この日の坑夫たちの感激しきつた横顔を見て」「この感激が新聞やラジオを通して全国の炭坑に影響し増炭にぴんと響いたらどんなにうれしいことか」と、これまた感激して筆を執った（『福島民報』一九四七年八月六日）。同様に取材していた『福島民友新聞』の記者たちも、天皇が炭鉱の坑内にまで降りた事実を重視し、「地下にまで入られた陛下のあたえた影響は大きい、裸のままで陛下と直接お話しをしたのはいままでにそう例がないだろう」と述べ、石炭増産への期待を感じていた（『福島民友新聞』一九四七年八月一一日）。

同様のことは、一九四九年五月、九州巡幸の際、ドッジ・ラインの下のデフレ政策に抗し争議渦中にあった福岡県の田川・飯塚・直方《のおがた》、三池、佐賀県の杵島《きじま》、長崎県の潜龍の各炭鉱を訪れた際にも見られた。炭鉱労働者は天皇を迎え感激し、争議は解決に向かう。

戦後、女性皇族のみならず軍服を脱いだ天皇や男性皇族たちも積極的に福祉や医療の現場を訪れ、差別された人びと、厳しい生活環境に置かれた人びとを慰問した。そうした行為は、人権を奪われた人びとの人権意識の自覚に麻酔をかけ、不満を抱かず国家と社会に感謝して暮らすことを強いていく。天皇の巡幸はそうした象徴天皇制の新たな役割を打ち出すものであった。

しかし、その一方で、天皇の巡幸は、戦前と変わらない国家の差別意識をも露にしていた。天皇の九州巡幸に先立ち、九州各地の右翼団体や労働組合、共産党の活動とともに、在日韓国・朝鮮人の動向が「第三国人関係の動向」として、福岡県の被差別部落の動向が「全水関係者の動向」として警察により調査され、報告書が宮内府に送付されている。「全水関係者の動向」には、次節で述べる部落解放全国委員会の委員長で、福岡県選出の参議院副議長であった松本治一郎が一月に公職追放されたことに抗議して、同県下の被差別部落で「一部の急進分子は死を賭しても解除を期せねばならぬとの強硬意見を有してゐるのでその動向も軽視し得ないものがあるが現在の処特異の動向はない」と報告されている(「九州巡幸を繞《めぐ》る関係各方面の動向について」「昭和二十四年行幸啓録」一三—宮内公文書館所蔵)。在日韓国・朝鮮人や被差別部落住民を治安上危険視する偏見は戦後にも受け継がれ、ごく当然のように、在日韓国・朝鮮人や被差別部落の人びとは警察の監視下におかれたのである。

## 2　境界の引き直しと人流

## おきざりにされる人びと

大日本帝国の崩壊、それに伴う国民国家の境界の引き直しは、大量の人流を生じさせることとなった。引揚げ、送還、残留のなかでマイノリティのさまざまな問題が浮かび上がってくる。

敗戦当時海外にいた日本人は、軍人軍属、一般邦人を合わせると約六六〇万人、その約半数が一般邦人であったという（厚生省『援護五〇年史』一九九七年）［井出二〇〇八：八二］。

地域別では、「旧満洲」が一五五万人と圧倒的に多く、そのうち「満蒙開拓団」の在籍者が約二七万人で、敗戦前夜に軍人として現地召集された男たち四万七〇〇〇人を除くと、ソ連参戦時（一九四五年八月九日）の開拓団の実数は二二万三〇〇〇名、その大半が老人、女性、子どもであった［井出二〇〇八］。開拓団の多くはわずかの耕作地しかもたず、昭和恐慌を乗り切るための農山漁村経済更生計画の失敗で切り捨てられた人びとであったが、入植時には、「開拓」とは名ばかりで、泥棒さながらに現地に居住していた中国人や朝鮮人の土地を奪い取るなどして、侵略者としてふるまってきたことは否めなかった。それゆえソ連参戦により、現地の農民たちの怨嗟《えんさ》が開拓団に向かい、団員を守るべき関東軍はいち早く敗走してしまうなかで、開拓団の人びとは殺害され、自決を強いられ、また残された人びとは、多くの死者を出しながらも日本をめざして避難を続けた。

引揚げ途上で八万人もの人びとが命を落とし、「日本という共同性」ゆえに、その間に女性たちは、ソ連兵のみならず、実は日本人からも強姦を受けたことの語りが封じられてきたこと、また引揚げまで入植地にとどまった岐阜県黒川開拓団の場合には、ソ連兵向けの「接待所」を提供し、そこで強姦の犠牲に供せられたのは、「出征兵士の妻」ではなく「独身の女性」であったことが明らかにされている。すなわち、そこには開拓団の男性幹部と出征兵士の間にホモソーシャリティ＝「男性による女性の支配を前提とし、これを共有する男性間に生まれる連帯意識」が存在し、それにより女性内部にも分断がもたらされたのであった［猪股二〇一三］。

一方、そのようななかで、多くの女性や子どもたちが引揚げから取り残され、のちに「中国残留孤児」「中国残留婦人」として改めて認識されることになるのである［小川ほか二〇〇五］［東二〇一一］。

三五年にわたる植民地支配の間に日本への膨大な数が移動した朝鮮人は、五〇万人程度がそのまま残留することとなるが、日本人は朝鮮人を対等な存在＝主体ではなく、動かされるべき客体としてしか認識しておらず、「多民族国家の戦前日本も、単一民族国家たろうとしてきた戦後日本も、朝鮮人について権利を持つ平等な主体として考えず自己の都合のいいように処遇しようという日本人中心主義的発想を持って接してきた点は変わりがな」かった［外村二〇一一：一九―二〇］。

第一次世界大戦後の「ソテツ地獄」と呼ばれる経済的困窮のなかで移民・移住者が多かった沖縄では、敗戦直後に統治権が日本からアメリカへ移行したことにより、スムーズな帰郷が阻まれ、沖縄出身者に、一年間にもわたる難民生活を強要する結果を生んだ［飯島二〇一一：一四四―一四五］。結局沖縄出身者は、沖縄にとどまった人びとも含め、〝非日本人〟としての処遇を強いられていくこととなる。

こうして国民国家として再生をはかった日本は、基本的人権の尊重を謳い、平等と民主主義を掲げた日本国憲法のもとに人心を糾合していく。

## 「日本人」と「外国人」の境界――入管体制

前節で述べたように、日本国憲法が保障したのは「国民」に限定した平等権であった。しかし、敗戦直後の日本には、ここで言う「国民」に該当するかどうか、きわめて曖昧な境遇に置かれた人びとが大勢いた。戦後日本には日本国憲法の基本的人権の尊重の枠の外に置かれた人びとが数多く存在したという現実を直視しなければならない。

ＧＨＱは、日本の朝鮮に対する植民地支配が終了したことで、在日朝鮮人の引揚げを奨励し、一九四六（昭和二一）年三月末までに約一三〇万余りの朝鮮人が引き揚げた。しかし、その一方で、一九四六年一一月五日、「朝鮮人の引揚に関する総司令部民間情報教育局発表」により「引揚を拒否する朝鮮人は、正式に樹立された朝鮮政府が朝鮮国民として承認するまでの間、その日本国籍を保持する」という方針を示し、日本に残留する朝鮮人には日本国籍を認めた。こうしたＧＨＱの方針により、朝鮮半島に大韓民国と朝鮮民主主義人民共和国の二つの政府が成立し、分断と混乱が進むなか、約五〇万人の韓国・朝鮮人が日本に残留し、また、一度引き揚げた朝鮮人のなかから再入国する者も現れ、こうした再入国は密入国と扱われた。朝鮮に正当な政府が成立するまでは、在日韓国・朝鮮人の地位はきわめて不安定であった。

こうした状況に対し、ＧＨＱは一九四六年二月一七日、「朝鮮人、中国人、琉球人及び台湾人の登録に関する総司令部覚書」を発し、「日本帝国政府は、日本に居住するすべての朝鮮人、中国人、琉球人及び台湾人を昭和二一年三月一八日までに登録すること」を求め、日本政府はこれを受けて、一九四七年五月二日に、勅令「外国人登録令」を発布、「台湾人のうち内務大臣の定めるもの及び朝鮮人は、この勅令の適用については、当分の間、これを外国人とみなす」こととした。しかし、一九四九年四月二八日、在日朝鮮人の請願権及び国籍に関する最高裁判所事務総長の参議院法制局長あて回答には「終戦前から引き続き日本に在住する朝鮮人は、講和条約の締結までは、特別の定がある場合を除いて、従前通り日本国籍を有するものとして取り扱う外はない」と記されていた。

一九五〇年四月一九日、第七回国会参議院法務委員会では、法務省民事局長村上朝一が「いわゆる第三国人と申しますか、朝鮮人及び台湾人のことでありますが、朝鮮人の国籍の問題も、終局的には講和条約によつて決定されるわけでありますけれども、それまでは日本の国籍を有するものと解釈いたしておるのであります。ただポッダム宣言によりまして、日本の領土から除かれることが確定的に予定されておりますのみならず、事実上外国人に準じて扱うのが相当でありますので、我が国内法のうちにおきましても、例えば外国人登録令におきましては朝鮮人及び台湾人はこの登録令の適用については外国人と見なすということになつておるのでありますけれども、国籍法の解釈といたしましては尚日本国籍を有するものと解しているわけであります」と答弁し(『第七回国会参議院法務委員会会議録』二七号)、日本政府自身も曖昧な判断をしていることを暴露した。結局、一九四八年に朝鮮半島に朝鮮民主主義人民共和国と大韓民国の二つの政府が並立する状況下、在日韓国・朝鮮人は「日本国籍を保持する外国人」という地位を与えられた。

こうした曖昧な扱いは、日本の国内法の適用について混乱を招いた。たとえば、当時の癩予防法には、逃走を図ったり、職員に反抗するなど、療養所の規律に反した患者には所長の判断で監禁、謹慎などの処罰を加えることが許される懲戒検束規定が存在していたが、こうした処罰を韓国・朝鮮人患者にも今後、適用してよいのかという疑問を長島愛生園《ながしまあいせいえん》が厚生省に提出した。これに対し、一九四九年三月一日、厚生省医務局長は全国の国立ハンセン病療養所長に「法務庁の見解によれば現在日本は独立国でなく朝鮮が仮令独立したかの如き状態を整へた現在においても日本人としてはこれを承認〔する〕権限を有しない。従って現実の問題として日本に居住する朝鮮人については日本人と全く同様の取扱をなすべきが当然であって懲戒検束規定の適用も差支へないとの趣である」と指示した（栗生楽泉園《くりうらくせんえん》事務分館「処分者書類綴 昭和二十五年以降」―栗生楽泉園入所者自治会所蔵）。これにより、隔離された韓国・朝鮮人患者は以後も懲戒・検束の対象にされ、それどころか、民族差別感情からその存在を危険視されていった。

## 「第三国人」という差別

なお、ここで、在日韓国・朝鮮人、台湾人が「第三国人」と呼ばれていることに留意しておきたい。「第三国人」とは、本来の意味では、戦争の当事者、すなわち戦勝国の国民でも敗戦国の国民でもない「第三国」の国民という意味で、その語自体に特定の国の国民を差別する意味はなかったが、敗戦直後の日本では特に在日韓国・朝鮮人への差別語として使用されていくのであった。

さて、一九五一年九月八日にサンフランシスコ講和条約が調印され、日本はアメリカなどの自由主義陣営との「単独講和」を実現させた。この条約には「日本国は、朝鮮の独立を承認して、済洲島、巨文島及び鬱陵島を含む朝鮮に対するすべての権利、権原及び請求権を放棄する。日本国は、台湾及び澎湖諸島に対するすべての権利、権原及び請求権を放棄する」と明記され、ここに敗戦後の日本の領土が明確に規定された。

この条約調印を受けて、一〇月四日に出入国管理令が公布され、日本の領土への上陸禁止の対象が、伝染病予防法・癩予防法適用者、貧困者・放浪者、一年以上の懲役・禁錮《きんこ》経験者・麻薬・売春関係者などと、また、日本領土からの強制退去の対象は癩予防法・精神衛生法適用者、出入国管理令違反の入国者、外国人登録令違反者などと、それぞれ規定された。そして、一九五二年四月二八日、サンフランシスコ講和条約が発効すると、この日をもって在日韓国・朝鮮人、台湾人は外国人と決定し、出入国管理令が法律化し、外国人登録令も外国人登録法となり、その第一四条に外国人の指紋押捺が規定されたのである。在日韓国・朝鮮人は外国人として、指紋押捺を強要されていく。ただし、日本が降伏文書に調印した一九四五年九月二日以前から日本に在留している韓国・朝鮮人と台湾人は当面、在留資格をもたなくても日本に在留することは認められた。

こうして、在日韓国・朝鮮人の地位はようやく安定したかに見えたが、その一方では、敗戦後、植民地からの解放を喜ぶ彼らへの反感から、民族差別感情は高まっていた。また、在日韓国・朝鮮人の有力団体である在日本朝鮮人連盟のメンバーは日本共産党の有力構成員でもあり、治安対策上からも在日韓国・朝鮮人は危険視されていた。こうしたなかで、在日韓国・朝鮮人＝犯罪者という差別観が吹き荒れた。

一九四六年七月二三日、第一次吉田茂内閣の内務大臣大村清一は、第九〇回帝国議会衆議院本会議で、在日韓国・朝鮮人に対し、「不法越軌ノ行為」を行い、「社会人心ヲ不安ニ陥レシメ」る存在とみなす発言を行った(『第九十回帝国議会衆議院議事速記録』一九号)。そして、こうした認識は、野党にも共通していた。一九五四年五月二六日、第一九回国会衆議院法務委員会で、日本社会党右派の堤ツルヨは、在日韓国・朝鮮人を「第三国人」と呼び、ヒロポン（覚醒剤）密造や、後述する「赤線」、すなわち、政府により売春を黙認されていた「特殊飲食店」の経営などに従事する反社会集団であるかのごとく非難し続けた（『第十九回国会衆議院法務委員会議録』六二号）。

しかし、この堤の発言は事実に反する。一九四七年六月に内務省警保局が行った「行政警察執務資料調査」では、「特殊飲食店」の経営者数は日本人が六〇三二人であるのに対し、「朝鮮人」と記された者はわずかに四〇人であった（内務省警保局保安係「公娼制度廃止関係起案綴」―国立公文書館所蔵）。調査がなされた一九四七年から堤の発言があった五四年までの数年間に多少の変化があったとしても、堤の発言は事実に基づかない予断と偏見に満ちたものであったことは疑い得ない。

次に、在日韓国・朝鮮人は医療・衛生面からも恐怖と差別の対象となった。前述した出入国管理令により癩予防法の対象者、すなわちハンセン病患者は国外退去の対象となっていた。一九五二年四月二二日、入国管理庁審判調査部長鈴木政勝は、第一三回国会参議院外務・法務連合委員会で、在日韓国・朝鮮人のハンセン病患者の処遇について、「以前から日本におつた人たちで、この癩患者になつておる人たちのうちで、特に癩の療養所その他におきまして乱暴狼藉《ろうぜき》を働くというような、特別に秩序を紊《みだ》すとか、癩であるという以外に害毒を特別に起しておられるという人に対しては、やはり帰つて頂くよりほかない」と明言している（『第十三回国会参議院外務・法務連合委員会会議録』四号）。結果的には、ハンセン病療養所に隔離されている在日韓国・朝鮮人の患者はそのまま在留することが認められたが、「乱暴狼藉を働くというような、特別に秩序を紊すとか、癩であるという以外に害毒を特別に起して」いる患者は国外追放できるという国の姿勢が示されたことにより、在日韓国・朝鮮人患者には大きな圧力となった。

さらに、在日韓国・朝鮮人のハンセン病患者は「韓国癩」と蔑称され、それへの恐怖を煽り立てることで、隔離政策の維持が図られた。一九五〇年二月一五日、第七回国会衆議院厚生委員会において、ハンセン病患者の国立隔離療養所である岡山県の長島愛生園の園長光田健輔は、朝鮮半島情勢が緊迫するなか、動乱を恐れて朝鮮半島からの多くのハンセン病患者が日本に密入国していると強調した。光田は、群馬県草津町にある国立ハンセン病隔離療養所の栗生楽泉園で起きた朝鮮人患者による殺人事件を利用し、あたかもすべての在日韓国・朝鮮人患者が殺人を犯す虞があるかのように語った(『第七回国会衆議院厚生委員会議録』五号)。

光田は、さらに一九五一年には「国際癩対策意見」を厚生省に提出し、「韓国癩の犯罪」を訴え、同年五月一八日に、第一〇回国会衆議院行政監察特別委員会で、一一月八日には第一二回国会参議院厚生委員会でも、「韓国癩」への警戒を強調している。朝鮮半島から悪質なハンセン病患者が密入国してくるから、もっと隔離政策を強化し、療養所における患者管理を厳しくするべきだというのが光田の主張であった。

しかし、同年三月二七日に、やはり第一〇回国会衆議院行政監察特別委員会で、出入国管理庁第一部長田中三男が、同庁で扱った朝鮮半島から密入国したハンセン病患者は二名に過ぎないと答弁していた(『第十回国会衆議院行政監察特別委員会議録』三号)。同年一一月二七日に、同庁長官鈴木一は光田健輔に、日本統治時代につくられ、韓国に継承された小鹿島《ソロクト》のハンセン病療養所に収容中の約六〇〇〇人の患者は「そのまま今日も厳重に監視して療養中である」と報告し、日本に大量に密入国しているなどという事実には触れていなかった（同庁「韓国の癩患者調」、および一九五一年一一月二七日付光田健輔宛て鈴木一書簡―長島愛生園所蔵）。在日韓国・朝鮮人への差別感情がハンセン病患者への隔離と管理の強化という差別政策の推進に利用されたのである。

二〇〇〇（平成一二）年四月九日、東京都知事石原慎太郎は、陸上自衛隊第一師団創隊記念式典で、「今日の東京を見ますと、不法入国した多くの三国人、外国人が非常に凶悪な犯罪をですね、繰返している。もはや東京における犯罪の形は過去と違ってきた。こういう状況を見まして、もし大きな災害が起こった時には大きな大きな騒擾《そうじょう》事件ですらですね想定される」と演説し、民族差別発言として大きな問題となったが（『朝日新聞』二〇〇〇年四月一二日）、この発言は、戦後初期の在日韓国・朝鮮人を犯罪者とみなす差別意識が現在にも受け継がれていることを明白に示すものとなった。

## 3 残存する封建制

### とり残される被差別部落

一九四五年一〇月四日のいわゆる人権指令を契機として議論が噴出した天皇制の問題は、敗戦からまもない四六年二月一九日に部落解放全国委員会として再出発した部落解放運動のなかでも議論を呼びおこさずにはおかなかった。ことに部落解放運動においては、戦中の弾圧で頓挫《とんざ》を余儀なくされたとはいえ、コミンテルンから三二年テーゼが出されて以来、絶対主義的天皇制こそが身分差別の根源と考えられていたため、天皇制への関心はことのほか強かった。しかしこの時期に噴出した天皇制論の大半がそうであったように、部落解放運動においては、天皇制は封建的反動勢力の象徴といった理解であり、制度としての天皇制を打倒することに終始した。それと結びつけての部落問題理解も同様で、当時「被圧迫部落民」という呼称が多用されていたことに示されるように、経済的政治的な支配による〝圧迫〟が重視され、あくまでそのような観点から天皇制との関係がとらえられていた。

一方で封建制打倒という空気も、社会を広く覆っており、そうした状況のもとで、島崎藤村『破戒』(一九〇六年)が再度、映画や演劇というメディアをつうじて脚光を浴び、一九四八年一二月、監督木下恵介のもとで松竹京都により映画化された。その作品は、「自由と平等 そして人権の尊重それは――今日、新憲法によつて保証されたとはいえ、しかも尚、封建時代の亡霊が、我々の周囲につきまとつてはいないだろうか」という画面に浮かぶ文字による問いかけではじまり、このようにいう。「明治になつて身分は廃され四民平等の世とはなつたが、永い間の因習と無智とから部落民に対するいはれなき 蔑視 偏見 迫害は依然として続いた」と。作品では、「封建」と「文明開化」の対比がそのまま、この映画がつくられた時代の「封建時代の亡霊」と「自由と平等の精神」との対抗という図式に重ね合わせられているのである。「封建時代の亡霊」と称される封建的差別の浮かび上がらせ方は、そのような問題を内包している戦後民主主義それ自体に根底から問いを発するのではなく、あくまでまだ克服しきれずにある残存物としてであった。それは、部落差別を告発しながらも、いずれ近未来に克服されるはずであるというオプティミズムが底流にあったことをも意味していよう［黒川二〇一一b］。

しかし現実は、以下にも述べるように、楽観を許すことばかりではなかった。敗戦後の被差別部落の実態と生活は、長崎に投下された原爆によってすべてが焦土と化した被差別部落や［長崎県部落史研究所一九九五］、空襲で廃墟《はいきょ》となったところもあれば、そのまま生き残ったところなどさまざまであった。

空襲などの直接的被害に遭わなかった滋賀県野洲《やす》郡野洲町（現野洲市）の被差別部落の人びとにとっての敗戦は、たんに、戦後の食糧難などによって困窮していく日常生活の出発点にすぎなかった。当時一二歳だった男性は、学徒動員の勤労奉仕のために製缶工場で働いており、周囲の雰囲気とその仕事の突然の打ち切りによって敗戦を知り、「鉄砲の弾」が飛んでこなくなることに安堵したという［野洲町部落史編さん委員会二〇〇〇］。

野洲町の被差別部落は六七戸からなるが、そのうち三一戸、四六・二％が非農家であり、その人たちは、養豚、箔《はく》・水引の製造、運送業などに従事して生活を支えてきた［野洲町部落史編さん委員会二〇〇〇］。それゆえ、一九四六年から二次にわたって行われた農地改革の恩恵に浴さない人びとも多かった。そもそも農地改革は三反以下の零細な小作地は改革の対象から除外したため、被差別部落では、その対象から外された人も少なくなかった。なかには野洲町の被差別部落のように、農地を譲り受けた一五人中、対象外とされたはずの三反以下が半分以上を占めている場合もあり、ほかにも農地改革によって自作農が大幅に増加したところも少なくなかった。しかし総じていえば、農地改革においても被差別部落の農民の多くは、この三反以下除外の規程によって恩恵を被ることができなかったというのが、当該時期の部落解放同盟（部落解放全国委員会が一九五五年に改組）の見解であった（部落解放同盟「部落問題解決のための国策樹立に関する要望書」（一九五八年一月二五日）のなかの「部落問題解決のための農林省に対する要望書」）。

千葉県関宿《せきやど》町（現野田市）の被差別部落の人びとは、敗戦後、物資が欠乏するなかで配給品の煙草は貴重であったため、茨城に行って仕入れた葉煙草を売る、いわゆるヤミ屋をして生計を立てていたという。一九四九年、四年間のシベリア抑留をへて故郷の関宿に帰った一九二一年生まれの青年は、農地改革によって被差別部落の暮らしもよくなったとの実感をもったが、五反（〇・五ヘクタール）の農地だけでは食べていけず、堤防のかさ上げ工事に従事し、もっこ担ぎをして二人分働いたという（聞きとり）。このように人びとは、あらゆる仕事に就いて生活の糧とし、戦後を生き抜いてきた。

やや時代は下るが、部落解放同盟機関紙『解放新聞』は、同和対策事業が行われる以前の一九六〇年ころのこの地域のようすを次のように報じている。被差別部落は三八戸四〇世帯、二一五名からなり、そのうち五、六反の土地所有者が六戸で、それ以外は一反未満かまったく土地をもっておらず、東京の皮革工場に通勤する者が多い。長欠（長期欠席）児童も小学校で一二名、中学校で六名おり、ほとんどが生活困難な家庭である。その生活は「原始的」で「今なお穴グラ式」である、と（『解放新聞』一八七号、一九六一年二月五日）〔黒川二〇〇九〕。

これらに明らかなように、被差別部落は、農地改革によって自作地をもてたところも実際には少なくなかったが、農業経営のみで生計を営めるほどの規模ではなく、依然、差別によって安定した仕事に就く道を阻まれながら、戦後復興のなかで部落外との格差を余儀なくされ、しだいにとり残されていったといえよう。

## 農村の女性たち

一九四七年の民法の大幅な改正に伴い、「家」制度は廃止された。しかしながら、「家」が意識のレベルから消滅するのは容易ではなく、また既婚女性の「嫁」という意識は、自他共に長らく保有された。一方、「母」であることは、戦前とは打って変わって、「生命を生み出す母親は、生命を育て、生命を守る権利をもっています」(「第二回日本母親大会宣言」一九五六年八月二九日)と呼びかけた母親大会にみられるように、平和運動の担い手としての位置づけも与えられたが、のちにも述べるように、女は〝生まねばならない〟という規範が重くのしかかり、相変わらず女性を縛る役割を果たしたことも否めない[鹿野二〇〇四]。

折から一九五八年一〇月の小中学校学習指導要領改訂を機に、家庭科は「家庭の民主化」が骨抜きにされて技能中心となり、中学校では技術・家庭科という科目名のもと、男子向き・女子向きに分けられることとなった(半田たつ子「手記 家庭科教育とわたし」[女たちの現在を問う会一九八八])。こうして高度経済成長の時代に向けて、性の役割分担を強化する地ならしが行われていた。

高度経済成長以前は日本の大部分を農村が占め、農家を支える女性たちは、依然、〝家〟の抑圧のもとで呻吟《しんぎん》していた。島根大学の教員として松江に赴任した溝上《みぞうえ》泰子は、「農村育ちのわたしには、一生を最低のところに座を据えて、黙々と生きてきた母親、とりわけ農村の母親が問題であった」ため、「少くとも島根県全体を研究室にしようと心にきめ」「この沈黙の地帯の人たち」とつながるべく各地を歩き(「あとがき」)、一九五八年に『日本の底辺——山陰農村婦人の生活』(未来社)を世に問うた。南原繁はそれの「序」に寄せて、「敗戦の結果、在来の多くの道徳・習慣は旧い政治社会制度とともに崩壊した。日本がこれから真に自由民主と文化的平和国家として生長を遂げ得るか否かは、かような地方農村の大衆ひとりびとりの心のなかに、それがよく芽生え、育つかどうかによって決定されるであろう」と記した。

備後地方の農村女性の実態を「いたどりの茂るまで」(一九五〇年)、「おかねさん」(一九五三年)、「荷車の歌」(一九五六年)などの小説に描いた山代巴《ともえ》は、「ともすると進歩的女性の運動が、オカネのような姑を非難攻撃することによって、自らの民主性または進歩性を証明するかのような香を発散させることには、私は嫌悪さえ感じます。〔中略〕私はしぶとく、時には憎らしいほどの農村の姑をも愛をもって形象化することなしに、しぶとい日本の封建遺制を根絶することはできぬと思います」と述べる(「日本の女」『人民文学』一九五三年三—五月号)。牧原憲夫が指摘しているように、山代は、オカネらを「鬼」にさせた原因を「家」制度や嫁—姑の重圧だけに求めるのではなく、「隣が困れば寝て手を叩く」隣人の存在、すなわち「表面は実に淳朴で、近隣相和して強固な団結をしているかのようにみえる。その表面の無風帯の底で、互いに落とし合うギギ〔負けずぎらい〕風とでも名づけるような風がうずを巻いている」(「現在の日本のなやみと女性」『広島教育』一九五三年一〇月)農村の共同体のなかにも見出したのである(牧原憲夫「解説」山代巴『おかねさん』径書房、一九九二年)。

山代は、男対女の問題としてのみ農村女性の苦悩を描き出したわけでは、必ずしもないだろう。

「もし私が強者の位置にいて、弱者の内包する人権意識を読み取ることができなかったら、私も「古代の民のやさしさ」を美化して、そこへ還ることが近代のファッショから抜け出す道と考えたかも知れません。けれども私は三次《みよし》刑務所と和歌山刑務所との四年の間に、共同体の中での弱者の苦悶を見せつけられてきているから、そういう感覚にはなれません。中井〔正一〕先生が日本歴史をふまえて、そこに根ざしたあきらめ根性、見てくれ根性、抜けがけ根性の病根が、日本人を苦しめていること、この根性を克服する意識革命なしには、どんな民主主義の憲法でも人民の幸せな民主主義にはならないと言われたことには、全く同感でした」（山代巴「戦後の出発」『岩でできた列島』径書房、一九九〇年）と語るように、民主化を阻む重要な要素として、共同体のなかに潜む民衆の意識と向き合っていたのである。それは、丸山眞男が注目した、福沢諭吉が「怨望《えんぼう》」と称したものと通底するのではなかろうか。

丸山は、福沢諭吉『学問のすゝめ』第一三編「怨望の人間に害あるを論ず」にふれて、次のように述べる。「福沢があらゆる悪の中で最も悪い悪と規定した、怨望というものです。（中略）怨望というのは（中略）「他の有様によりて我に不平をいだき」「我を顧みずして他人に多《た》を求め」、自分には甘くもっぱら他人に期待なり、要求なりを求めている。そして、自分の不平を満足させる術は、「我を益するにあらずして他人を損ずるにあり」、他人に損を与えて自分を満足させる。「わが有様を進めて満足するの法を求めずして、かえって他人を不幸に陥れ、他人の有様を下だして、もって彼我の平均をなさんと欲するがごとし」。これが彼の言う「怨望」でありまして、他を引き下げて自分と平等にする」（『福沢諭吉の人と思想』一九九五年、丸山眞男（松沢弘陽編）『福沢諭吉の哲学 他六篇』

岩波文庫、二〇〇一年、一七五―一七六頁)。

むろん、共同体のなかで弱い立場にある女性に抑圧が集中するのであり、そこにはジェンダーが入り込んでいる。山代は、農民の集会にようやく出てきても、共同体のしがらみゆえに語ることのできない女性たちの問題を明るみに出す努力を続けていった。

山代が紹介した話のひとつに次のようなものがある。「百姓は楽ではなかった、姑に引きずられて、水肥《みずごえ》を担ぐことを覚え、牛車を引くことも覚え、妊娠中でも牛車を引いた。妊娠七ヶ月をすぎてから、牛車を引いて坂道を登るとき、牛があばれて崖から落ちた。それでも腰が動かなかったとき、一週間ばかりぶらぶらしただけで、産む日まで働いた。産は軽かったのだが、産んだ子を見ると額にあざがあった。彼女は崖から落ちたときにできたのだと思った」。しかし家族はそれを理解せず、姑は「もうこの人に子どもを産んでもらわりゃあせん、何ができるか知れん」と言った。夫に相談したが、夫は親に月給をすべて渡しているためあざの治療費を持ち合わせておらず、姑も仲人も彼女の親に払わせようとした。彼女は親に心配をかけまいと工事場に出て治療費を稼いだが、その金も取り上げられ、そのことを工事場の仲間に話したら、仲間は同情してくれたかに見えたが、たちまち姑の耳に入ってしまった。「だから彼女は集会で、いくら思っていることを話してみよと言われても、だまっているのだ」と山代は記した(「農民の文学意識(原題は「農民」)」『岩波講座文学2』一九五三年、後に『おかねさん』径書房、一九九二年に収録)。山代自身も、いまだ問題解決の展望を十分に見出しえていたとはいえまい。しかしながら、そうした問題を明るみに出したことの意味は大きいといえよう。

## 4　売られゆく子どもと女性

### 継続する「性的慰安」

ポツダム宣言受諾を国民に発表した三日後の一九四五（昭和二〇）年八月一八日、内務省警保局長は各庁府県長官に対し、日本占領のために進駐する連合国軍、実質的にはアメリカ軍の将兵に対する性的慰安施設の設置が必要であると打電し、この日、東京では警視庁がさっそく貸座敷業者らを集め、吉原貸座敷業組合長成川敏の意見により、貸座敷をはじめ戦火から焼け残った売春施設を利用するという方針を決めた。そして、八月二一日、東久邇宮稔彦《ひがしくにのみやなるひこ》内閣の閣議でも国務大臣近衛文麿が日本女性をアメリカ兵の性的暴力から守るための施策が必要だと主張、特殊慰安施設協会（ＲＡＡ）の設置を決定した。国策として、アメリカ軍の将兵に対する「慰安婦」制度の設置を決定したのである。女性を将兵の「性的慰安」の犠牲に供するという、戦時下の「慰安婦」設置の国家意思は戦後においても継続された。ただ、「性的慰安」を与える対象が日本軍の将兵から連合国軍、実質的にはアメリカ軍の将兵に変わっただけである。

八月二三日には、東京銀座に特殊慰安施設協会創立事務所が開設され、従業女性の募集が始められた。これには、いわゆる「戦争未亡人」や戦災孤児となった若い女性など売春未経験の女性も生きるために応募し、最初の慰安所には東京大森の料亭小町園が選ばれ、八月二八日には、進駐してきたアメリカ兵を受け入れた［ドウス一九七九］。

その後、一九四六年三月二七日、ＧＨＱは性感染症の蔓延を理由にＲＡＡの売春施設の閉鎖を命じたが、そこで働く女性たちは、以後、街頭に立って客を勧誘する街娼となる者が多かった。彼女らは「パンパン」と蔑称され、日本基督教婦人矯風会は、彼女らがアメリカ兵を誘惑する存在であると非難し、街娼の取り締まりの徹底を主張した。ここには廃娼運動がとらわれていた売春する女性への「醜業婦」という戦前から続く差別観が明瞭であった［藤目一九九七：三二九—三三〇］。

そして、女性を男性の「性的慰安」の対象と考える国家の差別意識が、戦後の民主主義的改革のなかでも公娼制度が事実上、温存される結果を導いた［杉山一九八八：四二］。一九四五年一二月一一日、ＧＨＱの公衆衛生福祉局（ＰＨＷ）法規課長マクドナルド中佐が廃娼を提言、四六年一月七日にＧＨＱが日本政府に廃娼の準備を要請し、そのうえで一月二一日、ＧＨＱは高級副官部補佐Ｈ・Ｗ・アレン大佐の名前で、日本政府に対する覚書「日本における公娼の廃止」を発し、公娼制度はデモクラシーの理想に違反し、個人の自由発達と矛盾するという理由から、その廃止を命じたのである。ここに、明治維新以来、貸座敷という名称で存在を許されてきた公娼制度は形式上、終焉することになり、二月二日、内務省警保局長が「公娼制度廃止に関する件」の通牒を発し、公娼制度を規定していた娼妓取締規則を廃止し、廃娼が決まった。

しかし、廃娼が即、買売春禁止を意味するものではなかった。廃娼の覚書が発表される直前の一月一二日、警視庁保安部長から「公娼制度廃止に関する件」の通達が管内の各警察署に発せられ、公娼制度は廃止しても私娼として存続を認めることが表明されたからである。そして、一一月一四日、第一次吉田茂内閣の次官会議は、買売春を「必要悪」として、従来の貸座敷や私娼行為を行っていた小料理屋などを「特殊飲食店」と呼び、そこにおける買売春行為を認める決定を行い、ここに「特飲街」「赤線」などと通称された売春街が成立した〔奥田二〇〇七：二六─三二〕。こうして、公娼制度は廃止されたものの、「特飲街」「赤線」は黙認されるという結果となり、女性を男性の「性的慰安」の対象とする差別意識は戦後に継承され、人身売買もまた、黙認されていった。

一九五二年一月、愛知県豊橋市が「特飲街」以外での売春を処罰する条例を制定しようとした際、地方自治庁行政課は、一月二九日付で愛知県総務部長宛てに「売春行為の禁止を市条例に依り制定することの可否について」という文書を送り、これでは「特飲街」を公娼制度として認めることになるとして、条例に反対したが（愛知県総務部地方課「地方自治関係実例判例　昭和二十二─二十八年　昭和三十一─三十三年」─愛知県公文書館所蔵）、この事実にも、戦後においても公娼制度が事実上、存続したことが示されている。戦後の民主化は女性の解放を高く掲げたにもかかわらず、公娼制度の廃止は名目だけに終わった。

## 児童福祉法下の子どもの売買

このように、女性の人権は戦後民主主義から疎外されていた。しかし、疎外されていたのは女性だけではない。人権を顧みられない子どもたちも大勢いたのである。

たしかに、戦後日本は子どもの人権を尊重したかに見える。一九四七年三月、厚生省に児童局が、九月には労働省に婦人少年局が、それぞれ開設され、婦人少年局の初代局長には山川菊栄が就任した。そして、一二月には児童福祉法が公布され、「すべて国民は、児童が心身ともに健やかに生まれ、且つ、育成されるよう努めなければならない」「すべて児童は、ひとしくその生活を保障され、愛護されなければならない」「国及び地方公共団体は、児童の保護者とともに、児童を心身ともに健やかに育成する責任を負う」などと記された。そして、一九四八年七月に「こどもの日」が制定され、同年一〇月四日、厚生事務次官通達「里親等家庭養育の運営に関して」が発せられ、「家庭環境に恵まれない児童を自分の家庭に預って養育しようという意志のある者で都道府県知事・指定都市の市長が養育者として適当であると認定したものに、養護に欠ける児童の養育を委託し、その温かい愛情と家庭的雰囲気の中で児童の健全育成を図る」里親制度が確立された［厚生省児童家庭局一九七八：八一―一〇、五六］。

さらに、一九五一年のこどもの日には、「児童は人として尊ばれる」「児童は、社会の一員として重んぜられる」「児童は、よい環境のなかで育てられる」と明記された「児童憲章」も制定されている。こうした背景には、敗戦直後から大きな社会問題となっていた「戦災孤児」の存在があったのであるが、まさに、こうした児童福祉が政策化するとき、子どもの人身売買事件が次々と発覚した。里親制度は人身売買の事実を隠蔽するために悪用されることもあった。

この時期、子どもの売買がまず問題化したのは、戦前からそれが慣習化していた漁村においてであった。各地の漁村では、「養子」とか「貰《もら》い子」という名目で他家の子どもを漁業労働に従事させることが慣習として行われていた。しかし、戦後、日本国憲法をはじめ、児童福祉法、労働基準法、職業安定法などが施行されると、こうした慣習の違法性が明らかになるとともに、事実上の人身売買とそれにともなう子どもへの虐待として問題化した。

こうした漁村における子どもの売買と強制労働としては、一九四八年七月に虐待に耐えかねて子どもが逃走したことで問題化した山口県大島郡油田《ゆだ》村の情島《なさけじま》の「梶子《かじこ》（舵子）」、四九年四月に地元教師により実態が公表された山形県飽海《あくみ》郡飛島《とびしま》村の「南京小僧」、五四年一二月にやはり虐待に耐えかねて子どもが逃走した沖縄の「糸満売り《イチマンウイ》」などの事例があり、場合によっては刑事事件ともなった。

また、農村でも農業労働力や家内労働力として子どもの売買が行われていた。情島の「梶子」が問題になっていた頃、一九四八年九月六日付『朝日新聞』は、「不景気になつた農村各地には紡績業関係の口入人《くちいれにん》がぼつ〳〵出没しはじめ、農村子女の年期奉公もはじまるのではないか」と、人身売買の激化を警戒する記事を掲載していたが、その記事を裏付けるように、同年一二月三日、一つの新聞記事が全国に大きな衝撃を与え、この記事は政府も子どもの人身売買問題に取り組まざるを得なくなる端緒となった。それは同日の『毎日新聞』の「子供を売歩く男」と題した記事である。その記事によれば、東京・上野駅の地下道に暮らす二四歳の男性が、誘拐した茨城県出身の一一歳の少年をはじめとする一〇代前半の子どもたちを栃木県下の農家に売り込んだというもので、売られた三人の子どものなかには「戦災孤児」も含まれていた。この事件は「外電にも報道され、内外輿論の反響」を呼び（「所謂「人身売買」事件の取締りについて」『労働時報』二巻四号、一九四九年四月）、そのため「それまで潜在していた人身売買が急速に問題化」していった（『日本労働年鑑』一九五二年版）。

ＧＨＱはこの事件を“Child Slavery”として重大視し、これを機に東北各県をはじめ各地で子どもの人身売買に関する調査が始まり、日本の社会では慣習として子どもの売買が許容されている事実が明らかになった。一九五一年七月には、山形県南村山郡の農村から神奈川県高座郡などの農家に二〇〇名を超える子どもが売られていた事実が発覚し、社会に衝撃を与えた（高座事件）。

その後、日本が高度経済成長に向かう前夜の一九五三年、北海道と東北地方、さらには北陸地方が冷害による大凶作に襲われた。北海道と青森県は翌年も冷害に見舞われる。また、同じ時期、石炭から石油へのエネルギー転換という国策の下、炭鉱の合理化が進められ、「特需」景気の反動もあって炭鉱不況が深まっていた。こうした現状は人身売買を激化させていく。

一九五三年一一月、中央青少年問題協議会では「凶作によりいわゆる人身売買事件防止について」という通牒を各都道府県青少年問題協議会長宛てに発し、一九五四年初頭、国家地方警察本部刑事部長中川董治《しげはる》も冷害による凶作の結果として「農村における人身売買の激増」への憂慮を表明した（中川董治「取締面より見た人身売買」『警察時報』九巻二号、一九五四年二月）。

しかし、中川の憂慮のとおり、警察庁刑事部防犯課のまとめによれば、一九五四年の人身売買の被疑者検挙総数は五五一一名、被害者総数は八六三五名に及び、被害者のうち二〇歳未満の者が三三・五％の二八九七名、二〇歳以上の者が六六・五％の五七三八名と、人身売買の主たる対象が成人に移行していたことが明らかになった。そして、売られた先についても「接客婦等淫行に関係あるもの」が八四・六％の七三〇一名であり、農漁家の労働力として売られた者は〇・九％の八〇名である（警察庁刑事部防犯課編『人身売買検挙状況（昭和二十九年）』）。

この数字は、一九五〇年代には農家や漁家の労働力としての子どもの人身売買は著しく減少し、売春目的の人身売買が激増していたことがわかる。子どもの人身売買を減少させた大きな理由として集団就職の拡大があったと考えられる〔山口二〇〇四：一四四—一四五〕。

一方、売春目的の女性の人身売買が増加した背景には「特殊飲食店」の存在があったことは言うまでもない。国際連合への加盟を急ぐ第三次鳩山一郎内閣の下で、一九五六年に売春防止法が公布されるまで、五〇年代には何度も国会に「赤線」の禁止を求める売春等処罰法案が超党派の議員立法案として提出され、売春と人身売買の関係が国会でも議論されていたが、「赤線」は売春防止法が完全施行される五八年四月一日の前日までは事実上存在が許されており、また、法の完全施行後も様々な偽装を凝らして売春営業は続けられた。

## 5　基地と女性——占領下の沖縄

### 米軍が求めた買売春

女性への性差別は、アメリカ軍の直接占領下に置かれた沖縄で顕著であった。沖縄はアメリカ軍にとり、多くの兵士の生命と交換に得た占領地である。そこに「本土」以上の性差別と性暴力が恒常化する。

また、戦後の沖縄では、戦争で両親や夫を失った女性たちの間に、生きるため米兵相手に売春を行うケースが増加していた。それは、空襲で破壊された「本土」でも同様であったが、唯一の地上戦の舞台となった沖縄では、「本土」以上に、それが顕著であった。一九四九（昭和二四）年、米国軍政府は、そうした娼婦を集めて「歓楽街」を設置するという計画を発表した。この政策をめぐり、大論争となる。

九月三〇日、沖縄婦人連合会が主催した「歓楽街」設置問題をめぐる懇談会で、沖縄民警察部の仲宗根保安課長が「ダンスホール」の設置案について説明すると、沖縄人民党の瀬長亀次郎は「ダンスホールは美名に過ぎず検黴《けんばい》制を実施するので明らかに売春街であり人権擁護 婦人解放の立場から絶対反対を表明」、一方、城間越来《ごえく》村長、糸数胡差《こざ》署長らは「青少年の堕落 じゆう民の危難防止の方策として散在する売春婦を一くわくにあつめ社会の安寧を保持する防壁たらしめようと設置論を強調」し、ついに結論を得ずに散会した(『うるま新報』一九四九年一〇月四日)。しかし、結局、コザの八重島地区を第一号にして、「歓楽街」設置は強行された。

一九五一年二月二二日、初めて八重島を訪れた前宜野湾村長で沖縄群島公安委員桃原亀郎は、その日の日記に「誠に止むを得ない処置とは思ふが、大衆の犠牲になって、八重島で営む若い女達、パンパンむすめ。之等をしばる鬼の如き婆達及男達。此の世、沖縄の縮図と云ふか、植民地化の一現象と云ふべし」と慨嘆している(宜野湾市教育委員会文化課編『宜野湾市史別冊 戦後初期の宜野湾——桃原亀郎日記』一九九七年)。この桃原の歎きこそが、買売春を「必要悪」として容認し、「性的慰安」という性差別を維持する世論そのものであった。

もちろん、戦後の沖縄に買売春を禁止する法令がなかったわけではない。一九四七年二月一四日、全域がアメリカ軍に接収されていた北中城《きたなかぐすく》村瑞慶覧《ずけらん》地区で、廃屋となっていたスナックでアメリカ兵やフィリピン兵相手に売春が行われているとの報を受けたアメリカ軍政府公安局長ポール・スキユーズは、軍政府副長官に対し、日本の刑法にも、軍政府の布告にも売春を禁止する規定がないことを伝え、規制法令の作成を急がせた(P. H. SKUSE "Prostitution in Sukiran Area", Paol Skuse Paper――沖縄県公文書館所蔵)。

その結果、三月一日、「如何なる女性と雖《いえど》も占領軍員へ娼婦として行動し若くは娼業に従事する事を禁ず」「何人と雖も媒合者又は女衒《ぜげん》として行動し占領軍へ娼婦を取持つ事を禁ず」などとするアメリカ軍政府特別布告第一四号「占領軍人への売淫禁止」が発布され、違反者には一万円以下の罰金か一〇年以下の懲役が科されることになる。

しかし、これはアメリカ軍政府が、女性の人権に理解を示して発布したものではない。なぜならば、同じ日に、軍政府は特別布告第一五号「花柳病取締」を発布し、他人を感染し得る性感染症患者の隔離を命じ、性感染症を他人に感染させることを禁じているからである。ここでも違反者には一万円以下の罰金、一〇年以下の懲役が科せられていた。

同じ日に発布されたこのふたつの「特別布告」は表裏一体のもので、アメリカ軍政府が買春をとおして将兵が性感染症に感染することを恐れての措置であったことは明らかである。視点を変えれば、このような「特別布告」を発布しなければならないほど、沖縄では買売春が増加し、アメリカ軍将兵に性感染症が蔓延していたことになる(なお、性感染症対策としては、この後、一九五〇年七月一三日、琉球列島アメリカ軍政本部は、新たに布令第三九号「性病取締規制」を発布して、罰則を廃止し、治療に重きを置いた施策を提示していく)。

アメリカの支配が軍政から民政に形式上の転換をした後の一九五二年七月二一日、米国民政府厚生教育局が「売春等取締法案」を立案する。法案では、売春した者とその相手にはともに五〇〇〇円以下の罰金もしくは拘留、売春の常習者には六カ月以下の懲役または一万円以下の罰金、道路などの公の場所で売春目的で勧誘した者には三〇〇〇円以下の罰金または拘留、売春への場所提供者、管理売春や客引きをした者には一年以下の懲役または二万円以下の罰金を科すことになっていた(GRI Laws: Prostitution (Act No. 35), Records of the U. S. Civil Administration of the Ryukyu Islands (USCAR)——沖縄県公文書館所蔵)。

しかし、この法案はそのままでは琉球立法院(一九五二年四月一日設置)に提出されず、一九五三年、立法院第三回議会に「婦女子に売淫をさせた者等の処罰に関する立法案」が提出されるに至る。これは、日本「本土」で、女性に売春を強制した者を処罰するという一九四七年一月一五日のポツダム勅令第九号が、一九五二年四月二八日のサンフランシスコ講和条約の発効を前にして法律化したことを受けたもので、「本土」の法に準じた内容となっている。法案は八月一七日に公布されるが、あくまでも女性を困惑させて売春させたり、売春を行う契約をした場合など、売春の強制が処罰の対象であり、女性が自由意志で売春することは対象ではない。したがって、「本土」の法同様、形式上、自由意志とすれば、事実上は強制であっても処罰されないという抜け道が保証されていた(『第三回議会(定例)琉球立法院会議録』二四号)。

**Aサイン制度と「オフ・リミッツ」**

さらに、一九五三年から、Aサイン制度が導入される。これは、アメリカ軍の将兵が出入する飲食店や理髪店への営業許可を軍が与える制度で、許可された店はアメリカ軍の許可を示す「A」(Approved for US Forces の意味)を表記した許可証を掲示しなければならなかった。そして、この制度は一九五六年五月一〇日からバーなどの買売春をともなう風俗営業にも適用されていく[小野沢二〇〇五：九]。特に、アメリカ軍の将兵相手の買売春を行う店は、従業女性全員が週に一度の性感染症検診を義務付けられた[那覇市総務部女性室二〇〇一：二八七]。まさに、「米軍の自己保全第一主義の公衆衛生政策」にほかならない[沖縄市、浦添市、宜野湾市、具志川市、石川市及び中頭郡老人福祉センター運営協議会一九八六：六四]。

また、一九五五年三月一六日に民政府令第一四四号として公布された「刑法並びに訴訟手続法典」中にアメリカ兵に対する売春を「道徳に反する罪」とする規定がある。違反者には一万円以下の罰金か一年以下の懲役、もしくはその両方が科せられた。これ以外には一八歳未満の少女に売春を強制することなども禁止し違反者には一〇年以下の懲役が科せられたが、アメリカ軍将兵と沖縄の女性との間の買売春の禁止については、相手方が軍隊要員であり、琉球警察には捜査取り調べ権がないため、事実上、買春側の調書が取れず、裏付け立証が困難という大きな壁が存在した。

このように、沖縄では、アメリカ軍人・軍属と沖縄の女性との間の買売春への取り締まりが主とされ、「婦女子に売淫をさせた者等の処罰に関する立法」にしても、自由意志によるとされる売春は放任された。

そして、米国民政府は、Aサイン制度を導入する一方、売春を行い、アメリカ軍将兵に性感染症を感染させたとみなされた店には、アメリカ将兵の立入り禁止措置も実施した。これがいわゆる

「オフ・リミッツ」であり、対象は売春だけではなく、アメリカ将兵相手に不当に高い飲食費を請求したり、暴利を貪った質屋なども含まれたが、「オフ・リミッツ」は売春業者にとっての死活問題だけではなく、買売春街を含む地域全体にとっても死活問題となる。コザの八重島地区は衰退し、吉原地区はアメリカ軍の将兵相手の売春から沖縄の地元住民相手の売春に転じていった［小野沢二〇一三：七九］。

そのうえ、民政府は「オフ・リミッツ」だけではなく、一九五九年五月一八日には、民政府令第一四四号を改正し、アメリカ軍要員に対し売春した者は一二五〇ドルの罰金か懲役五年以下の刑に処すことと、処罰を強化した（『琉球新報』一九五九年五月一八日）。

このようななか、琉球政府（一九五二年四月一日設置）としても売春防止法の制定を求めるに至る。すでに一月にはコザ地区教育長稲嶺盛康は「売春防止法は民主国家として当然な措置」とする見解を表明していたが（『沖縄タイムス』一九五九年一月二五日）、一二月四日、琉球政府の招きで講演に訪れた評論家坂西志保は、沖縄の印象として「社会問題として売春婦を街から一掃するために売春防止法を制定し、さらに更生指導するための施設をつくり、真剣にその対策を考えてもらいたい」と語っている（『沖縄タイムス』一九五九年一二月五日）。この発言を受けて、一二月五日付『沖縄タイムス』夕刊のコラムも、売春防止法の早期立法化を訴えた。

しかし、沖縄の売春防止法はすぐには成立しなかった。その背景には、「本土」の法同様、売春業者の抵抗があった。さらに、業者の転業への補償、娼婦の「更生」などの具対策も実施しなければならず、それは大きな負担であった。また、「オフ・リミッツ」を乱発する民政府にしても、「オフリミット解除の条件として、性病予防に努力せよ」と業者に通告し、自主的に従業女性を検診させたように、将兵への性感染症蔓延の防止がその主たる目的であり、買売春の一掃はたてまえに過ぎなかったことも無視できない(「ことばにみる沖縄戦後史19」『琉球新報』一九七〇年六月五日)。沖縄に「本土」の法を基準にした売春防止法が成立するのは、「復帰」直前の一九七〇年であった。

## 6 存続する優生思想

### 優生保護法の成立

敗戦直後の日本は、食糧不足、住宅の欠乏という生活難をかかえ、人口の抑制が緊急の課題となっていた。ここに戦前の優生政策が生き残る余地があった。すなわち、特定の病者・障害者への差別が正当化された。

一九四七(昭和二二)年八月二日、第一回国会参議院に前日本医師会副会長である民主党の谷口彌三郎が「産児制限に関する質問主意書」を提出、人口増加と食糧難に対処するため、国民優生法を積極的に活用して「不良分子の出生」を防止することを求めた。これに対し、片山哲内閣は八月八日に「答弁書」を参議院に送り、「国民優生法は、悪質分子の出生を防止することが目的であるためこの法律をもつて人口問題を根本的に解決することは、不可能」と明言した。ここに、人口の増殖を前提にした国民優生法に改正の必要が生じた。

そこで、国民優生法に代わる法案として優生保護法案が議員立法案として第一回国会に提出されたのである。提出議員には日本社会党の加藤シヅエ、太田典礼、福田昌子らが名を連ね、この法案の目的は「母体の生命健康を保護し、且つ、不良な子孫の出生を防ぎ、以て文化国家建設に寄与すること」がうたわれた。母体保護を第一の、そして不良な子孫の出生防止という優生政策を第二の目的に掲げ、「文化国家建設」という戦後復興への寄与を究極の課題とし、断種のみならず避妊、堕胎を合法化した。母体保護や「文化国家建設」という美名が、優生政策という法案の実態を覆い隠した。

法案では、断種については原則として任意とし、その対象は「妊娠、分娩が母体の生命又は健康に危険を及ぼすおそれあるとき」、本人または配偶者・近親者が「悪質な遺伝性素質」をもち、「子孫にそれが遺伝するおそれあるとき」、本人または配偶者が「悪質な病的性格、酒精中毒、根治し難い黴毒をもつていて、生れ出る子に対して悪い影響を及ぼすおそれあるとき」「病弱者、多産者又は貧困者であつて、生れ出る子が病弱化し、あるいは不良な環境のために劣悪化するおそれあるとき」と規定していた。そして、法案は強制断種の規定も設け、その対象は「常習性犯罪者」、精神障害者、そしてハンセン病患者であった。また、「母体の生命又は健康に危険を及ぼし、あるいは子孫に悪い影響を与えて劣悪化するおそれあるとき」「妊婦が強姦その他不当な原因に基いて自己の自由な意志に反して受胎した場合であつて、生れ出る子が必然的に不幸な環境に置かれ、そのために劣悪化するおそれあると考へられるとき」には堕胎も認めていた。まさに、女性の人権を保護することと障害者やハンセン病患者の人権を奪うことを併記した法案であった。加藤ら法案の提出者にとり、障害者やハンセン病患者は「文化国家建設」という戦後復興の課題を阻害する存在とみなされていたのである。特に、労働者の生活防衛と母体の保護の視点に立ち、戦前から産児調節運動に参加してきた加藤は、堕胎の合法化を目指して、この法案を立案したが、それが一方では障害者、ハンセン病患者への差別法ともなることを軽視していた。一九四七年一二月一日、衆議院厚生委員会で法案の説明に立った加藤は、「母体を保護し、優良な子孫を生みたい」と、法案の趣旨を説明している(『第一回国会衆議院厚生委員会議録』三五号)。

法案はこのときは時間切れで審議未了となるが、修正を受けた後、翌一九四八年六月の第二回国会に超党派の議員立法案として提出された。このときの法案は、法の目的を「優生上の見地から不良な子孫の出生を防止するとともに、母性の生命健康を保護すること」と明記し、前法案と母体保護と優生政策の順序が逆転していた。超党派の法案となるなかで、優生政策を第一の目的とするように、修正されていたのである。さらに、断種の対象を妊娠、分娩が母体の生命に危険を及ぼすおそれがある者、多産のため分娩で母体の健康を著しく低下させるおそれのある者のほか、本人または配偶者、あるいは四親等以内の血族が遺伝性の疾患をもち、子孫に遺伝するおそれがある者、本人または配偶者がハンセン病に感染し、子孫に感染させるおそれがある者と規定し、遺伝性とみなされた病者・障害者とハンセン病患者は、その配偶者までが断種の対象とされた。堕胎も任意とされたが、頻繁な妊娠、多産者の妊娠、強姦による妊娠とともに、遺伝性とみなされた病者・障害者、ハンセン病患者の妊娠が対象とされた。

六月一九日、参議院厚生委員会で法案の説明に立った谷口彌三郎は、断種の目的について母体の保護には触れず、「先天性の遺伝病者の出生を抑制することが、国民の急速なる増加を防ぐ上からも、亦民族の逆淘汰を防止する点からいっても、極めて必要」と力説、優生政策であることを強調した〔『第二回国会参議院厚生委員会会議録』一三号〕。そして、法案は可決成立した。

優生保護法は、一九四九年、第五回国会で改正される。このときの改正で堕胎の条件に「経済的理由」を加えたことはよく知られ、この点において、優生保護法は、女性が意に反した妊娠をした場合の堕胎を認めた女性の人権を守る法律という評価が以後、支配的であった。しかし、このときの改正では、断種の強制性が強化され、堕胎の対象の疾病、障害も拡大されるとともに、対象者も精神障害者、知的障害者の配偶者にまで拡大されたのである〔石井一九八二：一四三―一四四〕。

優生保護法については、GHQも反対しなかった。当時は「優生学に対してはまだ一般に、現在におけるようなネガティヴな見方はなされておらず、国家が国民の質の管理と向上のために政策的に介入するのは自明で正当なこと、むしろ望ましいことと受けとめられていた」からである〔荻野二〇〇八：一七二〕。

こうして、精神障害者、知的障害者、そしてハンセン病患者は法的に、「文化国家建設」という国家目的に反する存在とされた。特に、それまで法的根拠もないままなされてきたハンセン病患者への断種、堕胎は、以後、〝合法的〟となった。法律が成立してから七年後の一九五五年、この法による断種件数は一年間で四万三二五五件に及び、そのうち任意で受けた遺伝性疾患を理由とするものは三九一件、ハンセン病を理由とするものは一二九件、強制断種を受けた遺伝性疾患を理由とするものは八四〇件であった。また、同年の堕胎件数についても、総数一一七万一四三件のうち、遺伝性の疾患を理由にするものが一四九二件、ハンセン病を理由とするものは三〇三件であった

(厚生省大臣官房統計情報部編『優生保護統計報告』一九九四年版)。

全体の数字から見れば、障害者やハンセン病患者の件数の比率は低い。しかし、一年間に病気や障害を理由に三〇〇〇名以上の人びとが、国家により子どもを産む自由を奪われていたのである。問題となるのは、こうした事実を軽視して、この法律を女性の人権保護の法とのみ評価してきた政治と社会の責めである。

優生保護法をめぐる論評を見ても、その思想的立場、政治的立場の違いにかかわらず、断種や堕胎についてかかわりをもってきた人びとの間では、優生保護法を支持する意見が明白で、障害者やハンセン病患者の人権に配慮する意見は見られなかった。

### 沖縄と「本土」

一九五六年、琉球立法院でも優生保護法案が審議されている。沖縄の法は、任意の堕胎について本人の同意のほか優生審査会の決定を必要とする点以外、ほぼ日本「本土」の法を踏襲したものである。六月一五日、琉球立法院の第八回議会文教社会委員会で、法案の説明に立った社会局次長山城篤俊は、「現在、非合法の堕胎が年一万件以上もなされているものと推定され、又、精神病患者も逐年増加しております。この様な客観的情勢から、母体保護、優生遺伝の見地からも、堕胎を合法化する必要がありますので、優生保護法の立法要請をした」と述べ、優生政策という点だけではなく非合法な堕胎を防ぎ母体を保護するという点も強調した。しかし、この法が障害者をも主たる対象にしていることもまた事実であり、強制的断種の条件に「公益上必要」があげられている意味について、琉球政府の説明は「性質劣悪なもの」を対象とするというものであった。七月二日には、参考人として医師会会長大宜見《おおぎみ》朝計、助産婦会会長当山美津、沖縄婦人連合会副会長吉田つる、公衆衛生看護婦会代表湧川《わくがわ》房子が意見を述べるが、全員、法案には賛成であった(琉球政府立法院「一九五六年第七回議会 第八回議会文教社会委員会々議録」―沖縄県議会図書室所蔵)。

こうして、優生保護法は七月二七日に成立した。しかし、公布前日の八月三〇日、米国民政府は布令第一五八号をもって、同法の無効を宣言し、同法は廃止された。無効の理由について民政府は、同法には「琉球の福祉と最大の利益に反する処置と規定が含まれており、基本的に必要な医学的及び法的保護処置を設けずに医療行為を許可すれば、個人の生命と福利に危険をもたらす」と説明し、「琉球住民の生命、保健及び福祉を擁護するため」法を無効とすると結論付けていた(琉球政府『公報』七二号、一九五六年九月七日)。

米国民政府がこのような判断をした理由としては、同法が実質的に堕胎の合法化を意味していることへの懸念、遺伝性とみなされた病気の判断に対する医学的妥当性への懸念、施政権をもつ沖縄の人口抑制政策にアメリカが関与することへの国際的批判が起こることへの危惧があったとされる。アメリカは間接統治下の日本本土の人口政策については「中立性」を保つ立場で介入せず、それゆえ、GHQは日本本土の優生保護法に対しては反対しなかったが、直接統治を続ける沖縄においては、独自の判断を優先させ反対したのであった[澤田二〇一四：一二八―一五四]。

その後、一九五七年九月三日、琉球立法院は国民優生法の改正案を可決、以後、沖縄では一九七二年の「復帰」まで、戦前の国民優生法の改正法の下、遺伝とみなされた障害者への断種・堕胎が実施されていった。

こうして、戦後も日本本土と沖縄で、戦前と同様に優生政策が継続された。そして、障害者、ハンセン病患者の人権への社会の無関心が優生保護法の暴走を許していく。知的障害の女性の子宮摘出、ハンセン病患者への断種、堕胎の強制と堕胎した胎児の標本化などは、こうした法の暴走が生み出した結果である。

「優生」という価値観を名実ともに掲げたこの法律は一九九六年に母体保護法に改正されるまで存続した。この法の下でおびただしい障害者やハンセン病患者が子どもを産む自由を奪われたが、それに対し、国家はいまだに反省も謝罪も、もちろん償いもしていない。

一九九八（平成一〇）年一一月五日、国連規約人権委員会が、優生保護法により女性障害者が「強制不妊手術」を受けたことに対する補償法の制定を日本政府に勧告したことを受け、二〇〇四年三月二四日、第一五九回国会参議院厚生労働委員会で福島瑞穂（社会民主党）は、この勧告に対する政府の見解を質したが、厚生労働省雇用均等・児童家庭局長伍藤忠春は、手術は「法律に基づいて行われた措置」であるから法的補償は困難ではないかと答弁した。また、厚生労働大臣坂口力も「そうしたことは行われるべきではなかった」と述べつつも、「法律に対しましては忠実に行っていくというのが厚生労働省の立場」であるとして、法的補償には消極的な姿勢を示した（『第百五十九回国会参議院厚生労働委員会会議録』四号）。らい予防法という法の下に行われたハンセン病患者への強制隔離政策に対しては、国家賠償請求訴訟に原告側が勝訴した結果、法的補償が実現したが、優生保護法の下で行われた「強制不妊手術」に対しては、未だに国家の責任は不問のままである。

# 第5章

# 「市民」への包摂と排除

戦後復興を経て高度経済成長を遂げつつあるなかで、その担い手となる労働力をつくるべく、被差別部落やアイヌの人びと等の「市民」への包摂が試みられ、前者に対しては同和対策事業が開始される。しかし、そのための対象の線引きは、被差別部落の人びとに「マイノリティ」であることを刻印することともなり、そのことがさらなる差別を生じさせた。

経済成長は女性の高学歴化と社会進出を促すが、ジェンダーの壁は厚く、性別役割分業はいっそう拡大し、そのなかで、「主婦」という「問題」がしだいに可視化される。

占領後期から明るみに出されつつあった「被爆者」や、高度経済成長が生み出した公害患者の問題も、徐々に告発されていった。それらの背後には封建性や経済的貧困との連鎖があり、また遺伝という学知も、いっそうそうした人びとへの差別を強める役割を果たした。

## 1　引かれる境界――格差の告発

### 「同和地区」という線引き

一九五六年には、「もはや戦後ではない」が『経済白書』に載ったことが話題を呼び、その言葉は、発端となった中野好夫「もはや「戦後」ではない」(『文藝春秋』一九五六年二月)の、「戦後」「アプレ」によりかかった思想的退廃からの意識の脱皮を呼びかけた意図とは異なり、戦争被害の払拭と新たな経済成長の幕開けを告げるものとして受け止められていった。そのようななかで日本は、一九五〇年代後半から好況となり、六〇年以後は、安保闘争で退陣した岸信介内閣に替わって成立した池田勇人内閣のもとで、所得倍増計画・高度経済成長政策が行われ、人びとの暮らしも大きく変化を遂げた。しかし、前章ですでに見たように生活水準、教育、そして就職と、不利な状況におかれてきた被差別部落は、戦後復興から取り残され、さらにますます部落外との格差が顕在化していった。

一九六一年六月、部落解放同盟中央委員会は、「部落解放国策樹立請願運動の方針」のなかで、当該時期の現状認識について次のように述べている。「戦後の民主的改革によって、日本の社会は民主化されたようにいわれている。しかし部落問題は今日なお解決していない。それどころか、差別はますます悪質になった」と。そうして具体例として、裁判所・検察官の差別が問題となった事件、結婚問題での自殺の増大をあげる。また暮らしぶりについては、「部落民の生活はますます苦しくなった。独占資本に圧倒されて部落の中小企業は没落し、失業者はいっそう増加し、生活困窮者は激増している。農地解放の恩恵を蒙《こうむ》らなかった部落の農民は、さらにこんどの農業基本法で土地から切り離されルンペン化するよりほかに道がない」と告発している。

当該時期は、部落解放運動とも足並みをそろえながら、被差別部落の抱える問題の深刻さを告発する映画やルポルタージュなどの作品がさかんに世に問われたときでもあった。一九六〇年、映画監督亀井文夫のもとで製作・上映された映画『人間みな兄弟 部落差別の記録』はその代表的なものの一つである。そこでは、「部落はやっぱりちがうではないかと特異な感じをもつということになりかねない」(『部落』一二五号)といった懸念を伴いながらも、同和対策事業が行われる以前の、差別と貧困のなかで生きる人びとの暮らしや仕事などが描き出された[黒川二〇一一b]。

当時朝日新聞大阪社会部の記者であった平野一郎が書いた「部落 三百万人の訴え」(『朝日新聞』大阪版、一九五六年一二月一—七日)や、『週刊朝日』(一九五七年九月二九日号)に掲載された「部落を解放せよ——日本の中の封建制」(太田信男記)は、『人間みな兄弟』の製作にも少なからず影響を与えたルポルタージュであった。たとえば、「部落を解放せよ」では、高知県の紡績会社が会社の方針と明言して部落出身者を排除していたことや、表向きはそうはいわなくとも「部落の子は乱暴で、職場の仲間とゴタゴタを起すから……」などといった理由で排除している企業がほとんどであるという、部落問題の典型的なありようを暴き出している。また生活実態についても、京都を例に都市部落の困窮ぶりを告発し、次のように述べる。「畳数も十畳以下が三分の一。台所もない家が約半数、水を共同の水道または井戸まで汲みに出かける家が七割。八割以上が共同便所を利用している。ちょっとひどい雨が降れば、ドブはあふれ、便所の汚物と一緒になって、路地一面にあふれる。〔中略〕部落の場合、多くは、親代々から、この劣悪な環境に閉じこめられているのである」と。ニコヨン（日雇い労働者。失業対策事業で、二四〇円の日給であった時期があったことからこのように呼ばれるようになった）や土方、行商、屑買いなどで生活を支えるさまも描き出されている。

同年、『講座部落 全五巻』（三一書房）の一環として刊行された『部落 藤川清写真集』も、ほぼ同様の姿勢で被差別部落をとらえたもので、これらは社会構造の仕組みのなかで被差別部落が最も抑圧され疎外された存在であることを強調していた。それはともに、当該時期には、国策樹立獲得のために部落解放運動が、そして多くの被差別部落民が必要としていた部落像でもあったのである。それゆえ、ともすれば被差別部落の否定的イメージの増幅や、「特殊性」を刻印することになるという懸念を伴いながらではあったが、『人間みな兄弟』の上映運動なども各地で行われていった。しかし、「部落はやっぱりちがうではないかと特異な感じをもつ」という懸念は、一面で現実のものとして根強くあった。

政府は、このような高まりつつあった国策樹立要求運動に押されながら、一九六〇年、同和対策審議会を総理府の付属機関として設置した。当該時期は、国民皆年金・皆保険に示される日本型社会保障体制が成立していったときであり、政府（岸内閣）もまたその一環で、戦後復興を遂げ高度経済成長にさしかかった経済的ゆとりを背景に、積極的に部落問題対策に取り組んでいったのであり、一つには、部落の労働力を流動化させて企業に吸収することで、失業対策事業と生活保護が重要な役割を占める部落の生活実態を改善することをめざし、一方で、それを補うべく特別対策における環境改善・住環境対策を実施する方向を打ち出した。ちなみに、一九六二年の同和対策審議会「全国基礎調査報告」では、北海道、沖縄と回答のなかった東京、神奈川、宮崎、岩手、宮城、山形の六都県を除いて、同和地区人口は一一一万人であった[鈴木二〇一〇:二二五、二二八―二二九]。

一九六五年に出された同対審答申の前文は、「いうまでもなく同和問題は人類普遍の原理である人間の自由と平等に関する問題であり、日本国憲法によって保障された基本的人権にかかわる課題である」と述べており、近代の基本的な理念に照らして「その早急な解決こそ国の責務であり、同時に国民的課題である」ことを明言したものであった。部落問題の解決を「国の責務」として認めたことは、以後の政策を引き出す上に大きな意味をもつとともに、もはや部落問題対策は〝体制内〟のものとなったことを意味した。

併せて留意せねばならないのは、そこに「ただ、世人の偏見を打破するためにはっきりと断言しておかなければならないのは同和地区の住民は異人種でも異民族でもなく、疑いもなく日本民族、日本国民であるということである」と記されている点であり、そのことはそれだけ人種起源説がいまだ一定の影響力をもっていたということの証左である。答申は、そうした「心理的差別」と「実態的差別」の相互補完作用を指摘した上で、それを絶つために、「しばしば社会問題として提起される主観的な差別言動よりも、むしろ一般地区の生活状態および社会、経済的な一般水準と比較して、同和地区なるがゆえに解決されず取り残されている環境そのもの」に取り組むことを明らかにしており、一九六九年七月、それにもとづいて制定された同和対策事業特別措置法は、「同和対策事業の目標は、対象地域における生活環境の改善、社会福祉の増進、産業の振興、職業の安定、教育の充実、人権擁護活動の強化等を図ることによって、対象地域の住民の社会的経済的地位の向上を不当にはばむ諸要因を解消することにあるものとする」(第五条)と謳った。

同和対策事業はおおむね属地主義によって行われ、事業を受ける前提となる地区指定を受けるか否かについての選択の余地が与えられたが、事業を受けるということは、その地域が被差別部落であることを公言することでもあった。すなわち、差別を解消するために求められてきたはずの同和対策事業の実施は、「市民」のなかに「同和地区」住民という新たな境界をつくり出すことでもあった。しかしながら被差別部落の大半は、当面それなくしては立ちゆかない状況にあったがゆえに、多くの地域は、地区指定を受ける途を選んだ。同和対策事業特別措置法に則った政策は容易には着手されず、部落解放同盟が地方自治体と激しい折衝を重ねた末に、ようやく事業が全国各地で進展していったのは、一九七〇年代半ば以後のことであった。

### 浮上する「ウタリ対策」

同和対策事業実施が目前となったことは、「ウタリ対策」と称して、アイヌ民族にも同様の対策を行うべきであるとの議論を呼び起こし、同和対策事業特別措置法制定直前、衆議院議員秋田大助が北海道ウタリ協会理事長野村義一ら三名と面談して、「ウタリ」にも準用する旨規定することについての意見を問うた。この件についてときの北海道知事町村金五は、「「同和問題」と「ウタリ問題」は、本質的に異なるものであり、同法の「附則」に規定することは適当でないこと。また「ウタリ」問題は、北海道の問題としてとりあげるべき問題であり、北海道として特色ある施策を講ずることが適当である」と回答したことから、「附則」に「ウタリ対策」関係の事項を入れることがとりやめられた。アイヌ民族もまた、同化と異化の間を揺れ動く政策に翻弄されながら、その歩みを進めていかねばならなかった[榎森二〇〇七：五五七―五五八]。

そのようななかで北海道ウタリ協会も、教育・住宅対策・生活基盤の整備を主な運動目標に掲げ、「ウタリ対策」を政府に要求していった。その結果、一九七四年には北海道庁を窓口として「第一次北海道ウタリ福祉対策」が七カ年計画で策定されたが、その内容は、生活環境対策、農林業対策がほとんどであった[榎森二〇〇七：五五八―五五九]。それは、高度経済成長の影響がアイヌ民族にも及んで「ウタリの生活圏」が拡大し、都市への進出が行われるようになったため、「就職機会の均等化」が最も切実な要求となり、その前提としての教育や生活基盤の問題が浮上してきたことによっていよう。また、すでに学歴を身につけられなかった中高年の人びとには、「筋肉労働一筋に生きなければならない」という現実がのしかかっていたのである。アイヌ民族のアイデンティティを追求し、こうした「ウタリ対策」の一面性を批判する声があがってくるには、もうしばらく年月を要した。

## 切り捨てられる障害者

国民を高度経済成長を担う労働力として包摂するという政府のねらいは、障害者に対しても貫徹されていった。一九六三年、障害者問題について経済審議会が出した答申がそれで、「人的能力を労働力として考え、これを経済発展との関連」でとらえ、その立場から「教育においても社会においても能力主義を徹底すること」を主張している。それは、高度成長期における若年労働力不足を補う対策とする「人的能力開発政策」の一環にほかならず、障害者を「劣等者」とみなし、障害者の発達の可能性については全く考えていないか、または固定的・限定的に見なす姿勢と表裏一体であった[児島ほか一九七九：一〇、一二]。

一九五三年に在日朝鮮人二世として大阪に生まれた金満里《キムマンリ》は、三歳のときに小児マヒに罹り、六一年に障害者施設に入ることになり、まさにそうした時代の障害者施設のありようを施設のなかにあって見つめることとなった。彼女の一〇年間の施設での生活は、「朝鮮人なのに日本の名前しか書かないのだ。朝鮮人ということはそういうことなのだと理屈抜きで刷り込まれた強烈な印象」[金一九九六：三二]から始まる。障害者となる前から国民国家から排除された存在であるからこそであろうか、彼女は、小学校から中学校時代を過ごした一九六〇年代の施設が有する問題を冷徹なまでに鋭く抉り出し、それを書き記している。

金は、「私にとって十年の施設生活を思うとき、やはり語らなければならないのは、当時の施設の不備のため、はじめはそう重度でもなかった子が、みるみる寝たきりになっていったり、死んでいったりする、そういう友達を目の当たりにしたことだ」と述べる。そうして「その後も施設の職員たちの態度を観察していると、重度障害児でそのうえ知的障害がある、加えて親がいないか、いてもほとんど面会には来ず放置状態の子には、職員もいじめに近い扱いになることがはっきりとわかってきた。今は見違えるほど改善されてはいるが、当時は、施設の設備も勤務状態も劣悪であった。職員はそのしわよせをもろにかぶっていたのだろう。しかしそのしわよせはさらに、施設内でも力の弱い者にかぶさっていったといえる」といい、内部においても「弱い者」に矛盾が集中するさまをみてとる。さらに「私は、ベッドをかたづけるお母さんの後ろ姿を見ながら、「彼女は施設の職員に殺されたんだ」と伝えたい衝動に強く駆られたのを、はっきりと覚えている」という経験から、問題の本質に迫っていく。「こういうことが起これば必ず言われるのが、施設の設備や職員の待遇といった問題である。そして結局は、議論は福祉政策の問題にかえっていく。たしかにその問題は今も昔も厳然としてある。それらがじゅうぶんに改善されなければならないのはもちろんだ。しかし、七つという幼い頃からこういう場にほうりこまれた者にとっては、これはそれだけではなくもっと深い、人間の本質に関わる問題だと思えるのだ。施設のこうした状況のまっただなかにいて私が感じていたのは、〈私は今、極限状態での人間のエゴという、人間の本質を見ているのだ〉ということだった。そしてその本質は、自分の中にもあると思った。自分の中にも、いつのまにか職員の片棒をかついで、いちばん排除される者に対して侮蔑心を持ってしまっている自分がいたのだ」「施設というのはけっして楽園ではありえず、結局は一般社会にある差別の縮図が、より生なかたちで当事者につきつけられる場でしかないのだ」「施設という、寝食を共にする集団生活の中で、みんな逃げられない子どもたちだった。ある日、そこにいた子が忽然と消える。それに対して大人たちは、何事もなかったかのように口をつぐむ。釈然としないままに、伝えられないことは子どもたちの間でも口にしてはいけない禁句になる。私たち子どもにとって、そのことが大きな心のひっかかりとなって影を落とすことになる。大人たちは気づかないのである」［金一九九六：四三―五一］

と。

もはや障害者の問題とは何なのかは、金の語りに尽きていよう。障害者問題は、当該時期に福祉対策で事足りうるものではないこと、また「施設」はけっして楽園ではありえず、監視が及ばないところでの職員による放置や差別、そしてそれが障害者内部のより弱者への差別の問題をも抉り出している。しかし、当該時期にあってはいまだそれが問題化されることはなく、それを経験した金らによって、「施設」という枠組みを超えた新たな運動が切り開かれていくのである。

## 立ち上がる病者

障害者のみならず、長期療養を余儀なくされた病者が、療養生活の改善や医療の充実、さらには病者への差別の克服を求めて組織をつくり、運動を起こすうえで、運動の主体となる病者自身の肉体的な苦痛、社会から隔絶された環境における精神的な苦痛が生じる。そうした困難を乗り越えて、戦前においても一九二〇年代後半以降、ハンセン病療養所では患者自治会が結成されて患者運動が展開されていたが、こうした運動も戦時下、消滅させられてしまった。患者運動が本格的に組織化されるのは戦後であり、それはまた、日本国憲法第二五条にうたわれた「すべて国民は、健康で文化的な最低限度の生活を営む権利を有する」「国は、すべての生活部面について、社会福祉、社会保障及び公衆衛生の向上及び増進に努めなければならない」という文言を具体化する行動であった。

戦後いち早く、運動を起こしたのは結核患者であった。一九四七(昭和二二)年に生まれた全日本患者生活擁護同盟と国立療養所全国患者同盟とが統合されて日本国立私立療養所患者同盟となったのは一九四八年三月三一日のことであり、この組織は翌年、日本患者同盟と改称され、戦後日本の結核患者の療養生活の改善、療養所の民主化を求める中心的組織となっていく［日本患者同盟四〇年史編集委員会一九九一：二一―二四］。

こうした患者運動が生まれる背景には戦時下から続く療養所の劣悪な食糧事情、医療状況への不満とともに、療養所職員による患者への差別への怒りがあった。傷痍《しょうい》軍人療養所が改組された国立療養所では、元軍人の患者に対する療養所当局の人格を認めないような態度や姿勢への怒りが患者自治会結成の強い動機となった［菅沼二〇〇二：三九］。

また、東京の私立病院浄風園では、キリスト者の院長が毎週、患者に対し説話をしていたが、そのなかで院長はしばしば職員や患者を誹謗《ひぼう》していた。これに耐えきれなくなった患者は、一九四五年一〇月に院長に対し病院経営の改善を求める「要望書」を提出し対立すると、翌年五月、院長は一方的に病院の閉鎖を通告、患者はハンストで対抗した。そこで、厚生省が調停に乗り出し、病院側と患者側の協議会を設けて話し合いで解決するように勧告した。そして、これを機に、厚生省は病院・療養所の患者自治会を認め、患者運動の組織化の動きが加速したという［青木二〇一一：八］。

こうして、日本患者同盟が生まれた。この日本患者同盟が取り組んだ反差別のたたかいとして、朝日茂が生活保護費の改善を求めた訴訟、「朝日訴訟」への全面支援があった。一九五六年七月、結核により岡山療養所に入所し生活保護を受けていた朝日茂の長い間音信不通だった兄に対し、津山市社会福祉事務所は月一五〇〇円の仕送りをするように要求した。兄がこれに応じたため、朝日茂は翌月より生活扶助としての日用品費六〇〇円の支給を打ち切られたうえ、仕送り一五〇〇円から六〇〇円を差し引いた残金九〇〇円を医療費の一部自己負担とするという処置を受けた。これに対し、朝日は日用品費の一〇〇〇円への増額と生活保護法全体の改善を求め、憲法第二五条をもとに一九五七年八月、東京地裁に訴えを起こした。一九六〇年一〇月一九日、一審では勝訴したが、六三年一一月四日、二審の東京高裁は、日用品費月額六〇〇円は頗《すこぶ》る低額ではあるが違法ではないとの判決を下した。朝日は最高裁に上告するが、一九六四年二月一四日に死去した。養子夫婦が訴訟を継続するものの、一九六七年五月二四日、最高裁は本人の死亡を理由に訴訟終了を宣言した。

この裁判は、憲法第二五条をもとに生活保護法の基準の妥当性を問うものであり、「人間裁判」と呼ばれ、原告となった朝日茂には全国から多くの支援があったが、その一方では激しい差別の言葉が浴びせられていた。朝日はその手記のなかで、「君は血の出る税金を受け玉子代が不足とか、真に世の中を知らぬもホドがある。日々汗と力で命を掛けてはたらいている者を考えよ、天のばちが不治の病を与えたのよ」「自分の不摂生から胸を患って、社会のために何一つせず、今頃、憲法第二五条云々などよくも言えるものだと感心する。なんで早く死なないのだろう」というような差別的な内容のハガキや投書を受けたと記し、このような差別は、部落差別と同様に「日本の権力者たちが巧妙に利用している民衆の相互反目だ」と指摘している(朝日訴訟記念事業実行委員会編『人間裁判――朝日茂の手記』大月書店、二〇〇四年)。さらに、ここには、国費や公費により療養する病者には憲法に保障された基本的人権は適用されなくて当然であるという差別意識が明白に示されていった。

こうした差別は、結核患者同様、長期療養を強いられていたハンセン病患者にも向けられていった。戦後、群馬県草津町にある国立療養所栗生《くりう》楽泉園《らくせんえん》に設置されていた反抗的な患者を長期にわたって監禁した「特別病室」（重監房）の存在が明らかになり、この問題を機に同園に患者自治会が結成され、さらにハンセン病の特効薬プロミンがアメリカからもたらされ、その獲得を求めて、各療養所で患者運動が高揚した。こうしたなかで、一九四八年一月一日、星塚敬愛園《ほしづかけいあいえん》（鹿児島）、菊池《きくち》恵《けい》楓園《ふうえん》（熊本）、駿河療養所（静岡）、東北新生園《とうほくしんせいえん》（宮城）、松丘保養園《まつおかほようえん》（青森）の自治会により五療養所患者連盟が結成され、五一年一月一一日には、これに多磨全生園《たまぜんしょうえん》（東京）、栗生楽泉園の自治会も加わり、全国国立癩療養所患者協議会（略称は全癩患協、のち全患協）が結成された（その後、名称は全国国立ハンセン氏病患者協議会、全国ハンセン病患者協議会と変わり、現在は全国ハンセン病療養所入所者協議会）。その後、同年六月一〇日には長島愛生園《ながしまあいせいえん》（岡山）、邑久光明園《おくこうみょうえん》（岡山）、大島青松園《おおしませいしょうえん》（香川）の自治会も参加し、ここにアメリカにより日本の行政権が停止させられていた沖縄・奄美を除く全国の国立ハンセン病療養所の入園者自治会の全国組織が誕生した。こうして、癩予防法は人権無視の憲法違反の法であり、予防法を改正するべきだという主張が急速に広まっていった［全国ハンセン氏病患者協議会一九七七］。

一九五二年、第三次吉田茂内閣が、隔離を強化するために癩予防法を改正しようとした際、全患協は治癒者の退所を認めることなどを求め、反対闘争を展開するが、これに対し、厚生省は強硬な姿勢を貫いた。一〇月二三日、多磨全生園で厚生省側と全癩患協側との懇談会が開かれるが、そのときの記録「癩予防法改正に関する懇談会」によれば、その場で、ひとりの厚生省医務局国立療養所課の技官は「国民は公共の福祉を取り上げて入所を拒む人達を収容するように言うであらう」と発言し、「公共の福祉」を根拠にハンセン病患者の強制隔離を正当化していた。まさに、ハンセン病患者は政策上においても、憲法に保障された基本的人権の例外とされていたのである。

あるいは、長島愛生園がまとめた「癩予防法改正をめぐる入園者の動向」によれば、一九五二年九月二三日に同園を訪れた厚生省国立療養所課長尾村偉久は、入所者を前にして「ライ病がきらわれると云うのは、ライに対する人間の本能的な感情からのものであり」「医学的にライ菌をぼくめつすることが出来ない現在では、ライ菌保菌者をきらうと云うことが国民の九〇％ではないかと思う」と述べ、「人間の本能」を理由にハンセン病患者への差別を肯定し、そのうえで隔離政策の継続を正当化した。そして、一九五三年八月、癩予防法はらい予防法に改正され、隔離政策は存続させられた。

このように、長期療養を余儀なくされ、国費・公費で療養生活を維持し、かつ社会的差別の対象となっていた結核患者やハンセン病患者は、憲法で保障された人権の範囲外に追いやられていたのである。

## 2　高度経済成長下の女性

### カアちゃん農業――とり残される農村女性

国をあげての高度経済成長への邁進は、農村に劇的な変化をもたらした。労働力需要の増大により、兼業農家が増え、出稼ぎや都市近郊では臨時工などとなって男性が農業外労働に従事するようになったのに伴い、残された女性たちは農業労働を担った。「カアちゃん農業」などと呼ばれたそのあり方は、女性たちに、家事労働に加えてさらに負担がのしかかったことにより健康破壊が進んで、肩こり・腰痛・手足のしびれなどの「農夫症」が増えたことが指摘された〔山辺恵巳子「農業の曲り角を支えた女たち――農業基本法がもたらしたもの」〔女たちの現在を問う会一九九二〕〕。

そうした新たな困難がもたらされた一方で、女性たちが農業労働を担いつつも現金収入を求めて農業外労働にも従事し、自分の自由になる収入を得るようになったことで、家庭内における夫や姑との関係にも変化が生じていった。しかしながら、世帯単位を前提とする農地法のもとで、いまだおおむね女性は、農地所有を前提とした社会保障制度の適用や、農業協同組合への加入・役員選出などの機会も阻まれて、「非権利」状態に置かれていた〔鹿野二〇〇四〕。こうした点について、戦後の〝女性農業者の地位〟についての詳細な研究を行った天野寛子は、次のように述べる。

農地改革以前の農家の生活は貧しかった。〔中略〕そうした生活の中で、嫁は「角のない牛」と呼ばれ、朝は誰よりも早く起き、一日中働き、遅くまで家事を担い、夜は誰よりも遅く寝る、労働力としてだけの存在であった。直系を重んじる家族主義の中では、農家の嫁は生活に関しても子育てに関してもなんらの発言力もなく、その日その日を耐えていた。〔中略〕第二次世界大戦後、農地改革が実施され、地主と小作という関係はなくなったが、戦後の食糧難の解消のために厳しい「供出」が課せられ、農家の生活は依然として貧しかった。「農家の若妻」とは、その貧しさと貧しさの中で歪められた人の欲望や価値観や人間関係の中で、「耐えつづけている」人の代名詞であることには変わりなかったのである。高度経済成長期以後は事情は変化してきたが、基本的問題が解決されてきたとはいいがたい〔天野二〇〇一：七〕。

ちなみに天野は、一九六二年に農林省振興局生活改善課がまとめた『農家生活白書』をもとに「高度経済成長期の農家生活の診断」を行っており、それによれば、「忙しいばかりで能率のあがらない家事作業」は、「切り詰められた」とはいえ四時間三九分であり、全国友の会（羽仁もと子の思想に共鳴した人びとによってなる団体）の調査では一日平均七時間一九分であるという（農作業は八時間二〇分）。また、「文化的活動」についても自由時間は一日平均一時間九分にすぎず（友の会の調査では三時間三四分）、そこには家事の雑用や育児も含まれているという。「古い家族関係が支配している」農家の人びとの間では、娯楽や文化は不必要であり贅沢《ぜいたく》との考えが支配的で、「現在でもそのなごりは強」く、「村のつきあいでやむをえないからという事情と結びつけて楽しみがもたれることが多いが、その場合には多分に部落における家と家との関係や、家父長制的家族関係が反映されることになる」のであった。そのような状況ゆえに、減少傾向にはあるものの乳児死亡率は「健康水準の低い国と同程度」であり、その三大原因の一つである先天性弱質は、「妊娠中の母体の無理と栄養障害」に起因する場合が多いという〔天野二〇〇一〕。このように、高度経済成長が農村女性の直面する問題を根底から変えるには、まだまだ時間を要した。

## 「女子学生亡国論」

総じて女性の職業進出は進み、女性の高学歴化も作用して、有職女性を特別視する意味合いが込められていた「婦人」は、しだいに死語と化していった〔鹿野二〇〇四：二一七〕。そのようななかで、一九六二年には、早稲田大学文学部の教授であった暉峻《てるおか》康隆によって「女子学生亡国論」が説かれた。それは「結婚のための教養組が、学科の成績がよいというだけで、どしどし入学して過半数をしめ、その数だけ、職がなければ落伍者になるほかない男子がはじき出されてしまうという共学のあり方」は問題であり、このままでは女子学生が三分の二以上を占め、「学者ならびに社会人の養成を目的とする大学の機能にひびが入る恐れがあるので、わたし個人としては、せめて五分五分程度に男女の学生数を調整したほうがよいと思っている」というものであった(加納実紀代「自分史のなかの「女子学生亡国論」」[女たちの現在を問う会一九九二])。女子学生「興国」論者すなわち肯定派は、就職をしないで「教養ある母親」にとどまればよいとする立場であった。この主張は、「母親」すなわち「主婦」の立場の全面的肯定を前提とするもので、後述する主婦論争と関わる側面をもっている。

一九六一年から女子大新設ラッシュが始まり、ますますそうした状況に拍車がかかるが、そのきっかけは、聖心女子大卒の皇太子妃誕生による五九年のミッチー・ブームにあったといわれている。そのさなかに京都大学文学部の学生であった加納実紀代は、この「亡国論」を振り返り、次のように述べる。

戦後、男女平等がいわれながら、日本の男たちは、女を対等な存在としては位置づけてこなかった。家庭はもちろん職場でも、男女のあいだに柵をもうけ、男の領域への侵入を許さない体制をつくりあげていた。しかし学校はそうはいかない。女の子も男の子も、おなじ試験で成績がはかられる。努力すればむくわれる、男と対等に競争ができるという十二年間をすごした少女たちが、その延長線上で男の牙城《がじょう》であった「名門」大学にチャレンジする――、これは当然のことである。

そうして加納は、「女子学生亡国論」を、「はじめて無視しえない勢力として男の牙城に入り込んでくる女子学生、それもとりたてて肩ひじ張るでもなく、シャアシャアとして入ってくる女子学生に対して、男社会が示した強烈なアレルギー反応だったのだろう」と分析している(加納実紀代「自分史のなかの「女子学生亡国論」」)。

そのようにして男の牙城に飛び込んだ女子学生たちが企業社会に出た暁に、彼女たちを待ち受けていたのは、結婚退職制・出産退職制などの差別的処遇であった。のちに女性学研究者となる井上輝子は、「大学院に入るのは家族や女友だちからもずいぶん反対されました。〔中略〕そのころ私は結婚を考えていたんだけど、結婚するなら大学院やめろ、やめて彼のために稼いだ方がいいのじゃないかと教授にも暗に反対された」と語っている(「座談会 東大闘争からリブ、そして女性学、フェミニズム」『女たちの現在を問う会一九九六』)。

そうした状況のもとで、結婚しても職業人であろうとして壁にぶつかり、退職を余儀なくされた経験をつづった沖藤典子『女が職場を去る日』(新潮社)が一九七九年に世に問われ、同年テレビドラマ(フジテレビ)にもなって話題を呼んだ。一九六〇年代の経験を描いた作品が七〇年代終わりにそれほどに注目を浴びたことは、彼女が経験したと同様の問題が、大きく変わることなく生き続けていたことの証左であろう。

## 「主婦」という立場

高度経済成長から取り残される農村をよそに、都市部では、男性は企業戦士となり、女性にはそれを支える「主婦」の役割が求められて、性別役割分業が進行していった。主婦論争は、そうした背景のもとで展開された。それは、丸岡秀子編・解説『日本婦人問題資料集成9 思潮(下)』(ドメス出版、一九八一年)、及び上野千鶴子編『主婦論争を読む 全記録Ⅰ・Ⅱ』(勁草書房、一九八二年)に収められており、論争のもった意味については鹿野政直の分析に尽きていると思われるが[鹿野二〇〇四]、それらに学びつつ整理すると以下のようになる。

上野の区分によれば、論争の第一次が一九五五—五九年、第二次が六〇—六一年、第三次が七二年、となる。発端となったのは石垣綾子「主婦という第二職業論」(『婦人公論』一九五五年二月号)で、それを受けて清水慶子「主婦の時代は始まった」(『婦人公論』一九五五年四月号)、坂西志保「「主婦第二職業論」の盲点」(同上)が出された。自らも、戦前からアメリカに渡り社会的な活躍を行ってきた石垣は、「腰を浮かして働く女性が多いために、真面目に、職業婦人として生きようとする少数の女性は大きな損害をこうむっている。けれども現在のところ、働く女性の大多数は、結婚するまで数年の空白を埋めるために、働いて、嫁入りの費用をためるというだけで、すましこんでいるから、職業に生きようとする少数の女性は犠牲にされている」と、挑発的とも映るほどに、「女は自己に対して、峻厳《しゅんげん》にならなくてはならない」ことを呼びかけた。その背景には、高度経済成長のもとで「三種の神器」に象徴される家電の普及が進み、家事労働が軽減されつつある状況があった。石垣はいう。「家事の雑務は祖母の時代より減っているのに、そこに浮いてくる主婦の精力を、無駄にしてはいないであろうか。私たちは主婦という第二の職業に甘えていはしないであろうか」と。すでに「主婦」として家庭にとどまっている人たちに対して、彼女は託児所の開設や近所の子どもを集めて本を読んでやるなどの「創意性」をもつべきことを提示するが、本音は、「主婦としての悩みは、片手間な任務で、根本的に解決するのではない。家庭の雑事が社会の職務となってゆく以上、女は職場という第一の職業と、主婦という第二の職業を兼ねてゆかねばならない」というところにあった。そこではいまだ「主婦という第二の職業」を「主婦」の仕事に押し込めたまま、家事労働の分業にまで議論を及ぼすには至っていなかったが、石垣の意図は、女性も社会に進出して職業をもつべきということにあった。

これに対し坂西は、女性は結婚、男性は仕事という性別役割分業に固執する立場から反発し、他方、清水は、「主婦」は仕事に拘束されていないがゆえに「社会を住みやすくする活動」に従事できるとして、それを引き合いに出すことで既存の「主婦」の座を守ろうとした。

坂西ら女性たちは主婦を「職業」と位置づけることを拒むものではなかったが、「主婦を職業以上のもの＝女性にとっての天職」と位置づける福田恒存らは、それに強く反発した。このことに着目しつつ鹿野は、「主婦」に一つの「職業」としての位置づけを与えたことは、「女性の人生での「主婦」への拘束力を緩和」するものであったとし、「主婦」の浮上それ自体が、「主婦」という地位の動揺への契機を孕んでいたとする。たしかに「職業」として位置づけ可視化したことは、「主婦」の役割は女性に自明のものとしてまとわりついていたことからすれば、一定の意味はあろう。そしてまた、そうしたなかで、社会とのつながりをもつべきであるとする、すなわち市民運動などに目を向ける「全日制市民」としての「主婦」の可能性が模索されていったことも、一つの風穴を開ける意味をもったといえよう。

しかし、そうして行われていった「全日制市民」としての「主婦」の「専業主婦」との差別化は、性別役割分業の解体へとは容易につながらず、とりわけ高学歴の女性にとって、そうした社会活動への参加が「主婦」にとどまることへの免罪符となり、性別役割分業を支え続けてきた側面もあることは看過できないように思われる。

## 3 「被爆者」という問題

### 「この世界の片隅で」

日本が行った一五年にわたる侵略戦争は、さまざまな傷跡を残し、それによる差別を生じさせた。しかし、直ちにそれが明るみに出されたものもあり、問題として告発していくまでに歳月を要したものもある。被爆者の問題も後者の一つといえよう。

山代巴は、「広島研究の会」を母体に被爆者の問題に徹底的に寄り添いながら『この世界の片隅で』(岩波新書、一九六五年)を編んだ。そのなかで彼女は、「今では「原爆を売りものにする」とさえいわれている広島の被爆者たちの訴えも、地表に出るまでには、無視され抑圧された長い努力の時期を経過しています」と記す(ⅱ頁)。そもそも占領軍が原爆報道をいかに封じてきたかは堀場清子の研究[堀場一九九五a・一九九五b]に詳しく、占領末期から、長田新《おさだあきら》編『原爆の子――広島の少年少女のうったえ』(岩波書店、一九五一年)、峠三吉『原爆詩集』(青木書店、一九五二年)などの、今や周知となっている作品を嚆矢として、被爆者たちの声がしだいに世に出るようになった。しかし、「被爆者」も当初からそう呼ばれていたわけではなく、敗戦後十数年は、「原爆被災者」「被爆生存者」「原爆障害者」「原爆症患者」「原爆被害者」「被爆者」などの多様な呼称のもとで捉えられ、その呼称のあり方自体が、本来多種多様なはずの被害の様相を一つの尺度で序列化することと結びついていたのである[直野二〇一一:七三]。

『原爆の子』や『原爆詩集』が出版され、講和条約が調印されてプレスコードが解かれても、原爆をめぐる大人たちの手記は容易には集まらなかった。山代らは、一九四八年から「原爆被害者の手記」を集める作業にとりかかるが、具体的に仕事が進み出したのはその四年後のことで、一九五三年にようやく、原爆被害者の手記編纂委員会編『原爆に生きて――原爆被害者の手記』(三一書房)の刊行にこぎ着ける。そこで明らかになったのは、多くの人はそれまでに死んでしまい、被爆から七年間、闘病生活を続けて生き延びられたのは恵まれた家庭の人が多く、その人たちでさえも周囲の世話にならなければならない気兼ねがあり、言いたいことが公表できないという悲しみを抱えていたことであった。少しでも長生きをしようと思って栄養の多いものを食べていると、周囲の人びとは「ええこっちゃ、金のある衆は」と言い、その一方で、闘病者がもはや長くない命だと知っているため、「今に納屋を売り田を売るであろうと噂をし、それを叩き買いしようと企んでいる者」もいた。そのために、「活字になって、誰が読むかわからない文章には、その真実が書けない」のだという。

山代たちはそのような被爆者の現実に直面しながら、日本社会が罹っている「真実の腹立たしさが言えないような病気」「原爆患者の口に、目に見えぬくつわをはめている」社会の病をなおしていくための闘いをおこした。そうすることによって、それと比例して「患者の訴えも強くなってくる」と考えたからであった。さらに山代は、「この弱い手記の底には、手記さえも書けない悲しい病人のあることを思っていただきたい」と述べることも忘れなかった。

## 「死の灰を背負って」

一九五七年、ようやく原爆医療法（「原子爆弾被爆者の医療等に関する法律」）が制定され、被爆者健康手帳が交付されたが、初年度の交付時には、交付に応じたのは一九五〇年調査時の生存被爆者数の六割でしかなく、そのうち健康診断を受けたのは四分の一にも満たなかった。それは、宣伝不足に加えて手帳取得のメリットが少なく、差別されることを恐れてあえて取得しない人もいたためであった。また、原爆症と診断されることは「死の宣告」をも意味するため、受診を躊躇する人もいた［直野二〇一一：一〇五］。

一九五四年三月一日に、太平洋ビキニ環礁でアメリカが行った水爆実験によって、マグロ漁船第五福竜丸が「死の灰」を浴び、乗組員二三名が急性放射線障害を発症し、約半年後に無線長久保山愛吉が死亡した（ビキニ事件）ことは、改めて被爆者の問題への関心を呼び起こすきっかけとなった。乗組員の一人であった大石又七が、「被爆者」という自己認識のもとに体験を思想化していったその歩みは、小沢《こざわ》節子の研究［小沢二〇一一、二〇一四］に詳しく記されている。

帰港直後から、ほかの乗組員とともに入院生活を余儀なくされた大石は、一九五五年五月、国立東京第一病院を退院するが、「退院を少しずつ実感するようになったころ、まわりに変な雰囲気のあるのに気がついた」と語る。「近寄ろうとしても、何かそこには目に見えない一線があり、ねぎらいながらも、その言葉の奥にもらった見舞金へのねたみのようなものを、チラチラと感じた。〔中略〕返すあてのない借金の肩代わり話を持ち込まれるようになるころには、俺もいつしか言葉少なく、遠くの空を見つめるようになっていた」。そのような周囲の視線とは裏腹に、第五福竜丸の乗組員だった仲間たちの多くは、ビキニ事件の被災者であったことを語ることもなく、癌《がん》などで次々に命を奪われていった〔大石一九九一〕。

大石は、一九九一年に世に問うた『死の灰を背負って――私の人生を変えた第五福竜丸』（新潮社）のなかで初めて、六〇年に第一子を死産したことを告白している〔大石一九九一〕。その子が「奇形児」であったことを語るにはさらに九年の歳月を要し、そのことはそれまで妻にも語ることができずにいたのであった。死の恐怖のみならず遺伝の恐怖はそれほどに彼に重くのしかかっていたのであり、社会の偏見と差別がそれをいっそう助長したにちがいない。現実に大石の娘は、彼の被爆を理由に結婚差別にも直面したという。「死の灰」の遺伝的影響の恐ろしさは、核実験の脅威を訴える側からも強調されることがあり、「遺伝や生殖への影響をとりあげることで、核・放射線の恐ろしさが、いつしか被ばくによる遺伝の恐ろしさ、さらには被ばく者差別へと置き換えられかねないという構造は現在までつづいている」と小沢は指摘する〔小沢二〇一四：一六〇―一六一〕。

## 二重の痛手

本節の冒頭にあげた『この世界の片隅で』は、被爆者の問題をたんに反米意識に押しとどめてしまうのとは異なり、広島に生きる人びとに焦点を合わせながら、差別を生んでいる社会を俎上《そじょう》に載せ、その変革を展望した作品とみることができよう。

その一節で「福島町」が採り上げられる。福島町(広島市)は、水平社創立以前に、福島町一致協会という団体をつくって部落改善運動を起こしたことでも知られる被差別部落であり、福島町を取材し執筆した劇作家の多地映一は、「私の福島町での驚きは、部落差別が現在もなお生きているということでした。しかしその底から、『人間を差別する者』に対する、じつに的確で手きびしい批判精神が育って来ていることは、差別が生きているということよりもなお驚きでした。そして、部落差別をなくそうという闘いが、そっくり被爆者の平和運動の直結していることは、原爆禁止を闘う上の、大きな示唆となるように思えました」と山代に語ったという［山代一九六五：xi］。

そこに登場する、広島の繁華街で靴修理を営み、自らも部落解放運動に立ち上がっていった木崎久夫の語りのなかに、「病院の建設、百メートル道路立退闘争と、着々成果をあげて行く部落解放運動にくらべ、被爆者問題はこの町内でも、はるかに取り残されていたんです。なによりもまず、町内で二千人と推定される被爆者自身が、被爆者であることを言いたがらない状態でした。就職や結婚の上で、被爆者を差別する傾向が現われはじめたおりから、『この上差別されてたまるか』という気持なんですな」という一節がある。一九六五年の同対審答申を前にした運動の高揚期にあって、木崎はためらいなく、「二重の痛手を負うている私らこそ、まっさきに手をつなぐ必要があるんです」と前向きな展望を示すが〔山代一九六五：四九〕、それはまた、「二重の痛手」ゆえの困難が立ちはだかっていたということでもあった。

### 体内被爆児

同書は、「IN《イン》 UTERO《ユテロ》」と題して体内被爆児の問題にも迫る。体内被爆で小頭児が生まれる可能性があることを米政府原子力委員会が発表したのは一九六五年のことで、ＡＢＣＣ（原爆傷害調査委員会。アメリカが設置）や日本の関係者もそのことを周知していたはずであるにもかかわらず、それまで議論されずに放置されてきたのであった。ＡＢＣＣが行った説明は、「原爆放射能の後影響が新聞紙上に強調されるたびに、近親者の家庭や一般の被爆者に大きな破綻をもたらすことを経験した。小頭児の問題についても、これはすでに起ったことであり、これから新たに発現するとか、いま発現しているということではないのだから、今さらこの問題を取り上げて被爆者に無用な心理的負担をかけるに忍びない」というものであった。

報道記者をしていた風早晃治（秋信利彦）は、広島大学に残されていた資料から、体内被爆による小頭児九名を「探偵じみた行動を通じて」ようやく捜し当てる。その子どもたちの家庭はおおむね貧しく、知能指数が低すぎるため集団生活ができないとの理由で、そのなかの一人を除き施設にも入れずにいた。みな、ＡＢＣＣの医師から「原爆のせいではない」と言われ、ある母親は、「すべて栄養失調によるもので、お気の毒とは思うが親子の背負わなければならない十字架だと思って、子供さんには優しくしてあげなさい」と告げられてＡＢＣＣとは手を切った。ところがその後、Ａ

BCCが、「被爆した児童に精薄が多いようだから学校の成績がみたい」といって親の承諾を得に来たので、追い返した。「新聞の投書欄にでも出してやろうかと何度思ったかしれない」が、子どものことが「世間に知れるのがこわくて出来なかった」という［山代一九六五］。原爆被害を隠蔽しようとする圧力と、それを告発しようにもその前にたちはだかる社会的差別のなかで、呻吟させられていたのである。さらに、ABCCはそれを逆手にとったかのように被爆者の心理的負担を〝慮る〟という姿勢を示して、ますます体内被爆の問題は闇に押し込められようとしていた。

山代たちは、「今日までの原爆禁止運動の力は、小頭児を持つ親の要求さえも、国の政治の中へ取りあげさせることができなかった。しかも、被爆者の産む子供はすべて、身体障害をともないでもするような偏見は、被爆者の結婚難さえもひき起している現状であります。原爆症に対する正確な認識をもつことなく、被爆の問題にとりくむことほど危険なことはありません」と訴えて、小頭児をもつ親の会「きのこ会」を立ち上げていく［山代一九六五］。

体内被爆の問題は、その問題のありようにおいて後述する胎児性水俣病と相通ずる点があり、実際に山代は、「きのこ会」のことを、文学作品を通して水俣病を告発していた石牟礼道子に知ってもらい、両者の運動をつなげようと考えたのであった［原爆被害者の手記編纂委員会一九五三］。

一九九四年に、原爆医療法と一九六八年に制定された原爆特別措置法（「原子爆弾被爆者に対する特別措置に関する法律」）を一本化して被爆者援護法（「原子爆弾被害者に対する援護に関する法」）が制定された。これに国籍条項はないが、在日韓国・朝鮮人をはじめとする「外国人」被爆者は、厚生省が属地主義をとったために、長年、在外被爆者が法の提供を受けることが出来ないという問題を孕んできたのであり［直野二〇一一：八二］、こうした帰国後の手当打ち切りに対して在韓被爆者、ついでアメリカ、ブラジルの被爆者たちも訴訟を起こし、二〇〇八年にようやく法律が改正されて、現地から申請できることとなった（「在外被爆者の裁判」日本原爆被害者団体協議会ＨＰ）。山代編前掲書は、それまでの間に排除の対象とされていた沖縄の被爆者の問題にも、早い時期に光を当てた。

## 4 「発見」された公害

### イタイイタイ病の「発見」

高度経済成長の渦中にあった一九六七（昭和四二）年、佐藤栄作内閣は「公害対策基本法」を公布、一九七一年には公害行政の官庁として環境庁（現環境省）を開設した。また、時期を同じくして、水俣病、イタイイタイ病、新潟水俣病、四日市喘息《ぜんそく》などの重篤な公害病についても、法廷で企業や自治体、国の責任が追及され、被害者への賠償も実現した。このなかで、水俣病については次章で言及するので、ここではじめて厚生省が公害病と認定したイタイイタイ病について述べておく。

イタイイタイ病の原因はカドミウムにある。カドミウムが体内に多量に摂取されると、それは腎臓に蓄積され、尿細管に障害を起こし（カドミウム腎症）、尿中のカルシウムなどの再吸収を妨げる。そのため、骨のなかのカルシウムを補充することができなくなり、骨粗鬆症《そしょう》をともなう骨軟化症を発症することになる。これがイタイイタイ病である。患者は、最初は神経痛のような痛みを感じるだけだが、しだいに股関節の痛みが激化、転んだだけで骨折し、やがて歩行不能となる。さらに、病気が進行すると、寝返りを打つだけでも骨折し、「痛い、痛い」と訴え続け、栄養失調やその他の合併症で死亡する。女性は、妊娠により骨中のカルシウムが胎児に供給され、骨中のカルシウムが著しく不足するので、イタイイタイ病は出産を経験した女性に多発した。

イタイイタイ病は、富山県の神通川《じんずう》流域の限られた地域、すなわち、神通川が渓谷をなしている地域には発生せず、神通川が富山平野に流れ出て、その水が農業用水や生活用水、飲用に使用されている地域に集中的に発生した。その地域では、女性の宿命の病気＝「業病」のように言われ続けてきた。病気の原因がカドミウムであり、それが岐阜県神岡町(現飛驒市)にある三井金属鉱業神岡鉱業所から流出した鉱毒であることが究明されたのは一九六一年であり、厚生省も六八年にそれを認め、イタイイタイ病は公害病認定の第一号となった。しかし、三井側は原因を栄養障害だとして反論、患者が起こした損害賠償請求訴訟の場でも、栄養障害説を主張し続けた。訴訟は、一九七一年六月三〇日の富山地裁判決で原告患者が勝訴、さらに七二年八月九日の名古屋高裁金沢支部判決でも原告の勝訴となり、ついに三井側も賠償に応じた。

イタイイタイ病は原因も解明され、賠償もなされ、終息したかに見える。しかし、イタイイタイ病訴訟の弁護団のひとり松波淳一は「イタイイタイ病問題は、まだ毎年のように患者が発生しており、看護している家族があるのに、すでに風化してしまったかのように扱われている」ことを憂慮している[松波二〇〇六：まえがき]。毎年のように患者が発生しているにもかかわらず、その人びとは富山県公害健康被害認定審査会の基準を満たしていないとされ、患者と認定されていない。さらに、三井、および日本鉱業協会、自民党は一九七四年頃からいわゆる「まきかえし」を行い、否定されたはずの栄養障害説を復活させ、判決を批判、環境庁の姿勢も揺れ動いてきた。イタイイタイ病は終わっていない。

イタイイタイ病には、二つの差別が関わっている。ひとつは、この病気が遺伝病とか「業病」とみなされたことにより、患者と家族に向けられた差別で、それは家族との婚姻忌避に顕著に現れていた［渡邉ほか二〇〇四：六二―六五］。

そして、もうひとつは、戦後の民主主義のもとでも流布された〝貧困〟〝封建的〟という富山県の農村に向けられた地域差別意識である。これが、栄養障害説の根拠ともなっている。イタイイタイ病が問題化した時期は、高度経済成長の渦中であった。まさに、この時期、北陸は経済発展から取り残された地域として意識され、「裏日本」という呼称が汎用された［古厩一九九七：一五三］。遅れた「裏日本」の農村に多発する「奇病」、イタイイタイ病のそうしたイメージが社会に焼き付けられていった。

イタイイタイ病の原因を解明し、治療に取り組んだのは、地元の婦負《ねい》郡熊野村（現富山市）にある萩野《はぎの》病院の院長萩野昇であった。

一九五〇年八月一二日午前九時から萩野病院でイタイイタイ病の総合調査と診断を開始するが、これには二〇〇名を超える住民が殺到し、富山県当局も驚愕《きょうがく》した。萩野は、この検診に参加したリウマチの権威河野稔とイタイイタイ病の原因究明に乗り出すが、その結論は、栄養障害説であった。

一九五五年一〇月、ふたりは整形外科集談会東京地方会で、「イタイイタイ病は、骨軟化症に類似するが、いくらか所見の異なる新しい種類の骨系統疾患であり、栄養不良と過労によるものである」と報告し、一一月の北陸医学会でも萩野は同様の報告を行った(萩野昇『イタイイタイ病との闘い』朝日新聞社、一九六八年)。さらに萩野は富山県立中央病院の多賀一郎・村田勇らとも共同研究を進め、一九五七年四月、名古屋市で開催された日本整形外科学会第三〇回総会でその研究発表を行うが、そこでも「多産系の更年期女性に於ける食生活を含む悪環境がその発症原因」と結論付けていた(『日本整形外科学会雑誌』三一巻四号、一九五七年七月)。この「悪環境」には住居・天候も含まれている(萩野昇ほか「富山県熊野村に発生せる一風土病について」『日本整形外科学会雑誌』三〇巻三号、一九五六年八月)。

また、萩野は河野らとの研究成果を「いわゆるイタイイタイ病の本態とその治療経過」として、一九五六年に『臨床栄養』に連載した。その冒頭、「農村の封建性、農村婦人の前世紀的生活状態」に由来する「牛馬の如き生活を営んで人間らしき生活の行われていないこと」をイタイイタイ病の誘因とみなしている。

すなわち、富山平野という米の単作地帯であるがゆえの米食過食と農繁期の過労働、それゆえの産前産後の休養の過少、そして日照時間の少なさ、迷信に囚われた食生活、妊娠中の女性に栄養を与えない舅姑《きゅうこ》気質をあげ、さらに「性生活の無智」を指摘する。これはどういうことかと言うと、楽しみの少ない農村では、睡眠時間が四―六時間しかとれない農繁期でさえ、妻は夫の性交の相手をしなくてはならず、そのため、さらに睡眠時間を短縮させ、疲労を高めるというのである。

さらに、一九五五―五六年に富山県厚生部公衆衛生課はイタイイタイ病発生地域の住民に対する栄養調査を実施するが、その報告「昭和三〇、三一年の現地栄養調査成績」には「根強い封建制、因習過労がこの疾患の原因になっている事は事実である」と明記されていた(富山県「富山県地方特殊病対策委員会報告」一九六七年)。

まさに、当時、富山県の「封建的農村」に暮らす人びとの栄養や衛生への無知と女性への差別意識がもたらした栄養不足が原因の骨軟化症がイタイイタイ病であるという認識が定着されようとしていた。萩野は、当時、この結論には疑問を抱いたが、権威ある河野稔の言うことなので、聞かざるを得なかったと後悔をこめて述懐している(萩野昇前掲書)。そして、結論に疑問を抱いた萩野は、以後も独自に原因究明を続け、神岡鉱業所のカドミウムが原因であることを突き止めるに至った。

## 「封建的」という差別

しかし、三井側は、法廷で、河野稔を証人として採用させ、差別意識に満ち満ちた栄養障害説をもとに企業責任を認めず反論した。それだけではない。一九七一年八月二八―二九日、日本公衆衛生協会が開いた「イタイイタイ病およびカドミウム中毒に関する学術シンポジウム」においても、河野稔は一九五六年当時と同様、神通川流域農村の後進性や封建性を栄養障害説の根拠とした。しかし、河野が自説を展開すると、神岡鉱業所の神岡鉱山病院の医師富田国男は、河野説に賛意を表し、「イタイイタイ病の原因として、カドミウム単独では骨障害まで進展することは無理であり、骨症状の発見には低栄養が不可欠の因子として関与していると考えられてきている」と発言している(『環境保健レポート』一一号、一九七二年四月)。栄養障害説は、富山県の農村に対する「後進的」とか「封建的」という偏見を前提にするものである。一九七一年においても、こうした偏見は生き続けていた。

さらに、高裁判決が近づいていた一九七二年五月二五日、第六八回国会の衆議院公害対策並びに環境保全特別委員会に参考人として出席した金沢大学の武内重五郎は、イタイイタイ病とカドミウムの関係を明確に否定、ビタミンD不足で骨軟化症となり、治療としてビタミンDを大量投与したため、腎機能の障害が起きたとの説を展開した(『第六十八回国会衆議院公害対策並びに環境保全特別委員会議録』二二号)。そして、カドミウム説に依拠して公害であることを認めた高裁判決後になっても、カドミウム説を否定する、すなわち、神岡鉱業所の鉱毒説を否定する栄養障害説は、生き残る。いや、いっそう声高に叫ばれ、よみがえっていったと言うべきである。

一九七五年二月、『文藝春秋』五三巻二号に児玉隆也の「イタイイタイ病は幻の公害病か」というルポが掲載される。それは、イタイイタイ病の主因はビタミンDの欠乏であるとする説を詳細に紹介し、カドミウム説を「魔女狩り」と比喩《ひゆ》するもので、まさに、イタイイタイ病は萩野や原告・弁護団によって捏造《ねつぞう》された「幻の公害病」であったと結論付けるものであった。

さらに、『文藝春秋』は、同年一二月の五三巻一二号にも、「グループ一九八四年」という覆面グループによる「現代の魔女狩り——日本社会は狂っていないか」と題するルポを掲載、公害を告発し、企業に賠償を求める行為を「現代の恐喝」と表現し、イタイイタイ病裁判を「全く「非科学的」な諸基準、規制値をつくりだし、莫大な経済的負担を日本社会に負わせつつ、一部の公害告発屋、魔女狩りの狩り手たちだけを富ませる結果となった」と全否定した。

日本鉱業協会は、児玉隆也のルポが掲載された『文藝春秋』を大量に購入し配布、さらに二月二六日には、第七五回国会衆議院予算委員会第一分科会で、自民党の小坂善太郎は、児玉のルポを根拠に、一九六八年の厚生省見解への環境庁の認識を質した。これに対し、環境庁長官小沢辰男は、厚生省見解は、イタイイタイ病にはカドミウムがからんでいるが、それのみならず老化現象とか栄養不足などの複合的な原因も認めていると答弁、むしろ「カドミウムがどの程度関与をしているかという点については、いまだに学問の論争があります」と、懐疑的であった。しかし、この小沢の答弁は、「イタイイタイ病の本態」はカドミウムの慢性中毒による腎臓障害に基づく骨軟化症と規定し、そのカドミウムは神岡鉱業所から排出されたものと指摘した厚生省見解を否定するものであった。すなわち、一九六八年に厚生省が発表した見解を一九七五年、環境庁が否定したのである。小沢は、「厚生省の見解というものは、学問的な究明が完全に行われた結果であるとは実は申されないと思うのです」とまで、言い切っていた(『第七十五回国会衆議院予算委員会第一分科会議録』三号)。そして、以後、環境庁はこの姿勢を堅持する。判決では原告が勝利した。しかし、その後の政治は、判決を疑問視する潮流を意図的につくりだし、それを一定程度、定着させてしまった。それを可能にしたのは、日本海側の農村に対する「後進的」「封建的」という差別と偏見であった。自らの責任を隠蔽するために公害の被害地域の「後進性」を強調する企業の差別的論理は、後述するように水俣病の場合においても同様であった。

# 第6章

# 「人権」の時代

低成長時代に突入する一九七〇年代以後は、公害反対闘争や種々のマイノリティの運動が高揚するなかで〝人権〟が高唱されるようになったが、障害者ら声をあげにくい〝弱者〟の人権は顧みられなかった。また、沖縄は本土「復帰」を果たしたものの、米軍の駐留は継続するなど、負担が軽減されることはなかった。しかし、日米安保体制のもとで、本土の側から沖縄が問われることはなかった。部落差別も、運動の高揚が問題の解決には直ちには結びつかず、「市民的規範」＝「共通の文化」からの逸脱と見なされる行動様式や生活習慣を理由に排除された。それは、在日韓国・朝鮮人や他のマイノリティに対しても同様であり、文化的人種主義がそれを支えた。

一方、「女」であることを押し出して社会のありようを問う運動や思想が高まりをみせ、女性の社会進出も進むなかで、仕事や育児をめぐってジェンダーの非対称性が問われていった。

## 1　復帰か独立か——沖縄差別論

### 「祖国復帰」の希求

一九七一年に沖縄返還協定が結ばれ、翌七二年沖縄の日本復帰が実現する。しかしながらその背後には、ポツダム宣言受諾以来の、ないしは一九五一年のサンフランシスコ講和条約締結によって日本から引き離されたことを節目とする長年にわたる復帰運動が展開されてきたのであり、そしてまた沖縄の人びとの思いはけっしてそれ一辺倒でとらえきれるものではなく、そのなかでの日本の問い直しや反復帰の思想が存在していたことを見据えなければならない。しかも復帰は、生活の激変を伴うものであり、それらが「復帰不安」を生み、人びとのアイデンティティを揺さぶった〔鹿野二〇一一〕。

復帰運動は、一九五〇年代後半の軍用地問題に端を発した島ぐるみ闘争〔阿波根一九七三〕を一つのきっかけとして高揚に向かい、六〇年四月、教職員会、労働組合、政党、教育・福祉関係団体などが参加して沖縄県祖国復帰協議会（復帰協）が結成された。そうした運動の渦中にあって、結成まもない復帰協と原水爆禁止沖縄県協議会が一九六四年に編んだ『沖縄県祖国復帰運動史』がある。当時復帰協会長であり同書の編集委員長を務めた喜屋武真栄《きゃんしんえい》は、「考えてみると、祖国をもちながら、祖国に戻ることも許されず、祖国への渡航の自由さえも得られない人間の憐れさは、異民族支配下にあるわれわれでなければ、実感としてわかってもらえぬであろう。今年もその〔講和条約発効から〕十二年目の屈辱の日がやってきたのであるが、どうしてこのような運命に沖縄が置かれるようになったかということについて、祖国の為政者や九千万同胞は考えてみたことがあるだろうか」と問い、そのような「国民世論の啓蒙」と自らによる運動の点検のために同書を世に送り出した〔沖縄県祖国復帰協議会ほか一九六四〕。

復帰協結成の一年前、沖縄人民党委員長であった瀬長亀次郎が『沖縄からの報告』を書いたのも、婉曲的な表現ながら、「沖縄の人々の苦しみや悩みをその日常生活の面からとらえ、ほり下げて書かれたものは案外すくない」がゆえだという。瀬長は、「沖縄は案外復興している、明るくなった」という「沖縄出身の学者」や、「祖国復帰運動は空まわりで実際的、現実的でないからやめた方がいい」という人びとがいる現実に向き合い、沖縄の置かれた実態を具体的な数字を表に示しながら提示した〔瀬長一九五九〕。

そうした状況のもとにあった沖縄の「復帰」が現実味を帯びてきた一九六七年頃から、沖縄差別に関する議論が展開される。沖縄が「復帰」する国は、また、政治的、経済的、文化的、そして軍事的に沖縄を差別し続けてきた「祖国日本」であったからである。まさに、沖縄は沖縄差別のなかにかえることになる。「復帰」への様々な不安のひとつに、この事実があった。とりわけ、日米安保体制の下で膨大な米軍基地と核兵器が残されたままの「復帰」になるのではないかという不安をもつ沖縄の人びとは、その事実を現代の沖縄差別として受け止めていた。

この現実への不安を具体的に指摘したのは、「日本」の側からであった。社会学者の日高六郎は、

「沖縄・戦略体制の中の差別」(『世界』一九六七年八月)において、本来、沖縄の基地や核兵器の存在は施政権の有無に関わる問題で差別の結果ではないことを指摘しつつ、しかし、それを沖縄の人びとが差別と受け止める心情に理解を示した。そして、日本と核基地のある沖縄との間に存在する危険負担の違いは差別というより相違であるが、「過去の歴史があり、太平洋戦争があり、敗戦があり、講和条約第三条があり、土地闘争とそれにたいする日本政府の冷淡があり、核基地の完成があった」のであり、そうした事実に「怒りと批判を持たないものの意識の底には、やはり〈差別〉の意識の影がおちているのではないか。基地と施政権との分離返還方式は、じつはこの〈区別〉あるいは〈差別〉の固定化であろう」と、核基地を残したままの「復帰」に反対の意を示した。日高は、アメリカは沖縄を差別して核基地を設置したのではなく、軍事戦略上から設置したのではあるが、その存在に日本政府や国民が怒らず、批判もしないことに、沖縄の人びとは〝沖縄は差別されている〟と感じていると主張したのである。

この日高の論を受けて、沖縄タイムス社社長上地一史は「本土との差別を排せ――沖縄はこう考える」(『潮』一九六七年一一月)において、核付きか核抜きかという「復帰」論を見聞すると、「発想の根底に、不本意ながらも、沖縄は差別してもよろしいという前提が沈着している」「差別を意識していると、いないにかかわらず、沖縄に視点をすえて考えると、突き離された差別感に襲われるのは、否めない事実なのだ」と発言した。

このような、沖縄の核基地をめぐり、差別して沖縄に核基地を設置したわけではないが、沖縄の人びとから見れば、それが差別だと受け止められるという認識に対し、社会学者の大田昌秀は、

『醜い日本人――日本の沖縄意識』(サイマル出版会、一九六九年)で、沖縄に関して「日本人は醜い」と喝破し、「沖縄が、そして沖縄県民のみが、法制度的に本土他府県人とは差別されている」と言い切った。大田は、「本土と沖縄との決定的なちがいは、本土の人びとが曲がりなりにも独立国として平和憲法の適用を受けて生活しているのにくらべ、沖縄では、核基地のなかで憲法の保護もなく、外国軍隊に占領され、人間としての基本的権利さえ拒否されて、現に生活している事実にある」と、沖縄への差別は単なる心情的なものではなく、法制度上の差別であることを力説した。たしかに、アメリカが沖縄に基地を拡張していった背景には「植民地や属領・属国であれば基地を置いてもよい」との差別的な意識があったことは否定できない[林二〇一四:二二]。

こうした議論に代表されるように、沖縄差別をめぐる論議は活発化し、そのなかから「復帰」ではなく、新川明に代表される沖縄の独立が語られ[新川一九七一]、さらには沖縄本島と離島との間の差別にまで議論は深められた。

宮古島出身の現代詩人新城兵一《しんじょうたけかず》は、琉球王国以来の沖縄本島の人びとが「先島――とくに宮古人に対する異質視・差別する意識を内省する時間を持ちえなかった」と指摘し(新城兵一「辺境論――沖縄の内なる差別」『中央公論』一九七二年六月)、沖縄在住のジャーナリスト市村彦二は、琉球政府が「沖縄の失業者対策として奄美出身者の島外追放」を考えたことをあげて「日本政府に向かって差別反対を訴える沖縄が、その地において日本人である奄美出身者を差別待遇してきた」事実を批判した(市村彦二「沖縄の知られざる差別」『青い海』二巻三号、一九七二年三月)。まさに、沖縄の「内なる差別」が問われたのであるが、新城はさらに、「沖縄人意識を根とするところの部落・朝鮮人への逆差別」の存在にまで言及した。新城がこうした言及を行った背景には、同和教育の副読本『にんげん』(中学生用)に沖縄差別の項目を掲載することの是非をめぐる論争があった。

### 沖縄差別と部落差別

全国解放教育研究会の編集委員会が作成する『にんげん』は、一九七〇年より大阪府、大阪市内の小中学校で使用が開始されたもので、編集作業には大阪府・市の教育委員会、大阪府教職員組合、部落解放同盟大阪府連合会なども参加し、すべての小中学生に無償で配布された。一九七〇年三月、新聞が『にんげん』(中学生用)に沖縄差別の項目が掲載されると報じると、これに対し、大阪沖縄県人会連合会会長が反対の意を表明し、大阪府・市の教育委員会に掲載反対の申し入れを行った。これに対し、編集委員会は、この項目の執筆を沖縄県人に依頼することとし、琉球大学の大田昌秀が執筆することになった。しかし、一〇月には、琉球政府行政主席屋良朝苗《やらちょうびょう》が府・市教育委員会に対し、沖縄差別の項目の削除を求める要請を行うに至った。その趣旨は「沖縄問題と部落解放問題は、「差別」という基本的意味においては同一であっても、その種類や質は全く異なるものである。従って、両者を同一並列的に取り扱うことはあやまり」だという点にあった。こうしたなか、大田が執筆を辞退、翌一九七一年一月二三日には、沖縄出身の超党派の国会議員が府教委に『にんげん』の使用禁止を申し入れるとともに、文部省にも同様の申し入れを行った。これに対し、編集委員会としては、独自に「沖縄の問いかけるもの」という原稿を作成、『にんげん』(中学生用)を発行し、配布に漕ぎ着けた。

「沖縄の問いかけるもの」は、先生が生徒に書いた手紙の形式で、琉球処分以降の沖縄が受けた政治的差別を説き、沖縄差別と部落差別とは、「歴史性も社会性もたしかにちがう」が、「ぼくたちの心のなかで、果たしてどれだけのきょりがあるのだろうか」と問いかけ、沖縄に対する「大の虫を生かすため小の虫を殺す」という差別感を指摘していた。

では、こうした『にんげん』への沖縄差別の記載の何が問題であったのか。一九七一年二月の大阪沖縄県人会連合会の「沖縄県人は訴える」という文書には、部落差別が「心情的差別」であるのに対し、沖縄差別は敗戦の結果、生じた「制度的差別」であり、沖縄県人には「心情的差別に内在する蔑視観念」は加えられていないにもかかわらず、『にんげん』に沖縄差別を記載すれば、「オール沖縄も亦未解放部落の一種なり」ということになると記されていた〔中村一九七一：五六―六二〕。まさに、沖縄が被差別部落と同様に扱われるという懸念が掲載反対の根本的理由なのであった。

こうした考え方をめぐり、沖縄や関西で大きな議論が沸き起こる。兵庫沖縄県人会の会長上江洲《かみえす》久は「『にんげん』の中に沖縄も含めると、そこから沖縄への差別が再現されるという人たちは、沖縄県人であることに自信がないんです」と述べ、自らは掲載を支持することを表明(上江洲久・関広延「返還協定と差別」『青い海』一巻五号、一九七一年九月)、琉球大学助教授岡本恵徳も「沖縄問題と部落問題を極力切り離して考えようとする発想」を批判した(岡本恵徳「「差別」の問題を通して考える沖縄――副読本「にんげん」をめぐる問題」『教育評論』二六一号、一九七一年六月)。さらに、関西の沖縄出身者有志が関西・沖縄県人差別問題研究会を結成し、『沖縄差別』一号(一九七一年四月)、同二号(一九七一年八月)を刊行した。そこには多くの掲載反対論への批判意見が述べられていた。

### 「日本を問い返す」

鹿野政直は、復帰を求める運動が突き出したものとして、自治、反戦、人権の思想をあげ、またそのなかから「日本へののめりこみ」に警鐘を鳴らす「日本を問い返す」思想、さらには「反復帰の思想」、そして「根としての沖縄の意識化」の思想が生み出されたとする〔鹿野二〇一一〕。そのなかで一つだけ、本土復帰の翌年（一九七三年）に書かれた、当時沖縄タイムスの記者であった新川明の『異族と天皇の国家――沖縄民衆史への試み』（二月社）の「あとがき」の一節をひいておきたい。同書は「七二年沖縄返還」の前夜に『沖縄タイムス』に連載した作品がもとになっており、新川は「一八七九年（明治十二）の「琉球処分」をプロローグとして幕をあけた沖縄近代以降の歴史は、とりもなおさず〈国家としての日本《ヤマト》〉による強権的な差別支配と植民地的収奪の過程であり、対する沖縄人のありようは、反ヤマトの激情を燃えあがらせる抵抗運動にはじまり、やがてみずから積極的にヤマトナイズする同化への努力こそが、その差別と収奪から自己を救済する方途と考える生き方を至上とする流れに集約されて進行してきた」ととらえる。そして、「返還」の過程を見つめるなかで、「日本同化運動の一形態としての「復帰」運動体内部においても、「第三の琉球処分」と表現されて、再び迫りくる〈国家としての日本〉の専横に対する警戒と反発の気運が高まっていた」ことをみてとり、そこに「日本」を相対化する可能性を見出すべく、「返還」後に同書を世に問うたのだといえよう。そうした思想を抱え込みつつ四十数年が経過した今日のありようについては「おわりに」で述べることとしたい。

比屋根照夫もすでに言及しているが〔比屋根二〇〇九〕、木下順二の戯曲『沖縄』を観劇して寄せた丸山眞男の一文を紹介しておきたい。丸山は、日本と沖縄の「双方の側での自己否定を契機にしない限り双方の結合はあり得ない」「そのことは単に沖縄だけの問題ではない。僕は、知識人とか大衆とか、いろいろな問題でそのことを考えている」といい、次のように述べる。

日本対沖縄といったような問題にだけとどまると、それは別の意味における局地主義というか地方主義に陥ってしまう。世界的な展望を持たなくなる。日本対沖縄という問題が、政治的問題としてあるにしても、それを更につっこんで行けば、国内における連帯の問題になると思うのです。それは、内《うち》と外《そと》という問題です。〔中略〕内と外の論理＝思考様式というものが、日本人の相手同士にある。閥とか閉鎖的集団とか、内の人間と外の人間、インズとアウツというものを断ち切らねば、連帯の生まれようがない。インズとアウツというのは、僕に言わせれば「部落《ムラ》」なんです。これが原罪なんです。そこで、僕は土着主義を切らねばならないと思う。ムラが抵抗の根源であるとか、部落共同体というものが近代における抵抗の根源だとはどうしても思わない。これこそが、内と外という論理の発酵するもとなんです（丸山「点の軌跡――『沖縄』観劇所感」『木下順二作品集Ⅶ』月報、一九六三年）。

差別問題全般に敷衍《ふえん》しうる提言といえるのではなかろうか。

## 2　差別の徴表と「誇り」――被差別部落

## 刻印される負の徴表

前章で述べた同対審答申を受けて同和対策事業が実施されるにいたり、部落解放運動が高揚する反面、困難な状況にも直面していくこととなった。

その一つに、狭山差別裁判があげられる。この事件の発生は一九六三年であるが、その後の裁判から部落差別の問題が浮かび上がることとなり、それに抗議する広範な運動が展開されていく。

埼玉県狭山市で高校一年の女生徒が死体で発見されるという事件が起こり、まもなく被差別部落に対する集中的な見込み捜査が行われて、当時二四歳だった被差別部落に住む石川一雄が別件逮捕された。石川は、殺人死体遺棄についての自白を迫られ、「自白すれば一〇年で出してやる」という捜査官の誘惑によって「自白」にいたる。翌一九六四年三月一一日、一審の浦和地裁で死刑判決が出されるが、同年九月一〇日に行われた東京高等裁判所の控訴審第一回公判で、石川は犯行を否認した。東京高裁は死刑判決を破棄し、無期懲役を宣告する。最高裁判所は一九七七年に上告を棄却したことから、無期懲役が確定した。その後も再審請求、特別抗告が行われたが、新証拠が提出されているにもかかわらず、事実調べがなされないままそれらは棄却されて現在にいたっている。石川は、一九九四年に仮出獄し、五五歳にして三一年ぶりに生まれ故郷の狭山に帰った。事件発生の一カ月ほど前に起こった子どもの誘拐事件（村越吉展《よしのぶ》ちゃん事件）で、警察は犯人を取り逃がすという失態をおかし、世間の非難を浴びていたことから、この事件の背後には、信頼回復のためにどうしても犯人逮捕にいたらなければならないとする警察側の焦りがあったことは否めなかった。加えて、被差別部落は犯罪の温床であるとの差別的偏見がそこに重ねられて、石川がその犠牲となった。

まさに部落差別によって引き起こされた冤罪《えんざい》事件であった［野間一九七六］［鎌田二〇〇四］。

部落解放同盟は、同埼玉県連合会からの提起を受けて公正な裁判を要求する決議を採択しているが、本格的に取り組みをはじめるのは、一九六九年三月二四日に開催された第二四回全国大会以後のことであった。この事件は、既存の差別意識の上に引き起こされ、さらに犯人が被差別部落の青年であるとすることによって、あたかも被差別部落が犯罪の温床であるかのような、かねてからあった徴表をいっそう人びとの意識に刻印していく結果をもたらした。

部落解放同盟は、同和対策事業特別措置法具体化と同対審答申完全実施を求めて、「国民運動」と称して運動の大衆的な広がりを追求しながら闘争を展開していった。その間には、同対審答申の評価をめぐって、日本共産党支持派と部落解放同盟内の非共産党グループの対立が先鋭化し、そうした状況の下で起こった一九六九年の矢田事件、一九七四年の八鹿《ようか》高校事件は、両者の対立をより決定的なものとした。両者はいずれも、そこで起こった事件が差別事件として糾弾に値するかどうかをめぐって争われており、その見解の対立自体が、差別糾弾という運動のあり方をめぐる両者の路線の違いの反映でもあった。そうして一九七六年には、六九年の矢田事件の直後に結成された部落解放同盟正常化全国連絡会議が「国民融合論」を掲げて全国部落解放運動連合会に改組し、ここに部落解放運動は分裂にいたった。差別する側は、いかようにも差別の理由をつくり出すのであり、こうした運動内部の抗争・分裂は、〝人権の時代〟のなかで、部落問題を避けて通る一つの理由を与える結果をもたらしたことは否めない。

## 「包摂」への転換

しかしながらこの時期は、同和対策事業の実施を勝ちとるべく、これまで運動が未組織であった地域にも部落解放同盟支部ができていく、運動の高揚期でもあった。すでに述べたような経済的に劣悪な状態におかれていた被差別部落の人びとにとって、同和対策事業による住環境改善の実現は切実な要求であった。また、折から部落解放同盟は、一九七〇年には狭山差別裁判反対を訴えて全国行進を行い、また七四年には第二審東京高裁の判決を前に、東京日比谷公園で完全無罪判決要求中央総決起集会を開催するなど、狭山闘争を高揚させていった。部落差別による冤罪犠牲者が出たことは被差別部落の人びとの差別への怒りを掻《か》き立て、こうした動きに呼応して、狭山闘争への組織活動に応じるなかで支部の組織化が進められていく場合が少なくなかった。

さらに、そうした運動の高揚に拍車をかけたのは、一九七五年一一月の『部落地名総鑑』の発覚であった。それは悪質な業者が、全国の被差別部落の地名・所在地・戸数・職業などを掲載して、それを全国の企業などに販売していたものであり、それ以後も『全国特殊部落リスト』などさまざまな書名を冠した同類の存在が次々と明るみに出されていった。それは少なからぬ企業が、採用、昇進などにおいて被差別部落出身であるか否かを一つの指標にしてきたことを如実に物語った。企業の論理は、部落差別に関していえば、本来、被差別部落出身者を排除することとしないことの利害得失を勘案した結果にもとづいて行動が選択されるものである。被差別部落出身者に対しては、これまでにも見てきたような、狭山事件が再度刻印したであろう犯罪の温床などをはじめとする様々な徴表と、部落解放同盟のこれまでの糾弾のあり方に対する忌避などによって排除が行われてきたと考えられるが、ここにいたってむしろ企業側も、被差別部落出身者を排除しつづけることのデメリットを認識し、むしろ包摂に転じたのであった。この一件以後、就職差別問題は大きく好転するが、しかしいまだ完全に消失したとはいえない状況にある。

前章で述べたように、一九七〇年代後半から急速に進展していった同和対策事業によって、いまだ部落外との格差を伴いながらではあれ、被差別部落の住環境は大きく変化していった。また、高度経済成長の影響も被差別部落にも及び、それも人びとの生活の変化に拍車をかけた。そうして長らく被差別部落に与えられていた、経済的貧困から派生する不潔、トラホームなどの病気の温床、といった徴表はおおむねとり払われていった。

その一方で、同和対策事業にかかわる不正などの問題も指摘されるようになった。部落解放運動に限らずどんな運動でも、政府に施策を要求し、それを獲得すれば体制の側に少なからず包摂されてしまうことにつながる。部落解放運動の場合は、これまでにも見てきたように同和対策事業実施要求が一九五〇年代以後の運動の太い柱を形づくってきたから、なおさらそうした壁にぶつからざるをえなかった。そのような状況のなかで、戦後の運動史を改めてふり返り、再点検することによって突破口を見出そうとする動きが生じてきた。その一人が中国史研究者の藤田敬一で、藤田は、『同和はこわい考――地対協を批判する』(あうん双書、一九八七年)という、まさに現代の差別意識を象徴的に示す表現をそのままタイトルにした本を世に問うて問題を投げかけた。それはその副題にもあるように、一九八六年一二月一一日、総務庁(一九八二年の設置当時は総理府)に設けられた地域改善対策協議会(地対協。委員は、各省の事務次官、学識経験者、関係団体など)が「意見具申」を出したことが直接の引き金になっていた。

「意見具申」は、「同和地区の実態が相当改善されたこと」をあげ、それにともなって「新しい問題」が生じてきていることを指摘する。それは、①民間運動団体に追随している行政の主体性の欠如、②施策の実施が、「同和関係者」の自立、向上をはばんでいること、③民間運動団体の「行き過ぎた言動」が「同和問題はこわい問題であり、避けた方が良い」という意識を生み、さらにそれを利用してえせ同和行為が横行していること、④民間運動団体の「行き過ぎた言動」が、同和問題についての自由な意見交換を阻害していること、の四点に及んでいた。

## 「誇り」の前景化

そのようななかで、一九八五年一二月、「リバティおおさか」の愛称で知られている現大阪人権博物館が、大阪人権歴史資料館として、かつて西浜と呼ばれた大阪市浪速区の被差別部落のなかに立ち上げられた。その際の設立趣意書は、「わが国の経済は飛躍的に成長し、産業構造や生活様式は著しく近代化、合理化されましたが、それとともに歴史的文化的遺産や景観をもつぎつぎに破壊され、わが大阪においても長く息づいてきた『なにわ』の庶民文化や生活のいぶきの残るものは、数少なくなってきております」と記している〔大阪人権博物館二〇〇五〕。すなわち、同和対策事業が遂行され、住環境整備が一定程度達成されるなかで、なお現存する差別と闘うべく、被差別部落の文化の存続、いうなればアイデンティティの問題へと関心が移行しつつあったことを示している。

部落解放運動に対する地対協部会報告をはじめとする批判の噴出は、「解放」のあり方を分岐させることになった。一つは、従来から存在する融和主義ないしは解消論であり、もう一つは、前述した藤田敬一のごとく、とりあえずは「差別する側」「差別される側」の二分法を克服するために「個々の解き放たれた関係」によりどころを見出すという立場である。さらにもう一つは、「部落民」であることを再確認しアイデンティティを取り戻そうとする立場であった。

「部落民」のアイデンティティは、内田龍史が指摘するように「時々に「部落民」を必要とした社会構造・権力・部落外の人びとによって、当事者の側からは部落解放運動によって、それぞれの言説実践のせめぎ合いの中で構築されてきたもの」にちがいない［内田二〇一〇：二八四］。「部落民」に求められたのは経済成長の担い手となることであり、当事者の側は、市民的剥奪の状態を打開する闘いの担い手としての自覚を必要とした。その両者の意図が折り合って実施されてきたものの一つに、内田が、部落解放運動の次代を担う部落の子どもたちに対する「部落民」としての期待が純化したかたちで現れたものとして注目する部落解放奨学金制度がある。これは、同和対策（のちに地域改善対策）高校・大学等進学奨励金制度として確立されたもので、一九五六年の大阪市における「なにわ育英費」を嚆矢として徐々に各地で設けられ、六六年に文部省が「同和対策高等学校等進学奨励費補助事業」を開始することにより、高校・高等専門学校への進学者に支給されることになったものであった。一九七四年には大学への奨学金補助もはじまった。

そのような就学支援の広がりのなかで、期待される「奨学生」像も変化を遂げていく。すなわち、当初、若者たちは市民的権利の剥奪を自覚しその回復を求めて立ち上がることが期待されており、差別のまなざしによって規定される否定的なアイデンティティ形成をしていたが、その状態からしだいに、奨学金制度それ自体も運動に立ち上がった部落民の先達が勝ち取ってきた成果であることが提示されることによって、肯定的なアイデンティティを獲得するにいたる［内田二〇一〇］。そうしてそれらが、一九五三年の全国同和教育研究協議会結成を機に本格的に始動していった部落解放教育運動とも密接に結びつきながら、「部落民」としての「誇り」に支えられて部落解放運動の担い手を育てることを目指しつつ展開されてきたのであり、またそれらを下支えする意味ももちながら、啓発の場でもさかんに「部落民の誇り」が語られてきたのであった。

一九八六年に公開された大阪の被差別部落を舞台にしたドキュメンタリー映画『人間の街――大阪・被差別部落』（監督小池征人）は、まさにその一つであったが、そのように位置付けられるはずのこの作品でさえ「誇り」一辺倒ではありえず、ほころびが端々に現れ、それがまた訴えかける力ともなっている［黒川二〇一一b］。すなわち、「誇り」のみで部落問題の語りを完結させることは不可能であり、にもかかわらず、しばしば啓発や同和教育の場では、「誇り」に特化した語りが求められるのである。

## 3 ウーマン・リブとフェミニズム

### 「女」の復権――ウーマン・リブ

男女をとりまく前章で述べたような状況と、一九六〇年代後半からのアメリカでの女性運動の高揚の影響を受けつつ、七〇年代初頭にはウーマン・リブの運動が立ち上げられた。

それを担った一人である田中美津は、運動を始めた当時を振り返り、このように述べる。「今でこそ死語になったけど、「女だてらに」、「女のくせに」とかの言葉が何をやっても付いてくるような時代。女に対する抑圧が吸ったり吐いたりの空気にまで入り込んでくるような時代に始めたリブの運動。もうメチャメチャバッシングされました。マスコミはもちろん、「新左翼」からも嘲笑されて……」。それにもかかわらず、リブは、「ダブル・スタンダード、二重規範、裏と表、ホンネとタテマエ、そういったところに立たないメッセージだから伝わったのではないでしょうか」という。彼女の語りのなかでくり返されるのは、「私以外の何者にもなりたくない」ということであり〔田中二〇〇四〕、樋口恵子はそれを「〝女の痛覚〟を出発点に」したものと言い当てた〔鹿野二〇〇四〕。

田中には、一九七五年の「国連のお墨付きを得て行政が後押し」した国際婦人年以後のある種の安全地帯に入ってしまった運動への不信もあった。「夫との関係、家族のかたち、それらは旧態依然で、外に出ると男女共同参画社会の推進という、そんな本音とタテマエのダブル・スタンダードに立ったところに運動があるならば、国際婦人年以降の運動が年々パワーレスになっていったのは当たり前じゃないか」と田中はいう〔田中二〇〇四〕。

千田有紀は、「引き裂かれた「女」の全体性を回復していく方法論が、リブの思想の真骨頂である」、すなわち、「「わたし」という存在を考える際に、この社会で「女」として処遇されるということを中心に見据え、さまざまに断片化された属性、経済的、人種的、さまざまな属性を「女」であることによって結びつけ、さらにその分断を乗り越えていこうとした」と総括している〔千田二〇〇四〕。リブを掲げる人たちは、自らの主張を理路整然と解き明かすこととは無縁で、かつ「本音」

でぶつかり虚偽性を容赦なく引きはがすがゆえに、リブの運動には揶揄《やゆ》や嘲笑がつきまとった。鹿野政直は、女性史もまたリブに対して正当な位置づけを欠いてきたことを指摘し、「現代日本女性史」のなかでリブの復権をはかった〔鹿野二〇〇四〕。

ちなみにそうしたリブの運動の真っ只中に大学生だった上野千鶴子は、「全共闘からわたしが学んだのは、ひとりになること、であった。〔中略〕だから東京方面で女たちがリブというものを始めたと伝えきいたとき、運動にもコレクティブにも、すでにじゅうぶんに猜疑心《さいぎしん》をもっていたわたしは、遠くのできごとのようにそのニュースを聞いた」という。その後、「それぞれに悩みを抱いた魅力的な女たち」との出会いを経て、上野はなお「わたしはひとりであることを少しもおそれていない」と言い放ち、今日に至るまで鋭角的な問題提起を行ってきたのだといえよう〔上野千鶴子「ひとりになること」〔女たちの現在を問う会一九九六〕〕。

## 「主婦の問題」

主婦論争ですでに女の問題の枢要な軸として「主婦」が対象化されつつあったが、それをいっそう追究したのが、国立市公民館職員の伊藤雅子であったと考えられる。伊藤は、一九七一年一二月から翌七二年三月にかけて、国立市公民館で「私にとっての婦人問題」と題する市民大学セミナーを開催した。「企画者としてはメンバーには既婚女性を中心に想定し、そのフィールドを「主婦である」ところにおきたいと意図していた」。それは参加者が主婦だからというのではなく、「主婦の問題は、女の問題を考える一つの基点である」がゆえに「主婦をこそ問題にすべきだと考えるからだ」と伊藤はいう。すなわち「少くとも多くの女は、主婦であることとの距離で自分を測って」おり、「良くも悪くも主婦であることから自由ではない」のである。伊藤は、既婚者も未婚者も含めて大多数の女性がとらわれている「主婦」という立場に焦点を合わせることで、女性がぶつかっている普遍的な問題を抉り出そうとしたのである。

既存の女性問題の取り上げ方についても舌鋒《ぜっぽう》鋭く、「教育委員会や公民館などで行なわれる従来の婦人教育の常識は、妻・母・主婦といった役割の中に女の「生」を限定し、その役割にいかに適応させるか、その中での女自身の違和感や焦躁《しょうそう》をいかになだめるか、不満や疑問からいかに気をそらせるかにあったように思えてならない」と批判が投じられる。伊藤は、「まず、問題を女の外（たとえば封建遺制や貧困など）に求めるよりも、日常生活や女自身の意識のひだにまぎれこんで女を縛っているものを洗い出し、内在する矛盾と外的な状況との関わりをたどりながら差別の相貌を見ることの重要性を説いた〔国立市公民館市民大学セミナー一九七三〕。一九七〇年前後のマルクス主義が社会運動・社会問題の把握に大きな影響力をもっており、〝敵〟を外にのみ求めがちだったのに対して、本人の意図とは別に、そうしたあり方に警鐘を鳴らす意味ももちえたであろう。そしてそれ以上に、「よき母としての心がまえを説いたり、家庭円満の秘訣を授けたり、教養の世界を浮遊させたり」といった既存の「婦人教育」のまやかしにとらわれないためでもあった。伊藤は、「女が学ぶことの上でいま最も欠けているのは、女が女であるがためにうけている抑圧や差別の事実を女自身が直視することではないだろうか」と問いかけてやまなかった〔国立市公民館市民大学セミナー一九七三〕。こうして「主婦」という女の「基点」にメスが入れられていった。

「女と子ども」という女を縛る母性に視点を据える伊藤は、高度経済成長が生み出した「二〇代後半、結婚して数年まで、都市の、サラリーマンの、無業の妻であり、一日のほとんどすべてを乳幼児とともに家庭の中ですごしている母親であり、核家族の主婦である女性たち」を念頭に置き(五八頁)、その実態を以下のように洗い出す。

彼女たちの多くは、ごくふつうのOL生活の中でひたすら結婚を目標に暮らし、結婚イコール家事専従の生活にさほど抵抗を感じないし、少なくとも子どもを育てることと仕事は対立すると考えているのであっさり退職してしまいます。喜び勇んで辞めるという言い方が妥当かもしれません。「仕事を辞めなければなりませんでした」という人も、「自分の人生を結婚までの期限つきで考えていた。結婚するまでに、せいぜいやっておこうとは思ったけど、自分の生き方と結婚とつなげては考えられなかった。そして、そのことに疑問をもたなかった」と述懐しています。このようにして結婚した彼女たちは、人生の目標を達成したようなもので、この先なにをするともしたいとも考えられなくなってしまいます(六五頁)。

そしてそういう実態に至らしめているのは、「母性信仰」すなわち「子どものため」という考え方であるという。そうして、その女性たちが「中断・再出発」というところに打開の道を見出そうとすることについても、伊藤は勇気をもって警鐘を鳴らす。「こういう状況を考えると、私は、子どもを生み、育て、心身ともに子どもに縛られている一番大変な時期であっても、否、その時期のまっ只中にいるからこそ、女は、社会的存在としての自分を執念深く確保しておかなければならないし、自分自身を外へ、外へとつきとばすほどにしておかなければあぶないことになる、一生を棒にふる、という気がしてならないのです」。夫たちは子どもを育てるときだけ待てばいいというが、それはノーだという。「子どもを生んだり育てたりの最中にある女が、事実上社会からしめ出され、中断・再出発のコースをおしつけられていることについて、女の側だけでなく子どもの側から考えてみても、どうしても積極的な意味を感じとることができません。むしろ人間的成長という観点からは、女にも子どもにも不自然でしかない」といい、それは「この時期のすごし方がその後の生き方を方向づけるから」だという［伊藤二〇〇一：七六―七七］。働く女性の立場から「専業主婦」に問題を投げかけることは、ともすると女性の分断と受け取られかねないため、なかなか表に出なかったが、伊藤はその壁を乗り越え、大多数の女性が抱えている問題をみごとに言い当てたといえよう。

## リブからフェミニズムへ

千田有紀は、リブを貶《おとし》める意味合いをもちながら登場したのがフェミニズムという言葉であったという［千田二〇〇四］。広義のフェミニズム（女性解放論）は当然にしてリブを含むが、リブの運動のあとに、国際婦人年、女性差別撤廃条約の締結（一九八五年）など世界の動きに押されつつ、フェミニズムの運動や思想、学問が浸透していった。フェミニズム、そしてその学問分野としての女性学を打ち立ててきた人たちが、当時を振り返りつつ、「マルクス主義フェミニズムとかエコロジカルフェミニズムとか、やたらカタカナが氾濫していたることに文句をつけた」（加納実紀代）といい、「輸入の論争」（井上輝子）からスタートしたと回想しているように、そうした側面をもっていた。しかし、女性学の牽引者のひとりである井上輝子が、「女性がやれば女性学なのか、女性についてやれば女性学なのか」「やはり、現状変革という批判的な視線から研究するのでなければ女性学とは言えない。それをフェミニズム視点と言い換えるなら、私も賛成なんです」と語っているが〔「座談会 東大闘争からリブ、そして女性学、フェミニズム」〔女たちの現在を問う会一九九六〕〕、フェミニズムという言葉は徐々に根を下ろし、それとともに、とりわけ一九八六年施行の男女雇用機会均等法を機に、女性の雇用の差別的なあり方が改めて問い直され、他方でまた、結婚を唯一としない非婚、シングル・ライフ、事実婚などの多様な生き方や、夫婦別姓などの問題も提示されていった。

## 仕事と子育て――アグネス論争から

一九八七年から翌八八年にかけて話題を呼んだいわゆるアグネス論争は、女性の職業進出が進み、結婚し子育てをしながら仕事を続ける女性が増えてきたなかで投げかけられた問題であった。一九八七年、歌手・タレントのアグネス・チャンが生後三カ月になった第一子を連れて出勤したことがマスコミに取り上げられ、賛否両論、議論を巻き起こした〔チャンほか一九八八〕。

落合恵美子は、この一件は、「近代家族」がもたらした「子供の私物化、子供の家庭への囲い込みの体制が限界に突き当たったことをさまざまな角度から照らし出し」たものであったと分析する。しかし、論争は、落合が「現在の日本社会が直面しているいくつかの大きな問題（マスコミ、働く女性、在日外国人）が、どれも歪んだかたちでここに顔を揃えている」と述べているように、実際にアグネスの言動は歪めて報じられ、議論された。その詳細は落合の分析に譲るが〔「アグネス論争」一九八八〕、落合が指摘するようにアグネスは職場に託児所をという提案もしており〔落合一九八九〕、また、その主張のなかに母性神話にからめとられかねない危うさなどを含みながらも、「生まれた子どもをどうするのかというのは、やっぱりその女性だけが考える問題じゃないんだなあと最近は痛感しました。女性運動は女性だけやっては何の意味もないんです。女性運動はむしろ男性運動だと思います」〔「アグネス論争」一九八八〕と述べるなど、自分のやり方が普遍性をもたないということは百も承知であったばかりか、彼女にとっても子連れ出勤は、緊急避難的な対応にすぎなかった〔落合一九八九〕。そのようにアグネスは、働く女性が共有しうる問題として提起しようとしていたにもかかわらず、アグネスの足を引っ張ろうとする意図が見え隠れする記事や林真理子・中野翠らの発言が一定の力をもつメディアのなかで取り上げられたのは、それらが大衆の心情を代弁する側面をもっていたからであろう。すなわち、自ら性別役割分業を是として引き受けながらも、けっしてその状態に満足はしていない〝主婦〟たちの憤懣《ふんまん》にほかならない。すでにみた「女子学生亡国論」に示されるように女性の大学進学率も上昇し、高学歴でありながら結婚・出産により離職を余儀なくされたり、あるいは自らが選んだつもりでも〝主婦〟として家庭に引きこもることに満たされない思いを抱いている女性たちが、そうした批判を支えていたのではなかろうか。あるいは、育児をしながら仕事を続けてはいるが、アグネスのような子連れ出勤など望むべくもなく、両立の苦労は夫よりも自らに重くのしかかるという非対称に置かれた女性たちの不満もあったであろう。

## 4　命を見つめて

## 障害者／健常者

一九七〇年五月二九日、障害者運動にとって大きな転機となる事件が起こった。横浜市の女性が脳性マヒの自分の子どもをエプロンの紐《ひも》で絞め殺し、同年一〇月、横浜地裁はこの女性に懲役二年執行猶予三年の判決を下した。一九五七年に脳性マヒ（CP）者の運動として東京で立ち上げられた青い芝の会は、この事件を機に、「その運動の中から私達のような重度障害者は今の社会においていかに疎外され、その存在すら無視されているかを改めて思い知らされました」〔横塚二〇〇七：六三〕という横塚晃一らの参加を得て運動を高揚させていき、一九七三年には大阪青い芝の会が、そして同年九月全国青い芝の会総連合会ができることとなった。一九三五年に生まれ、脳性マヒとして生き、七八年に四二歳の生を閉じるまで青い芝の会の運動を率いた横塚晃一の声に耳を傾けてみよう。

高度経済成長以来の「働くことだけが正義であるという風潮」を批判しつつ、横塚はいう。「エリートには金をつぎこみ、国家の役に立たない者は大隔離施設へ〔中略〕という労働力確保を目的とした権力者の意志と、施設さえあればこの悲劇は救えるという肉親達〔大衆〕の要求とが妙にガッチリ結びついて巨大なコロニー網の建設へとすすんでいった。施設がない故の悲劇に同情といった場合、殺した者の悲劇であり障害児をもつ家族に対する同情であった。そこで一番大事な筈の本人〔障害者〕はすっぽりぬけ落ちていたのである」と。そうして「重症児〔は〕『殺されてもやむを得ない』とするならば殺された者の人権はどうなるのだ」と問い、「我々障害者はおちおち生きてはいられなくなる」というような「我々の生存権を主張した運動」を突きつけた。さらに彼はいう。

「なおるかなおらないか、働けるか否かによって決めようとする、この人間に対する価値観が問題なのである。この働かざる者人に非ずという価値観によって、障害者は本来あってはならない存在とされ、日夜抑圧され続けている」と［横塚二〇〇七：四〇―四二］。横塚は、この運動をとおしてすでに、既存の運動が「健全者に近づきたいという精神構造からぬけだしていない」ことに気づき、「私達脳性マヒ者には、他の人にない独特のものがあることに気づかなければなりません。そして、その独特な考え方なり物の見方なりを集積してそこに私達の世界をつくり世に問うことができたならば、これこそ本当の自己主張ではないでしょうか」と提起していたのである［横塚二〇〇七：六五―六六］。

そんな運動の渦中にあって、一九七二年、前述した優生保護法改正案が国会に提出された。それは中絶を認める「経済的理由」を削除し、「母体の精神又は身体の健康」という医学的理由への変更を求めると同時に、「胎児が重度の精神又は身体の障害の原因となる疾病又は欠陥を有しているおそれが著しいと認められる」場合には中絶を認めるといったいわゆる胎児条項を設けた。これらは、「一九六六年に兵庫県から始まった、母子衛生政策の一環として羊水検査を導入し、障害児の出生を減らそうとする「不幸な子供の生まれない運動」の広がりとも無関係ではなかったであろう」とされている［荻野二〇〇八：二六八］。

荻野美穂は、これに異議申立てをした「青い芝の会の運動に特徴的だったのは、国家の手による優生政策ばかりでなく、いわばそれに呼応し下支えするものとして、一般社会や個人（そこにはときには障害者自身も含まれる）の内部に存在する障害者否定の思想を鋭く問題化したことで、彼らはこれを「内なる優生思想」と呼んだ」と総括する〔荻野二〇〇八：二七〇〕。この法案は結局廃案となるが、最初に国会に提出された段階で横塚は、「この法律でいうところの不良な子孫とは一体誰にとっての不良なのでしょうか。生産第一主義の社会においては、生産力に乏しい障害者は社会の厄介者・あってはならない存在として扱われてきたのですが、この法律は文字どおり優性（生産力のある）は保護し劣性（不良）な者は抹殺するということなのです」と問いかけた。そうしてこのような提案を行うのも権力者であるとし、「権力とは常にある少数の者を悪として社会から排斥することによって、他の多数の者に優越感と差別意識を植え付け、幸福幻想をばらまきながら大衆を自らの都合のいい方向へと動かし、その上にのって自らの立場を強化するものです」と断じ、そこには福祉政策なども含めて権力への幻想は微塵もない（『あゆみ』一六号）〔横塚二〇〇七：一二九―一三二〕。

金満里もまた、以下のような思いをもって運動に関わっていった。「「障害者はかわいそうでしょ。障害者は生まれてこないほうが幸せでしょ」とたたみかけられると、誰もが迷わず「うん」と答える。私が幼い頃、「歩きたいやろ？ 歩きたいと思わへんのか？」という言葉に、じっくりと自分の本心を考える間もあたえられず、条件反射的に「うん」と答えさせられていたのに似て、「これは常識だ」「社会の通念だ」と押し寄せてくるものに対して、人は無防備にさせられているのだ。このことに気づき、怒りを持ったことが、私の生きる大きな力となった。反対集会で一人の障害者が発言した「また生まれ変わるとしても、自分は障害者がいい」という言葉に、目がさめるような感動をおぼえた。これは私にとって大きな転機となる出来事だった」〔金一九九六：一〇二〕。そうして金は「CP者の立場ではないが、障害が重度だったことと、彼らと共に現実を見据える目を養ってきた立場として、CP者以上の活動家になっていった」[金一九九六：九九]。金は、「当時の障害者をとりまく状況は、私の施設時代や高校探しの過程を思いだしても、やはり今とは比べものにならないひどさであった。施設を充実させることが障害者福祉だとばかり、施設収容政策一辺倒で、障害者が町に出るなんて考えられなかった時代に、収容される側、とりわけ健常者からほど遠いCP者たちが、障害者であることを全面的に肯定宣言した運動を繰り広げたことは、私たち障害者にとってどれほど救いとなったことか」とその運動の意義を総括している[金一九九六：九八—九九]。運動の担い手でもあった金自身がいうように、「青い芝の、障害者自身による激しい自己主張運動は、健常者中心文明の価値の転換を迫る運動」にほかならなかった[金一九九六：九九]。

金は、一九八一年の国際障害者年について、「上半身は健常な中途障害者(生まれつきではなく、事故などで障害を負った人)が頑張る姿の美しさを強調するといったステレオタイプなものばかりだった」[金一九九六：一六八]としてその虚偽性への怒りと失望を機に、劇団「態変」の立ち上げに向かっていく。一九八三年の旗揚げ公演で上演された「色は臭へど」は、「優生思想を撃つものとして意識」してつくられたものだった。金はいう。「誰が止めようとしても、社会の「異物」として排除される存在は、世の中に産まれつづけるのだ。海底のように見えた深海は、そのまま子宮という想定でもあった。そこで色とりどりに展開された人間模様は、まだ産まれ出ない胎児たちの夢。それに取り囲まれしだいに侵食されていくのが、社会とでもいったところだろうか」[金一九九六：一八五—一五六]。

### 「水俣病は社会病」

「水俣病は終っていない」。これは、医師として水俣病の追究を続けてきた原田正純の著書（岩波新書、一九八五年）の題名である。原田は、一九七二年にすでに『水俣病』（岩波新書）を世に問うており、そこで、「水俣病は決して終っていない。ここには、社会的にも医学的にも今から新しく手をつけねばならない問題がまだまだ山積みされている」と訴えた。そしてそれから十余年を経た二作目においても、「悲しいことだが、私はこの本を再び「水俣病は終っていない」で終らなければならない」と記した。両書ともに終章のタイトルは「水俣病は終っていない」なのである。一九八五年の著書のなかで原田は、前著刊行当時を振り返り、「奇《く》しくも、この年は水俣病の歴史によって、一つの節目というべく重要な年であった」と述べる。国連人間環境会議の開催、熊本大学第二次研究班による不知火海沿岸住民の一斉健康調査の開始、認定患者の倍増、第一次水俣病裁判の結審（患者勝訴）などが相次いだ一方で、「はっきり見える従来の被害から、内在した、見えにくい被害がその中心となり、視覚的、直観的、感覚的な公害から潜在的、理論的、実証的な公害への移り変わる時期でもあった」という［原田一九八五：二一八］。

周知のように水俣病とは、熊本県水俣市にあるチッソ水俣工場の水俣湾に排出したメチル水銀化合物が原因で、水俣湾を中心とする不知火海沿岸で魚介類を食べた人びとに、知覚障害、視野狭《きょう》窄《さく》、歩行障害、マヒ、痙攣《けいれん》から死亡にいたるまで様々の症状が生じたものである。それ以前から環境汚染が進み、ネコやイヌなどが死亡する被害は出ていたが、一九五六年、五歳の女児の発症をきっかけとして水俣保健所に正式報告されたのが、水俣病正式発見の日となった［原田一九七二：二］。

さらに、水俣病の問題を世に知らしめる大きな力となった作品の一つに、石牟礼道子『苦海浄土——わが水俣病』(講談社、一九六九年)がある。

水俣病についての詳細は原田や石牟礼らの一連の著作に譲るが、水俣病の患者たちは、被ばく者と同様、病気による苦痛に加えて、社会的な差別を背負わされてきた。それだけではない、そもそも被害を被ったのは下層に位置づけられてきた漁民たちであり、なかでも胎児、幼児、老人、病人たちに集中した。しかし、チッソはなんら有効な対策を講じることなく原因も明らかにせず、行政も長らく無策であった。そればかりか、一九五九年、患者認定制度が実施されたことにより、症状に苦しみながらも患者として認定されない被害者を多く生み出すこととなった。苦しみを共有しながらも、「患者」とそうでない者の境界がつくり出されたのである。また一九六二年には、死亡した女児の解剖により胎児性水俣病の存在が明らかとなり、これまで放置されてきた子どもたちが認定された。

患者たちは、救済を求めつつも、一方で水俣病であることを隠蔽しようとした。一九七三年、天草郡有明町に患者がいると報じられると、当地の人びとは、有明海の魚が売れなくなることを恐れて、患者であること、汚染があることを懸命に否定した[原田一九八五：七四―七五、八九]。水俣病では、先に述べたように胎内で母親の水銀を吸い取って生まれてくる胎児性の患者が数多く発生しているが、原田は「水俣病とはいかに恐ろしいものであるか、再びくり返してはいけないことを強調するあまり、患者たちが、とくに胎児性の患者たちがいかに一桁の計算ができないか、字が書けないか、動作が拙劣か、何もできないかを強調しすぎた。そういった時代の背景や要請があったにしろ、また、そのことが厳然たる事実であるにしろ、今、私はそのことを恥じている。失われたものもきわめて大きい一方で、残されたものの美しさ、素晴しさにもう少し目を向けるべきだったと思う」との反省を述べる〔原田一九八五：一二七―一二八〕。このようなジレンマは、前章で述べた部落問題をはじめとして、つねに問題の深刻さを訴えようとする際につきまとう。

原田は、医師として患者に対する、その非対称な関係性についてもたえず問い続けている。患者が患者と「認定」されるためには、苦痛を押して検診を受けなければならない。原田は、「治療行為に結びつかない診断は医学または医療といえるのだろうか」と問う〔原田一九八五：一三九〕。その際に、認定を受けたいがために患者が嘘をいっているのではないかという嫌疑が飛び交うことがあり、その点について原田は、「それこそ客観性はなく、己れのことを「自分だったら嘘をつく」と告白しているにすぎないことを知っておく必要がある」と投げ返す〔原田一九八五：一三八〕。第一次訴訟の患者勝訴もあって認定患者が増える中、一九七五年には、県議会公害対策特別委員会の委員の一部から、「認定申請者のなかには補償金目当てのニセ患者がたくさんいる」「認定審査会はこうしたニセモノとホンモノを見分けるのに苦労している」という発言があったことが『熊本日日新聞』に報じられた。申請者たちは名誉毀損《きそん》訴訟を起こし、環境庁・県はそうした発言の存在を否定して隠蔽しようとした。一九八〇年、熊本地裁はそれを報じた『熊本日日新聞』の記事が正確であることを認めた。この事件は、「被害者を苦しめ続けてきた差別や偏見の存在をあらためて浮き彫りにしたばかりではなく、行政機構が持つもう一つの顔をあぶり出した」のであった〔高峰二〇一三〕。

うずまくそうした偏見のなかで、一九七五年、水俣高校で事件が起こった。校内弁論大会で、

「水俣病という名前に対して」という題で行われた弁論が県代表に選ばれたが、県大会ではその内容に問題があるとして集録から削除された。にもかかわらず、卒業記念誌には掲載され、問題となったのであった。そこには、小学校のときの修学旅行で水俣病といってバカにされたため喧嘩になったことに始まり、水俣出身であるというだけで結婚が解消された人の話を述べて、「水俣病と名づけた人は、はたして水俣に住んでいる人の気持を考えて名づけたのか」と記されていた。さらには、患者たちは会社を責め補償金を要求して騒ぎ、おカネをもらって楽な生活をしているとの非難も加えられていた〔原田一九八五：一九六―一九七〕。当事者の苦悩に目を向けることなく、補償や対策事業を受けるその現象にのみ目を向けてあたかも利権を貪っているかのように批判をする、それは部落問題にも顕著に表れてくる問題であった。そうした点も含めて、水俣病は「社会病」であり「政治病」なのである〔原田一九八五：一七八〕。

## 5 「単一民族論」という幻想

### 首相の差別発言

一九八六（昭和六一）年九月二二日、首相中曽根康弘は静岡県函南町《かんなみ》のホテルで開催された自由民主党全国研修会の場で講演し、多くの情報が正確に伝わる日本の優位性や日本人のアイデンティティについて言及した文脈のなかで、次のような発言を行った。

日本はこれだけ高学歴社会になって、相当インテリジェント（知的）なソサエティー（社会）になってきておる。アメリカなんかより、はるかにそうだ。平均点からみたら。アメリカには黒人とかプエルトリコとか、メキシカンとか、そういうのが相当おって、平均的にみたら非常にまだ低い。〔中略〕驚くべきことに徳川時代には識字率、文盲率は五〇%ぐらい。世界でも奇跡的なぐらいに日本は教育が進んでおって、字を知っておる国民だ。そのころ、ヨーロッパの国々はせいぜい、二〇―三〇%。アメリカでは今でも黒人では字を知らないのが随分いる(『朝日新聞』一九八六年九月二七日)。

中曽根は、日本の教育の質の高さを誇らしく力説する余り、アメリカのアフリカ系やヒスパニックへの人種差別意識を露呈した。この中曽根の発言は「知的水準発言」と報道されたが、中曽根は、この講演のなかで、テレビで政治について語っても、女性はネクタイの色や服装などに注目し、話の内容は「覚えていないらしい」と、女性を蔑笑していたので、「人種差別・女性差別発言」と言うべきものであった。

当然、アメリカでは人種差別発言だと問題視され、議会でもアフリカ系やヒスパニック系の議員から発言撤回を求める抗議の声が上がった。これに対し、二四日朝、中曽根は記者団の質問に答え、問題となった発言について人種差別の意図はないと釈明するために「米国はアポロ計画や戦略防衛構想(SDI)で大きな成果を上げているが、複合民族なので、教育などで手の届かないところもある。日本は単一民族だから、手が届きやすい、ということだ」と釈明した(『朝日新聞』一九八六年九月二四日夕刊)。

この問題は開会中の第一〇七回国会でも追及された。九月二五日、衆議院本会議で、中曽根は、自民党全国研修会での発言は「日本は単一民族であるので比較的教育は行いやすく手も届いておる面もあるという趣旨」のもので、「人種的差別とか他国を批判する考えは毛頭ない」との釈明を繰り返した(『第百七回国会衆議院会議録』五号)。さらに、一〇月三日、衆議院予算委員会で、不破哲三(日本共産党・革新共同)が、今回の発言は「中曽根首相の日本民族優秀論というものと不可分に結びついている」と指摘、単なる失言ではなく、中曽根の狭隘な国家主義思想に基づく発言だと追及した。これに対し、中曽根は「私は、やはり日本民族は同質性を持っている、ほかの国家も同質性を持っている国もありますけれども、日本はそういう面では同質性の強い民族の一つである、これはやはり客観的事実であろう」と答弁、ここでも日本民族の同質性＝単一民族論の主張を繰り返した(『第百七回国会衆議院予算委員会議録』一号)。

そもそも、日本を単一民族の国家とする認識は、植民地を失うことで、「国内の非日系人が一気に少数となった」戦後に形成された「神話」に過ぎないが[小熊一九九五：三六二―三六四]、この打ち続いてなされた「日本は単一民族」とする発言はアイヌ民族の抗議を招く結果になった。一〇月一七日、北海道ウタリ協会は、札幌市で開いた理事会で抗議する方針を確認した。さらに、一九八〇年に日本政府が国際人権規約に関して国連に「日本に少数民族はいない」と報告していることにも訂正を求め、国連本部に対し、アイヌ民族の存在を認めるように請願書を提出することも決めた(『朝日新聞』一九八六年一〇月一八日)。中曽根のアフリカ系やヒスパニック系の人びとへの差別発言は、国内のアイヌ民族の存在を否定する差別発言へと拡大したのである。

一〇月二一日、衆議院本会議で、児玉健次(日本共産党・革新共同)は、この点について「日本における戦前の大東亜共栄圏思想、ナチスドイツが行ったゲルマン民族の純血性、単一性の強調を思い起こすならば、総理の単一民族発言は、一国の総理として、アイヌの方々を初め他民族で日本国籍を取得された多くの方々の存在を無視、黙殺するという、許すべからざるものである」と追及したが、これに対する、中曽根の答弁が、さらに問題を深刻化する結果となった。それは、以下のような発言である。

私は、日本におきましては、日本の国籍を持っている方々でいわゆる差別を受けている少数民族というものはないだろうと思っております。国連報告にもそのように報告していることは正しいと思っております。大体、梅原猛さんの本を読んでみますというと、例えばアイヌと日本人、大陸から渡ってきた方々は相当融合しているという。私なんかも、まゆ毛は濃いし、ひげは濃いし、アイヌの血は相当入っているのではないかと思っております（『第百七回国会衆議院会議録』七号）。

中曽根が展開しているのは、典型的なアイヌ「同化」論である。中曽根は一一月四日にも、衆議院予算委員会で伊藤茂（日本社会党）の質問に答えて「日本列島には北から大陸からあるいは南から大勢の人たちが入ってきて、そして融合して今の日本民族というものはできてきておる。（中略）しかし憲法に規定している法的、制度的における平等の権利というものは保障されておって、国連人権規約二十七条によって、権利を否定されたり制限されている少数民族というものは我が国にいない」と明言した（『第百七回国会衆議院予算委員会議録』三号）。中曽根の「単一民族論」は、日本民族純血論ではない［小熊一九九五：三九九］。日本列島の先住民が流入してきた他民族を融合させて一体化したという論理である。そして、それゆえ、アイヌは多数派日本人に「同化」してしまい、もはや民族として消滅し、日本には差別されている少数民族は存在しないと論理が展開される。しかし、ここで中曽根が、まゆ毛やひげが濃いから自分にもアイヌの血が流れているかもしれないと述べたことが大きな問題となった。北海道ウタリ協会理事小川隆吉は「毛深いという身体的特徴は、学校でのいじめや差別の原因になることが多く、アイヌなら絶対に口にしない。一番触れられたくない問題だ」と中曽根の認識不足を指摘した(『朝日新聞』一九八六年一〇月二二日)。

一〇月二二日、この問題は衆議院法務委員会でも追及された。安藤巌(日本共産党・革新共同)が、アイヌ民族に対する差別の実態を質すと、答弁に立った法務省人権擁護局長野崎幸雄は、アイヌが毛深いと差別されている事実を認めたため、安藤はさらに法務大臣の認識を追及、法相遠藤要は「総理に対して差別的な言動は十分御遠慮願いたい」と要請することを約束した(『第百七回国会衆議院法務委員会議録』一号)。政府内部でも中曽根発言の差別性を認めざるを得なくなっていた。

## 繰り返される「単一民族論」

この一連の中曽根の差別発言問題は、結果としてアイヌ民族への差別に対する社会的関心を高めた。一九八七年の国連への二回目の報告では、日本政府はアイヌを少数民族として認め、二〇〇八年六月六日、第一六九回国会の衆参両院で「アイヌ民族を先住民族とすることを求める決議」を全会一致で可決、衆議院で官房長官町村信孝は、決議を受けて、アイヌ民族を北海道の先住民として認め、かつアイヌ民族への差別の存在も認めるに至った(『第百六十九回国会衆議院会議録』三七号)。

しかし、認められたのは先住民としての存在に止まり、先住民としての権利については言及されなかった。そして、その一方では、以後も、宮沢喜一、山崎拓、平沼赳夫、麻生太郎、尾身幸次、伊吹文明ら首相・閣僚らによる「単一民族発言」は後を絶たず、そもそも「日本民族」の概念もあいまいなまま、日本の特異性や優秀性の根拠として単一民族国家という言辞もまた罷《まか》り通っていったのである〔岡本二〇一一：八三―八四〕。

また、中曽根首相の発言を機に、北海道旧土人保護法の存在にも注目が集まった。まだ、このような名称も内容も差別的な法律が残存している事実は社会に衝撃を与え、法の下の平等に反するこのような法の廃止とそれに代わるアイヌ新法の必要が叫ばれたのだが、現実に北海道旧土人保護法が廃止され、アイヌ新法が施行されたのは一九九七（平成九）年七月一日のことであった。アイヌ新法とは、「アイヌ文化の振興並びにアイヌの伝統等に関する知識の普及及び啓発に関する法律」で、アイヌ文化振興法と通称されるものであった。この法は第一条に、「この法律は、アイヌの人々の誇りの源泉であるアイヌの伝統及びアイヌ文化（中略）が置かれている状況にかんがみ、アイヌ文化の振興並びにアイヌの伝統等に関する国民に対する知識の普及及び啓発（中略）を図るための施策を推進することにより、アイヌの人々の民族としての誇りが尊重される社会の実現を図り、あわせて我が国の多様な文化の発展に寄与することを目的とする」と明記され、アイヌを「民族」として認めてはいるが、北海道における先住民族としての権利を認めるまでのものではなかった。アイヌの民族としての権利を認めるのではなく、文化に限定してその振興を図るものであった。

このアイヌ文化振興法が公布された翌年（一九九八年）の九月二四日、札幌地方裁判所にひとつの訴訟が提訴された。アイヌ人格権訴訟と呼ばれるものである。これは一九八〇年に、アイヌに関する文化人類学の研究者が『アイヌ史資料集』として、関場不二彦『あいぬ医事談』(一八九六年)と『余市郡余市町旧土人衛生状態調査復命書』(北海道庁警察部、一九一六年)の二書を復刻出版したことに起因する。前者は非売品、後者は部内資料として印刷されたもので、どちらも一般には市販されなかった資料である。前者には三六一名のアイヌ民族の氏名と医療情報、出身地や職業、年齢が、後者には余市在住のアイヌ民族一五三名の氏名と「遺伝梅毒」などの病名・病歴や職業などが、それぞれ記載されていた。そして、両者とも、アイヌ民族には梅毒が多く、それゆえ滅亡に向かっているという差別的な記述がなされていた。こうした書物が氏名やプライバシーに関する記載を伏せることもされず、さらに、資料についての解説・解題も付せられずに、復刻されたのである。

訴訟は、四名のアイヌ民族が原告となり、『資料集』の編者と出版社に損害賠償と本の回収、謝罪広告を求めたもので、原告のひとり北川しま子は、祖父母の氏名と病歴・病名が『あいぬ医事談』に掲載されており、名誉・プライバシーの侵害を訴え、他の三名は、五〇〇名を超えるアイヌ民族の氏名・病歴が公にされたことは自らがアイヌ民族として尊厳をもって生きる人権を侵害されたものであると主張した。弁護団では「原告らがアイヌ民族として生きる権利をこの図書が侵害するのではないか、と考え、人格権侵害、名誉の侵害として訴状を構成した」[秀嶋二〇〇三:一一二]。原告らは個人および民族全体に対する人権侵害を訴えたのである。

これに対し、被告の研究者は、一九九九年一二月九日、札幌地裁に「陳述書」を提出、そのなかで、原告がアイヌ民族の立場に立って訴訟を起こしたことについて、「そもそも「アイヌ」を民族的集団として位置付けること」には問題があると反論、「「アイヌ」または「アイヌ民族」としての人格権や名誉があるなどという主張は、単に偏した主観にもとづくもの」で「今日におけるアイヌ系日本国民を短絡的に「アイヌ」と自称、他称することは問題である」と主張した(『飛礫《つぶて》』編集委員会編『アイヌ ネノ アンチャランケ――人間らしい話し合いを』つぶて書房、二〇〇一年)。被告の反論は、アイヌは日本人に「同化」して、もはや民族としては存在しないのであるから、アイヌ民族としての人権侵害を訴えることはできないというもので、明らかに日本は単一民族だという論理に立脚したものであった。

こうして、法廷でアイヌの民族としての存在を認めるのか、日本は単一民族国家だという主張を認めるのかということが重要な争点となったのである。しかし、裁判所はこの問題への判断を回避した。そして、二〇〇二年六月二七日、原告個人には直接の被害は認められないとして訴えを棄却、原告は札幌高裁に控訴したが、判決は覆らなかった。

このように、事実に反した単一民族論は、現在、自らをアイヌ民族として自覚している人びとの存在をも否定するものとなっている。法廷もまた、この事実に踏み込むことを避けたのである。こうした日本の裁判所の現状を考えると、次節で述べるハンセン病国家賠償請求訴訟における判決は画期的なものとなろう。

# 第7章
# 冷戦後
## 国民国家の問い直しのなかで

戦後世界の枠組みは、冷戦の終焉によって大きく変容し、階級を軸とする社会のとらえ方に代わる人びとの括られ方の模索が行われてきた。そのなかで、これまで自明とされてきた「国民国家」の問い直しがはじめられ、「国民国家」から排除されてきたさまざまなマイノリティに光が当てられるようになった。それはハンセン病回復者、性的少数者、少数民族などの運動の立ち上げや高揚にもつながり、また、それら相互の連関が問われ、連帯が希求されていった。ジェンダーという概念の導入も、男女の問題を関係性においてとらえるという、視点の転換をもたらした。

他方、マイノリティの一定の権利の回復が行われるなかで、アイデンティティ、「誇り」を打ち出すことによって差別を克服しようとする動きも顕著となってきた。しかし、「人権」や「誇り」という聞こえのよい言葉に惑わされ、厳然と存在する差別の構造はかえってみえにくくなっている。

## 1　裁かれた隔離

### 高まる国際的批判

一九四八(昭和二三)年、ハバナで第五回国際らい会議が開催されるが、ここでは療養所とともに外来診療所の必要がうたわれ、「患者を特別な小島に隔離する事は無条件に責めらるべきである」と報告されている。そして、一九五二年、リオデジャネイロで開催されたWHOの第一回らい専門委員会の場でも、「らいは非常な伝染力のある病気であり、従つて患者は離れた土地に隔離せねばならないと云う古い考え方は、今日では妥当でない」と報告された。さらに、一九五三年にマドリードで開かれた第六回国際らい会議では疫学委員会が「新薬療法によつて進歩した事実にかんがみ、各国におけるらい対策の現行法、規則を改正すべきことを勧告」するに至り、その後も、五四年にインドのラクノーで開かれたMTL国際らい会議では医学委員会から「らいは伝染病である、故に患者は遠方に隔離されねばならないと云う古い観念は廃止しなければならない」と明言され、五六年のローマにおけるマルタ騎士団主催のらい患者救済及び社会復帰国際会議に至って、ハンセン病患者には特別な規則を設けず、患者は「結核など他の伝染病の患者と同様に、取り扱われること。従つて、すべての差別法は廃止さるべきこと」と決議されたのである(柳橋寅男・鶴崎澄則編『国際らい会議録』財団法人長濤会、一九五七年)。しかし、日本ではこうした国際的な潮流も無視して一九五三年に改正された「らい予防法」の下、絶対隔離政策が維持されたのである。

たしかに、プロミンなどの化学療法の成果により治癒する患者が続出したため、厚生省も現実的対応として「軽快退所」を認めるようになるが、その一方で、一九五八年一一月に東京で開かれた第七回国際らい会議の場で、厚生省医務局長小沢竜は「軽快退所者」の社会復帰の円滑化の必要とともに、在宅患者を「感染源」と断定し、その「早期に収容すること」の必要も力説しているのである(小沢竜「日本のらい療養所における社会事業」『第七回国際らい会議』)。「軽快退所」を認めつつも、強制隔離も継続されていたのである。軽快者の退所を認め、空いた定員枠に新たな患者を隔離収容したのである。このように、日本のハンセン病政策は国際的な潮流から大きく逸脱していた。

## 問われる国家

らい予防法がようやく廃止されたのは、一九九六(平成八)年四月一日のことである。そして、この日をもって優生保護法からハンセン病患者とその配偶者に対する断種・堕胎規定も削除された(優生保護法もまた同年七月、母体保護法に変わり、優生学的な断種・堕胎規定はすべて削除された)。しかし、らい予防法廃止の際には、国は九〇年の長きにわたってハンセン病患者の人権を奪ってきたことへの謝罪も賠償も行わなかった。三月二五日、第一三六回国会の衆議院厚生委員会で、らい予防法の廃止を審議した際、厚生省保健医療局長松村明仁は、法廃止が遅れた理由のひとつに「ハンセン病には古くから根強い差別・偏見がございまして、社会全体がらい予防法の廃止を受け入れ、または求めるだけの環境に至らなかったこと」をあげたほどであった。厚生省には、その社会の差別をつくったのが、法律「癩予防ニ関スル件」—癩予防法—らい予防法に基づく国の絶対隔離政策であったという認識は欠けていた。いや、そうした認識をもっていたにもかかわらず、あえてそのことには言及しなかったと言うべきであろう。

そこで、一九九八年七月、ハンセン病回復者一三人が原告となり、熊本地方裁判所にらい予防法違憲・国家賠償請求訴訟が提訴され、国に強制隔離への謝罪と賠償を求めることになった。この後、岡山地裁、東京地裁にも同様の提訴がなされ、原告は最終的に八〇〇人近くになった。そして、二〇〇一年五月一一日、熊本地裁は原告勝訴の判決を下し、国は控訴を断念、判決は確定した。

判決には、ハンセン病への化学療法が確立された一九六〇年以降、隔離は不要であったとみなし、この年以降、らい予防法の違憲性が明白になったと判断した点、戦後、アメリカの施政権下にあった沖縄のハンセン病患者への被害を軽視した点など、事実を誤認した重大な過ちがあるが、少なくとも隔離政策が人権侵害であったこととらい予防法に違憲性があったことを認めた点は画期的であった。熊本地裁判決は、国策として実行されてきた差別の誤りを限定的ながら指摘したのである。原告勝訴をマスメディアは肯定的に大きく報道し、国民も圧倒的に支持した。ハンセン病回復者への差別の解消は、新たな人権問題の課題として広く社会に認識された。そして、岡山地裁、東京地裁の訴訟も熊本地裁判決の内容をもとに和解した。

その後、同年六月にハンセン病補償法が成立し、隔離された経験をもつすべてのハンセン病回復者に原告と同様の補償を行うことが決定、二〇〇六年には、同法は日本の植民地時代に隔離された経験をもつ韓国と台湾のハンセン病回復者にも適用されることになり、二〇〇七年四月には、旧

「南洋群島」にも適用が拡大された。さらに、二〇〇九年四月からは「ハンセン病の患者であった者等が、地域社会から孤立することなく、良好かつ平穏な生活を営むことができるようにするための基盤整備は喫緊の課題であり、適切な対策を講ずることが急がれており、また、ハンセン病の患者であった者等に対する偏見と差別のない社会の実現に向けて、真摯に取り組んでいかなければならない」と前文に明記されたハンセン病問題基本法も施行された。

## よみがえる差別

このように、熊本地裁の判決以後、ハンセン病回復者の人権回復は進み、ハンセン病回復者への差別は解消に向かうかに見えた。しかし、現実はそのようにはならなかった。むしろ、熊本地裁判決を機に新たな差別が沸き起こったのである。なぜならば、熊本地裁判決への国民の支持は「隔離政策に末端で加担し、直接に「患者」家族を地域から排除してきたという自らの加害者としての責任にメスが入っていないがゆえに可能になった」ものであったからである［徳田二〇一四：二二四］。

二〇〇三年一一月一三日、熊本県の黒川温泉のホテルが、同県にあるハンセン病療養所菊池《きくち》恵楓《けいふう》園《えん》の入所者の宿泊を拒否した。ホテルの支配人は宿泊拒否が会社の意思であると明言した。しかし、このことが報道され、ホテルへの批判が高まると、ホテル側は態度を一変させ、二〇日、支配人が恵楓園の入所者自治会を訪れ、謝罪した。

当初、自治会側は、この謝罪を受容するつもりであったが、支配人は、宿泊拒否は会社ではなく自分個人の判断であったと述べたため、自治会側は事実の説明が異なるとして態度を硬化、謝罪受け入れを拒否した。ところが、このことが報じられると事態は一変した。自治会に対する差別的な手紙や電話が殺到するようになったのである。その数は、翌年三月二〇日までに、電話約一六〇件、手紙約一一〇件に達した。手紙のいくつかを紹介しよう。

　世の中一度も旅行はおろか自宅から一度も出られなくてもがんばって働いている人がたくさんいます。現に私の身内にもいます。何が苦労してきた人間ですか？　自分達の事ばかり言ってあきれます。生命があるだけでもありがたいと思いなさい。何度も手術しても直《ママ》らない痛い痛いおもいもしている人間はたくさんいます。おもいあがらないで下さい。

　ハンセン病入浴宿泊拒否問題が《ママ》毎日新聞で読んでいるが、私は始めは同情し恵楓園の方々の気持を察していたが、今度は療養所の代表が東京本社までいって抗議しているがあまり行きすぎと思い今では腹が立つぐらいになった。〔中略〕今この時季失業や病気などで一銭も収入がない家庭があるのに恵楓園の人は国から多額の補償金はもらうし毎日カラオケ、囲碁盆栽で遊んで私達の税金をつかっているがもう少し園側も考えてもらいたい（ハンセン病問題統一交渉団編『黒川温泉問題に関する資料』二〇〇四年）。

こうした差別的な手紙や電話の多くに共通するのは、〝これまではハンセン病回復者には同情していたが、ホテル側の謝罪を受け入れないというのは思い上がりで、そのようなことをする以上、今後は同情できない〟、あるいは〝国民の税金で生活しているのだから温泉に宿泊できなかったからと言って抗議するな、温泉にも行けない国民は大勢いるのだ〟という主張であり、まさにハンセン病患者は人権など主張せずに国に感謝して質素に暮らせと主張している。これは前述した朝日茂への誹謗とも共通するものである。

このような差別的な手紙や電話が自治会に殺到した事実は、ハンセン病回復者への差別意識の強さをあらためて痛感させるものであったが、そうした主張はけっして特異なものではなかった。熊本地裁判決以後、それまで「同情ある園長」や「同情ある支援者」を装っていた人びとの間からも同様の差別的言辞が発せられていたからである。そして、また、それは、かつて一九三六年、長島《ながしま》愛生園《あいせいえん》で入園患者が園側の取り締まり強化に反発して自治会結成を求めて園内労働を拒否した際（長島事件）、ハンセン病患者への同情を叫んでいた宗教家、社会事業家らが、患者に対し、〝感謝を忘れた思い上がりだ〟と激しく非難、攻撃した事実とも相通じるものであった。両者に一貫するのは、「人生そのものを奪い去られる被害を受けた人たちが、あくまでも同情されるべき存在として慎しやかに存在する限り、限りなく同情もするし理解もするが、「人並の言い分」を主張しはじめると身のほど知らずと嫌悪する」という姿勢であった［徳田二〇一四：一二六］。

ハンセン病回復者たちが、国に感謝し、質素に暮らしている限りは同情するが、人権意識をもち、国とたたかい、差別とたたかうならば、掌《てのひら》を返したように容赦のない差別を行うという構図に、ハンセン病回復者に対する差別の現実が示されたのである。ハンセン病患者、回復者の人権を認めない「同情論」は払拭できていない。そして、こうした「同情論」は、熊本地裁判決を否定する「まきかえし」論の根拠ともなっている。国や療養所の医師たちは患者のために献身的に尽くしてきたのに、それに感謝するどころか、人権侵害であると訴え、賠償金を手に入れた原告たちは道義に反

していると いう誹謗がなされた。熊本地裁判決後、あたかも、判決に挑戦するかのように、こうした新たな、しかし、その論理は旧態依然の差別が顕著になっていった。それはアカデミズムにも影響し、絶対隔離政策は不徹底であったとか、ハンセン病療養所は患者救済の「アジール」であったと唱える新たな議論が「ハンセン病問題研究のあらたな地平」だと脚光を浴びるようになった。

すなわち、ハンセン病療養所内ですぐれた芸術活動がなされたり、純粋な宗教への信仰が維持されたり、あるいは患者自治会運動が展開されたことを根拠に、絶対隔離とは異なるハンセン病のもう一つの歴史があるというのであるが、こうした主張をする人びとは、それらの種々の活動こそ、療養所内での生活を強いられた人びとがその生活に生き甲斐を求めた結果であり、絶対隔離政策と表裏一体のものであったことを見落としている。

こうした主張は、ハンセン病国家賠償請求訴訟の際の国側のそれと類似のものであり、学問的にも、また、判決でも克服された内容である。それが、今また、アカデミズムのなかで復活している。前述したイタイイタイ病における「まきかえし」と同様の現象がハンセン病をめぐっても起きている。人権を回復するたたかいには終着点はない。たえず、たたかい続けないと勝ち取った成果は反故にされる。ハンセン病をめぐる議論の現状はそのことをわたくしたちに突き付けている。

## 2　ジェンダーからの問い

### ジェンダーの登場

今や性差別の問題を表現する際に、ジェンダーという言葉を用いることはかなり当たり前になった。しかし、その言葉が日本に入ってきたのは一九八〇年代のことで、書物の表題などに広く登場するようになったのは、九〇年代ごろのことではないか。ジェンダーは、身体的性別をさすセクシュアリティと区別して用いられ、これまでのフェミニズムにはなかった両性の関係性や文化的・社会的背景を問うものとして受け止められた。しかし、それに対しては、「セクシュアリティはフェミニストたちが問題化してきた領域である。セクシュアリティをめぐる政治がいかにジェンダーと結びついているのか、男女をめぐる「性」の問題を問い続けてきたのがフェミニズムではなかったのか。ジェンダーとセクシュアリティという概念を分けるのは結構だが、その関係をきちんと問題化しないかぎり、問題を深化させたことにはならないのではないか」[千田二〇〇四]といった疑問も投げかけられている。また、ジェンダーに込められている本来の意図に反して、フェミニズムが打ち出していた問題を問う主体がぼやけて、一見価値中立であるかのように受け止められてきた[鹿野二〇〇四][千田二〇〇四]。そして、まだ根づいてまもないジェンダーという語は「ジェンダー・フリー」という和製英語に置きかえられ、両者が混同され、またそれが「過激な性教育」と意図的に混同されもして、保守派からの攻撃にさらされてきた[上野二〇〇六]。

とはいえ、主婦論争をはじめとしてこれまでの女性の問題をめぐる議論が、もっぱら女性のみを論じ、そこに男性の問題が入り込んでこなかったのに対して、ジェンダー概念の登場により男性そのものが対象化されるようになったことは注目されてよい。刊行された書物をみるだけでも、トーマス・キューネ編（星乃治彦訳）『男の歴史――市民社会と〈男らしさ〉の神話』（柏書房、一九九七年）、西川祐子・荻野美穂編『〈共同研究〉男性論』（人文書院、一九九九年）、伊藤公夫ほか『女性学・男性学――ジェンダー論入門』（有斐閣アルマ、二〇〇二年）、阿部恒久・天野正子・大日方純夫編『男性史　全三巻』（日本経済評論社、二〇〇六年）などが並ぶ。

## 家庭科共修

しかしながら、顧みれば、実は中学・高校で家庭科共修が実現したのは、まだ二〇世紀終わりのつい最近のことであった。知的世界ではジェンダー概念が受容されつつある一方で、教育現場では、憲法違反とも思える事態が、ようやく是正されようとしていたのである。そして、それにいたるまでには、半田たつ子らの懸命な運動があった。

福井県で高校家庭科教師となり一九五二年に結婚、五五年に子どもを産んだ半田は、自らの歩みを振り返り、「一九五〇年代後半は、仕事と家庭の両立、特に育児が、私の大問題でした。夫は封建色濃い農村では目をそばだてられるほど、家事・育児をよく担いました。姑が育児に協力してくれるおかげで、仕事を続けることができたのですが、行き届いた専業主婦の母に育てられた私は、赤ん坊にすまないと思い続けていました」と語る。彼女が直面したこの葛藤は、その後も長く、あるいは今にいたるまで女性たちを捉え続けているといえよう。しかし、戦前の教師たちのあり方への反省から、「生徒に絶対ウソをつくまいと心に決めて」いた半田は、「教科書が母乳栄養を賛美し、母と子の絆を強調し、集団保育の問題点としてホスピタリズムを書き立てていても、それをそのまま教えることはできませんでした」という。第二子の死産をも経験しながら、半田は、「切れば血の憤き出るような「私の家庭科」を創ろうとする時、この教科には、他教科にない独自性があると確信」したといい、自らも、「それを問うことが、後年の家庭科の男女共修運動へと発展していったのだと思います」と述べている。折から一九五八年一〇月の小中学校学習指導要領改訂を機に、家庭科は「家庭の民主化」が骨抜きにされて技能中心となり、中学校では技術・家庭科という科目名のもと、男子向き・女子向きに分けられることとなった〔半田「手記　家庭科教育とわたし」〔女たちの現在を問う会一九八八〕〕〔鹿野二〇〇四〕。

半田の取り組みは、一九七九年に国連が女性差別撤廃条約を採択したことを受けた日本政府が、同条約批准に向けて男女共修に取り組みだしたことにより実を結ぶ。一九六七年、葛藤の末、高校教師を辞めて、東京で『家庭科教育』の編集に従事することになった半田は「男女共学の家庭科」というテーマを掲げ、また「家庭科にアレルギーを持つ「進歩的な女性知識人」の理解を得」ることにも努める。しかし、半田の運動は会社の方針と相容れなくなって職を辞することとなり、一九八一年、自宅にウイ書房を立ち上げ、八二年に雑誌『新しい家庭科――We』を創刊し、家庭科男女共修の運動を続けてきたのであった。このかんの運動について、半田は次のように述べる。「共修運動は、女性問題と家庭科問題をドッキングさせ、同時に生活破壊が進む中で、暮らしを大切にする思想を培う教育としての面を際立たさせた。そこに国際婦人年、国連婦人の一〇年、女子差別撤廃条約である。世界中の女が集い、女子差別撤廃条約の批准を巡って、家庭科は男女共修か、女子必修か、国会でも再三議論された。〔中略〕明治以来、良妻賢母教育のイメージを引きずり、国策のままに利用され、女性差別とも結びついて、教科としての市民権を持たなかった教科が脚光を浴びるようになった」[半田二〇〇七]。

一九九三年に中学校で、九四年に高校で家庭科の男女共修が実施されることとなった。半田は、一九九三年、「中学で男子が家庭科を必修で学ぶ春に」とその年に刊行した自著の「はじめに」の末尾に記して、「家庭科を男女で学ぶ新時代。それは、早い時代からの先駆的な授業実践があり、自主的な研究団体でのすぐれた取組みがあり、国際婦人年に先駆けて起こった粘り強い市民運動があった上に、国連婦人の十年、女子差別撤廃条約の批准がプッシュしたことで生まれた」と喜びを隠さない。しかしながら、「教育問題としての理解はまだまだ」であり、あるニュースキャスターが男子の家庭科履修について「家庭でやるべきことを何でも学校でという風潮のひとつですね。本来家庭でやるべきことです。名前も家庭科というのですから。女のやることを、男も、というだけでなく男のやることを女もやっていいのでは。釘を打つとかかんなをかけろとまでは言いませんがね」と発言したという一件を例示して問題を投げかける[半田一九九三：九―一〇]。

それにしても男女平等をうたいながら、男女が共に同じ家庭科を学ぶという〝あたりまえ〟のことの実現にこれだけの努力と時間を要したということは、それほどに性別役割分業という岩盤が、日本社会に深く広く根を張っていることを意味しよう。

## 「母性神話」

また、それを支えるものとして、母性神話が存在してきたことはこれまでにも見てきたとおりである。大日向雅美《おおひなた》がその粉砕に向かったのは、「内と外の両方から加えられる母性観の呪縛《じゅばく》に喘《あえ》いできた女性の苦悩を思うたびに、従来の母性観の桎梏から女性を解放する必要性を訴えたいという思いを募らせざるを得」なかったためであった[大日向一九九九：二四八]。母子関係に関する研究は山積していたにもかかわらず、子どもの側にのみ視点が置かれていて、母親が研究対象にならなかったのは、「母親であれば、すなわちお腹を痛めて子どもを産んだ女性であれば、わが子に愛情をもつのは自明であり、その愛情に間違いはないと見なされていたから」であり、「自明なものはあえて研究をする必要が」ないからだと大日向はいう。「母なるものに絶対的な信頼を寄せていたのは、当時の社会の風潮」であった[大日向一九九九：九二]。

一九八六年に男女雇用機会均等法が施行され、さらに一九九九年、政府も男女共同参画社会基本法制定に踏み出す。しかしながら、大日向は、「子を産む女性が子育てをするのが当たり前だとする考え方が、社会のすみずみまで染みついている現状では、企業にとって女性は効率の悪い二流労働力でしかありません」といい、そうならないために、仕事も家庭も両立したいと願いつつも、実際には専業主婦を選ぶ女性が急増している現実を指摘する。かたやその対極に、子育てのために仕事をやめざるを得ないのであれば、当面は結婚も子育てもしないという女性が存在する。両者は一見正反対に見えるが、実は「子育ては母親がすべきだとする母性観」に縛られている点で共通しているといい、男女共同参画という言葉が飛び交いながらも、女性がそうした母性神話にとらわれて苦悩する現実を指摘する[大日向一九九九：一〇九、一一一―一一二]。大日向は、母性にとらわれるがゆえに、男女が非対称にあることを、子どもをもたない既婚女性に投げかけられる世間の眼差しや、父親の育児参加が〝おいしい〟ところのつまみ食い的参加となっていることなどにも目を向けながら、徹底的に洗い出した[大日向一九九二]。

## まやかしの男女共同参画

大日向がそうした問題を提起してから二〇年以上の歳月が流れた。しかし、今もその指摘は古びたものとはなっていない。一方、伊藤雅子も、一九七五年に著した『子どもからの自立――おとなの女が学ぶということ』(未来社)の文庫化にあたり、二〇〇一年に、次のように述べる。

近年、〈女と子ども〉をめぐる状況は、以前にも増して問題の本質が見きわめにくくなっているのを感じます。たとえば、たまに子どもをあずけてリフレッシュするようにと、育児ストレスの発散が奨励されています。そうやってこの時期をやりすごさせるのが母親たちへの思いやりであり、ものわかりのよさだとする風潮があります。マスコミなども、さもそれがおしゃれでトレンディーな生活スタイルのようにもてはやしています。そんなはぐらかしで〈女と子ども〉の問題のいったいなにが解決するというのでしょう。それどころか、ガス抜きされて問題のありどころから目を逸らされ、自分を見失わされていくことを怖れます。今、必要なのは、女がみんなして芯から賢くなるための学習ではないのかと思わずにはいられません[伊藤二〇〇一]。

今日、大学などで男女共同参画のうたい文句のもとに行われている女性研究者支援事業も同様に、「ガス抜きされ問題のありどころから目を逸らされ」てしまうようなものが多く、いまだジェンダーの非対称性を揺るがすものとはなり得ていないように映る。そしてアカデミズムの牙城であるはずの大学という空間でさえ、女性の「ゲットー化」[上野一九九五]からは免れてはいないのである。

## 3 「誇り」と「身の素性」

### 「部落民」とは何か

前章で見たような「誇り」の語りはいうまでもなく「部落民」の境界をいっそう鮮明にすることとなり、「市民」への同化・融合と相反することはもとより、先に述べた藤田敬一が提起した立場性の消去にも逆行する側面をもつ。「誇り」のみで単純に「身の素性」を消去させることはできないのであり、言い換えれば、「誇り」は「市民」として認められる原動力にはなり得ても、「市民」をつくることには容易には結びつかないのである。

しかし一方でまた、解放教育や解放奨学金の結果として期待された「部落民」像に反して、それらに育てられて高学歴を身につけた被差別部落の若者たちが、部落から流出していわゆる一級の「市民」となる一方、部落解放運動の担い手が育たないという問題も生じていた。「市民」になるために「部落民」という徴表を不可視化するには、属地主義に則った対策によって可視化された被差別部落という「居住地」の境界を消し去り、さらには「血筋」「身の素性」を消去するために、被差別部落を離れることや部落外との結婚が必要になる。

このように、経済発展の労働力の担い手としての「市民」になる／つくるという課題は、同和対策事業と教育の支援によって一定程度達成をみることとなるが、いまだ存在する差別からの解放の道筋は実に多様であり、またそれぞれに問題や矛盾をはらんでいた。

前章で見た、藤田敬一の発した部落民／非部落民それぞれの立場を絶対化することへの疑義、そしてそれを乗り越えようとする営みは、やがて「「部落民」とは何か」という議論に発展していく。その背景には、いっそうの部落外との結婚の増大や、人の移動などによって、部落と部落外の〝境界〟がゆらいでいるという実態があった。雑誌『現代思想』(一九九九年二月号)が「部落民とは誰か」という特集を組んだことも、このような問いがたんに藤田個人の営みにとどまってはいないことを実感させた。それは、「部落民」という境界が見えにくくなったと同時に、そのことにも起因して解放運動の担い手が育たない、部落民という共同性、被差別部落という共同体が解体するのでは、という部落民アイデンティティの危機のなかで生じてきた問いであったといえよう。

## 「市民社会」の排除と包摂

既存の市民社会は、「部落民」に何を求め、何において排除をつづけるのであろうか。一九七〇年代後半以後の〝人権意識〟の広がり、そして二〇〇二年三月の特別措置法の廃止以後、一方であたかも部落問題は解決済み、ないしはさして個別に問題にするには及ばないという認識も席捲《せっけん》していった。そのような背景のもとでの「同和」を消し去っての「人権」という名称の氾濫は、果たしてどこまで現存する問題にメスを入れることができているのだろうか。

二〇〇五年に行われた大阪府民人権意識調査によれば、「同和地区(被差別部落)という言葉」に対して抱くイメージを尋ねたところ、「こわい」が「非常に」「やや」を合わせて五三・五%でもっとも高く、「下品」「不潔」「貧しい」が続く[北口ほか二〇〇六]。「こわい」というイメージは、水平社以来の〝伝統〟として部落解放運動が保持してきた差別糾弾という方法に起因しているものであり、もう一つは、地対協も警鐘を鳴らしていた「エセ同和」によるところも大きい。「エセ」はあくまで〝似非〟にちがいないのであるが、被差別部落に対して負のイメージを強固に抱いている人にとっては両者の違いは無視され、「エセ」行為に対する恐怖や忌避まで部落民が引き受けさせられてしまうのである。

こうした意識調査や被差別当事者に対して行われる調査・インタビューは、ほとんどが「部落民」という境界の内部にいる人びとであるが、他方で部落外に居住する、日常は「部落民」であることが不可視化されている人びとも視野に入れなければなるまい。それは「「部落民」とは何か」という問いに再度行き当たることでもあるが、不可視の「血筋」「身の素性」にもとづく差別は、部落外に居住する人びとをも「部落民」としてあぶり出すのである。『週刊朝日』(二〇一二年一〇月二六日号)による大阪市長橋下徹特集記事の一件は、不十分な形での収束となったが、まさにその問題に由来するものであった。

全国大学同和教育研究協議会の二〇一一年春季シンポジウムでも、特別措置法廃止後の〝今〟を振り返るテーマが立てられ、その報告者の一人である住田一郎は、同様に大学生の意識の希薄化を指摘し、希薄化それ自体は「基本的には、このような状況になるまで、運動や行政・学校も含めた啓発活動が進められてきたからだと考えてい」るとしつつも、「彼ら自身が部落問題そのものと面と向かって、取り組んできたのか、正しい知識としても部落問題を知っているか、と問われれば、残念ながら非常に危うい。ほとんど正しく知らされていない」と述べている。大学生を対象とする授業で、自らが被差別部落出身であることをカミングアウトすることからはじめると、「学生はみなキョトンとし」、その後出されるレポートでは「部落民という人に会ったのは、初めてです」「部落ってどこにあるか知らない」という反応が返ってくるといい、住田はその危うさを提起する〔住田二〇一二〕。

部落問題が最も深刻に現れる結婚に関して、東京都大田区の二〇〇二年の『人権に関する意識調査報告書』では、「子供の結婚相手が「同和地区」出身であるとわかった場合」に、「結婚に賛成する」が四一・五%、「賛成はしないが、結婚する二人が決めたことなので仕方ないと思う」が二八・五%、そして「結婚に反対する」は四・二%という数字が出ている。三重県が二〇〇四年に行った調査では、「子供の結婚希望相手が同和地区出身者だった場合の態度」について「まったく問題にしない」は二〇・〇%、「迷いながらも、結局は問題にしないだろう」が四二・八%、「迷いながらも、結局は考えなおすように言うだろう」が二一・五%、「考えなおすように言う」が九・二%、となっている〔反差別・人権研究所みえほか二〇〇七〕。人口移動の激しい都心大田区と、県内に二〇〇以上の被差別部落が存在する三重県とでは住民の意識のありようにも大きな違いがあるのは当然であるが、いまだ結婚差別は、世代交代とともに減少傾向にあるとはいえ執拗に存在していることが確認できる。それは、身分に代わりうる生得的な境界を維持したい人びとにとって、個々に自覚して言っているか否かとは別として、被差別部落と部落外の通婚はそれを揺るがすことになるものにほかならないからである。

「市民」としての経済発展を支える有用な労働力をつくり出すという要件は、同和対策事業実施以後、そしてさらに一九七五年の『部落地名総鑑』事件を引き金としておおむね満たしたが、特別措置法を廃止して「市民」という範疇《はんちゅう》に流し込んだあとに生じている問題が、〝問題〟として錯綜して見えにくいまま存在している。

# おわりに――〈今〉を見つめて

差別の歴史を論じる本書にあって、〈今〉のありようと向き合うとき、ヘイトスピーチ＝「差別煽動」にまったく言及しないわけにはいかないであろう。周知のようにヘイトスピーチの中心となっているのは、二〇〇七年に結成された「在日特権を許さない市民の会」(在特会)であり、それと正面から闘ってきた有田芳生《よしふ》によれば、彼らにとっては「攻撃相手も単なる道具にすぎ」ず、「自分たちの感情の発散の場として弱者を対象に選び、その方法として彼らなりの主義主張、「正義」や「大義」を振りかざしたいだけ」「欲求不満のはけ口を探しているだけ」であって、「だから最もターゲットにしやすい在日朝鮮・韓国人を狙い、傷つける」のである[有田二〇一三：三三]。しかし、そこで発せられる言辞はレイシズムそのものであり、攻撃対象の人権が蹂躙《じゅうりん》されていることはいうまでもない。有田と同じく、この問題に向き合ってきたジャーナリストの安田浩一は、民族に対する憎悪を煽ることが自らに有利になることをわかってデマを流している在特会幹部とは異なり、多くの会員たちは、弱さや不安、不満を抱え「差別する側に立って、敵を設定して、生きていくすべを見出している」人びとなのだという[有田二〇一三：一三八]。そうした人びとの多くは、在日の歴史も置かれた現実も実は理解していない。

振り返れば、一九八〇年代、尹健次《ユンコォンチャ》は、『異質との共存』『孤絶の歴史意識』などと題し、在日朝鮮人二世の立場から、「単一民族」イデオロギーにとらわれている日本社会に対して、とりわけアカデミズムに焦点をあてながら問いを発し続けていた[尹一九八七、一九九〇]。その背景には、「在日」に対するきびしい差別があり、それゆえにこそ、東京大学を卒業した二五歳の姜信子《きょうのぶこ》が、一九八七年に『ごく普通の在日韓国人』を、「この日本で在日韓国人ゆえに抱えこまねばならない種々の問題に思い悩みつつ、日々を普通に平穏に送っている在日三世としての私」を見つめて書いてのけたことは衝撃であった[姜一九八七]。

それからやや時を経て、角岡伸彦『被差別部落の青春』(講談社、一九九九年)と解放出版社編『INTERVIEW《インタビュー》「部落出身」一二人の今、そしてここから』(解放出版社、二〇〇三年)が相次いで世に問われ、そこでは部落差別の存在を意識して葛藤し、解放運動に参加したりしながらも、既成の運動や「部落民」というしがらみにとらわれない、それぞれの自由な生き方の選択をしている、「新しい部落民」の存在が語られた[黒川二〇一一b]。今にして思えば、姜信子の語りは、差別のありようが変化するなかでの、それらの部落問題からの発信と重なり合う点をもっていたといえよう。

在日韓国・朝鮮人に対しては、その後、二〇〇〇年頃から韓国ドラマなどの人気と相俟って「韓流ブーム」が到来し、一見、以前のような蔑視が解消されつつあるかの様相を呈した。しかし、今日の在特会などへの日本社会の対応をみるにつけ、韓流ブームは本質的な理解にはほど遠いばかりか、むしろ歴史や現状について見据えるべき課題をも押し流してしまったようにさえ思われる。

日本軍「慰安婦」問題もまた、人びとがそれを理解し真摯に受けとめるにはほど遠い状況にある。「河野談話」(河野洋平内閣官房長官による、慰安所の設営・管理と「慰安婦」の募集等について日本軍の関与を認めた一九九三年の談話)が安倍政権のもとで批判され、合わせて「吉田証言」(一九七二年から九五年ぐらいにかけて、吉田清治という人物が、著書などをつうじて、「慰安婦」の強制連行に当たったと証言した)が虚偽であったことが取りざたされるや、「慰安婦」バッシングはとどまるところを知らず、特段〝政治意識〟をもたない人たちにまでも、あたかも日本軍「慰安婦」そのものが存在しなかったかのような受け止め方さえされている。そうした認識を形づくる「若者の現在」を分析した中西新太郎によれば、その理由の一つは、「河野談話」は諸外国から強いられたという認識が指導者層に見え隠れすることであり、もう一つは、歴史的「負債」がすでに清算された、にもかかわらず中国や韓国から理不尽な攻撃が行われていると受けとめられていることである。中西は、従来の歴史教育や平和教育が、「若い世代にはそれらは「建前を教えられている」ように感じられ」、それを自由に「転覆できる」と思わせる快感が、「新しい歴史教科書をつくる会」の支持につながっていくという。そうしてそれは、「ある種の歴史相対主義、歴史認識を構築主義的につかまえていく考え方とフィットしている」と主張しているのである(中西「なぜ多くの若者は「慰安婦」問題を縁遠く感じるのか──若者の現在を読み解く」[「戦争と女性への暴力」リサーチ・アクションセンター二〇一三])。

沖縄では、二〇一三年五月、琉球民族独立総合研究学会が立ち上げられ、その共同代表の一人松島泰勝によって、翌年、『琉球独立論──琉球民族のマニフェスト』が刊行された。松島は、「あくまで私自身の独立論」(「あとがき」)とことわりつつ、「現在の日本は、琉球人が責任ある個人として主体的に国家意志の形成に参加できる国ではありません」といい、「日本の一自治体として安住しながら基地被害や構造的差別を告発するのではなく、問題の源を解決する具体的な方法としての「独立」を真摯に考えなければ、琉球はこの先も屈辱の歴史を歩まされる」のであり、「独立を前提として政治経済を主体的に考え進める中で、日米両政府との交渉力も増し、差別や無視の対象はなくな」るとの展望を見出す〔松島二〇一四：九六〕。その背後には、一九九五年の米兵による少女レイプ事件、普天間基地の辺野古への移設問題、高校日本史教科書における沖縄の「集団自決」の記述からの「軍の強制」の文言の削除、オスプレイの配備、などをめぐる本土の側の無理解・無関心があり、日本からの離脱による「琉球独立」は、まさにそうした無理解・無関心という「他者」感覚の欠除の問題を突きつけているのだといえよう。

新川明は、自らを「独立」論者ではなく「反復帰」主義者と位置づけつつ、次のように述べる。「私が指摘するところの「復帰」思想とは、沖縄に対する米国の施政権を日本国に「返還」させるという政治的な主張を意味する単純な概念ではなく、沖縄人が自らすすんで国家に身を投じていくという日本国民化志向の精神史的な病理を指す言葉であり、〔中略〕いきおいその意味の「復帰」思想に対置する対立概念として提起される「反復帰」という言葉も、沖縄が近代国民国家・日本国に併合(一八七九年)されたあとの近現代史において顕在化する日本同化志向＝日本国民化志向という精神史の〝負〟の部分を否定し、超克する意味を持つ「記号」でもあった」と。しかしながら、「独立」論も「反復帰」論がもつ「日本国家を相対化する視点」を取り込み、また「反復帰」論は、「現実の政治的選択において「独立」論に共鳴」しうると述べる。その上で、今の沖縄においてなお「独立」が求められるのは、「安保・基地問題が端的に示しているように、圧倒的多数の日本人による暗黙の支持のもとで、人間に対する抑圧装置としてしか機能しない現下の日本国の、国家システムに向けての限りない異議申し立てが人びとの心に共有されているから」であると[新川二〇〇〇]。

琉球処分にはじまり、アジア・太平洋戦争下では「捨て石」にされ、戦後は米軍戦略の「要石」となった、いわば本土の側のご都合主義に翻弄されてきた沖縄の歴史を伝えることによって、どこまで現在の沖縄の問題に向き合おうとする人びとをつくり出せるのか――今、本土の歴史教育は、その真価が問われているのではないか。

詩人を業とし、女性史や原爆をめぐる占領下の検閲などを論じてきた堀場清子は、『堀場清子全詩集』とともに『鱗片――ヒロシマとフクシマと』と題する大著を世に問うた。それは、「一四歳でヒロシマに遭い、人生の終わりにフクシマに遭い、痛恨極まるところを知らない」がゆえであった[堀場二〇一三b：五六二]。堀場は、「ものごころつくと同時に、私は自分が「女」というものに決定付けられていると、思い知った。父も、祖父も、叔父たちも、たとえ可愛がってくれてはいても、男である限り、すべて差別者だった。女たちも、おおむねそれに同調していた。世の中に触れるにつれて、差別によって構築された痛さが骨身にしみた」と記す[堀場二〇一三a：六一〇―六一一]。そうした世の中の矛盾を見据える鋭利な目をもった堀場は、このように述べる。「私は一四歳で広島の被爆を視た。八〇歳で福島の被曝を視た。原爆と原発は、一筋に繋がるものと感じてきた。三・一一からの日々、原発事故を招き寄せた、政界、官界、電力会社、財界、学界、業界、司法、メディア等々の、腐敗の数々が、どろどろと漏れ落ちる汚物のように、明るみに出た。私は、私の生きてきた社会、現在も生きつつある社会が、かくも穢されてある事実に承服できない」〔堀場二〇一三b：一三―一四〕。メルトダウンから二カ月近くもの間その事実が〈隠蔽〉され、国民を守るために活用するという〈発想がなかった〉、〈無責任の体系〉と表裏一体となった〈犠牲のシステム〉……といった言葉が、三・一一以後の推移と報道を克明に追うなかで何度も用いられる。

三木清を敗戦から四二日も後に死に追いやってしまった「日本人とは、なんと意気地のない集団なのであろう」、敗戦直後の全メディアが「日本国民の滅亡を防ぐために」なすべきだったのは〝天皇キャンペーン〟ではなく〝原爆キャンペーン〟だった、「それを決行していれば、世界史が変わったろうに」と堀場はいう〔堀場二〇一三b：二三九―二四〇〕。広島、長崎、そして第五福竜丸に代表されるマグロ漁船の被爆を経験した唯一の国として反核運動の先頭に立つべき日本は、その前提として「被害の本質を直視し、原爆否定、核否定についての国民的合意を、構築すべき」であり、その好機は、敗戦から占領開始までと占領軍が退いた後の二度あったにもかかわらず、「支配されることに馴れた私たち日本人は、指の間を流れる水のように、やすやすとその貴重な機会を流れ去らせた」という。今も拡散しつづける放射能の被害がいかに人体に損傷を与えているか、実に克明な記述が続く。「福島の現実を眼前にする今は、「核と生命は共存しえない」という〈真理〉を、国民的合意として構築すべき、三度目の、そしておそらく最後の機会であろう。今にして、それをなしえないならば、私たちの社会の未来には、滅亡の淵が待つだけだろう」〔堀場二〇一三b：三一五―三一六〕。「私たち日本人には、「連帯」を称える資格がない」「哲学的・形而上学的領域での思考能力・創造性、倫理的省察力においては、むしろ劣った集団ではないか」。五〇〇頁を超えるその大著は、日本人の精神構造のありようを問うてやまない。そして、わたくしたちはこの問いを受け止める以外に、つけ加える言葉をもたない。

そうした日本社会の精神構造の恥部を集約的に表しているものの一つである部落問題は、第七章で触れた橋下徹大阪市長の『週刊朝日』の記事に関わる事件のように、ときおり水面上に姿を現す。本書を締め括ろうとしているときに、届いたばかりのある歴史学の学会誌を開いて、飛び込んできた文字に目を疑った。もはや死語と化していると思っていた「特殊部落」という差別語が論文のなかで使われていたのである。論文は、特段被差別部落に立ち入った記述をしているわけではない。ただ被差別部落の名称としてそれがいかに不適切であるかという認識が欠如していたということに尽きるのだろう。しかし、「特殊部落」はまさに近代の部落問題のありようを集約的に表している差別語であり〔藤野一九九四〕〔黒川一九九九〕、現実にそのような差別を含意したその言葉の使用をめぐって、これまでにも繰り返し抗議が行われてきたのであった。

ところが、そうした学術研究や運動が積み重ねてきたはずの英知はまったく受け継がれることなく繰り返される。そうした意識は水面下に連綿とあり、その氷山の一角が〈事件〉化するにすぎないのだろう。「無関心」という他者感覚の欠如が、部落問題だけではない、さまざまな差別を引き起こしているのではないだろうか。その言葉が使われてしまったこと以上に気になるのは、そうして「うっかり」用いてしまったにすぎないことをことさらに取りざたしているという〝声〟にはならない反応である。そのことが部落問題への接近をますますもって阻む。

丸山眞男は、「日本は、長い間、同一民族、同一人種、同一言語、同一領土ということになっていて」、あくまで他との比較上「日本が同質的」だという実態を直視した上で、それゆえに「他者感覚が希薄になりやすい」問題を指摘する。すなわち「他者感覚がないところには人権の感覚も育ちにくい」こと、そしてたんに「同意する」ことと他者を「理解する」こととは異なり、「意見に反対だけれども、「理解する」――この理解能力が、他者感覚の問題」であるという。そうして「日本の明治以来の外国認識のあらゆる間違いはそこに根ざしている。中国に対する認識が根本的に誤まっていたというのも、他者感覚がないから」だと述べる〔丸山一九九六：一七三―一七七〕。石田雄もいうように、「他者」を内在的に理解することは民主主義と不可分であり、永久革命なのである（石田雄『丸山眞男との対話』みすず書房、二〇〇五年）。

歴史学でも、セクシャル・マイノリティの「クィア史」がとり上げられる（二〇一四年度歴史学研究会大会・近代史部会）など、近年、これまで顧みられることのなかったマイノリティに光が当てられるようになってきた。そのことは、今日の社会に根を張っている見えにくい人種主義《レイシズム》を掘り崩す力となりえていくであろうか。わたくしたちは、さまざまな〝当事者〟の声に耳を傾けていく努力を迫られているのだといえよう。

# 参考文献


青木純一（二〇〇四）『結核の社会史――国民病対策の組織化と結核患者の実像を追って』御茶の水書房。

青木純一（二〇一一）「患者運動の存立基盤を探る――戦中から戦後にいたる日本患者同盟の動きを中心に」『専修大学社会科学年報』四五号。

秋山勝（二〇一一）「自治権獲得運動の展開」『沖縄県史 各論編5巻 近代』。

「アグネス論争」を愉しむ会編（一九八八）『「アグネス論争」を読む』ＪＩＣＣ出版局。

東志津（二〇一一）『「中国残留婦人」を知っていますか』岩波ジュニア新書。

阿波根昌鴻（一九七三）『米軍と農民――沖縄県伊江島』岩波新書。

阿部安成（二〇〇三）「都市の縁へ――二〇世紀初頭の横浜というフィールド」小林丈広編著『都市下層の社会史』解放出版社。

天野寛子（二〇〇一）『戦後日本の女性農業者の地位――男女平等の生活文化の創造へ』ドメス出版。

新垣安子（二〇一一）「フィリピンの戦争と沖縄移民」『沖縄県史 各論編5』。

新川明（一九七一）『反国家の兇区』現代評論社。

新川明（二〇〇〇）『沖縄・統合と反逆』筑摩書房。

有田芳生（二〇一三）『ヘイトスピーチとたたかう！――日本版排外主義批判』岩波書店。

安保則夫（二〇〇七）『近代日本の社会的差別形成史の研究』明石書店。

飯島真理子（二〇一一）「フィリピン日本人移民の戦争体験と引揚げ――沖縄出身者を中心に」蘭信三編『帝国崩壊とひとの再移動――引揚げ、送還、そして残留』勉誠出版。

家永三郎・松永昌三・江村栄一編（一九八五）『明治前期の憲法構想 増訂版』福村出版。

石井美智子（一九八二）「優生保護法による堕胎合法化の問題点」『社会科学研究』三四巻四号。

井出孫六（二〇〇八）『中国残留邦人――置き去られた六十余年』岩波新書。

伊藤雅子（二〇〇一）『新版 子どもからの自立』岩波現代文庫。

猪股祐介（二〇一三）「コラム 満洲移民女性と戦時性暴力」福間良明ほか編『戦争社会学の構想――制度・体験・メディア』勉誠出版。

違星北斗（一九九五）『コタン 違星北斗遺稿』草風館。

今泉裕美子（二〇一一）「沖縄移民社会」『沖縄県史 各論編5』。

今西一（二〇〇七）『遊女の社会史――島原・吉原の歴史から植民地「公娼」制まで』有志舎。

宇井純（一九六八）『公害の政治学――水俣病を追って』三省堂新書。

植木哲也（二〇〇八）『学問の暴力――アイヌ墓地はなぜあばかれたか』春風社。

上杉聰（一九九〇）『明治維新と賤民廃止令』解放出版社。

上野千鶴子（一九九五）「歴史学とフェミニズム――「女性史」を超えて」『岩波講座日本通史 別巻1』岩波書店。

上野千鶴子（二〇〇六）「不安なオトコたちの奇妙な〈連帯〉――ジェンダーフリー・バッシングの背景をめぐって」上野千鶴子ほか『バックラッシュ！――なぜジェンダーフリーは叩かれたのか？』双風社。

内田すえの・此川純子・堀江節子（一九九二）『黒部・底方の声――黒三ダムと朝鮮人』桂書房。

内田龍史（二〇一〇）「期待される「部落民」像」黒川みどり編著『近代日本の「他者」と向き合う』解放出版社。

榎森進（二〇〇七）『アイヌ民族の歴史』草風館。

大石又七（一九九一）『死の灰を背負って――私の人生を変えた第五福竜丸』新潮社。

大阪人権博物館編（二〇〇五）『大阪人権博物館二〇年の歩みと総合展示の概要 大阪人権博物館紀要特別号』。

大城将保（二〇一一）「国家総動員体制」『沖縄県史 各論編5』。

大日向雅美（一九九一）「「母性／父性」から「育児性」へ」原ひろ子・舘かおる編『母性から次世代育成力へ

――産み育てる社会のために』新曜社。

大日向雅美(一九九九)『子育てと出会うとき』NHKブックス。

岡本雅享(二〇一一)「日本人内部の民族意識と概念の混乱」『福岡県立大学人間社会学部紀要』一九巻二号。

小川津根子・石井小夜子(二〇〇五)『国に棄てられるということ――「中国残留婦人」はなぜ国を訴えたか』岩波ブックレット。

沖縄県祖国復帰協議会・原水爆禁止沖縄県協議会編(一九六四)『沖縄県祖国復帰運動史――民族分断十八年にわたる悲劇の記録』沖縄時事出版社。

沖縄市、浦添市、宜野湾市、具志川市、石川市及び中頭郡老人福祉センター運営協議会編・刊(一九八六)『中部地区社会福祉の軌跡1 総論』。

荻野美穂(二〇〇八)『「家族計画」への道――近代日本の生殖をめぐる政治』岩波書店。

奥田暁子(二〇〇七)「GHQの性政策――性病管理か禁欲政策か」恵泉女学園大学平和文化研究所編『占領と性――政策・実態・表象』インパクト出版会。

小熊英二(一九九五)『単一民族神話の起源――〈日本人〉の自画像の系譜』新曜社。

落合恵美子(一九八九)『近代家族とフェミニズム』勁草書房。

小野沢あかね(二〇〇五)「米軍統治下Aサインバーの変遷に関する一考察――女性従業員の待遇を中心として」『日本東洋文化論集』一一号。

小野沢あかね(二〇一〇)『近代日本社会と公娼制度』吉川弘文館。

小野沢あかね(二〇一三)「米軍統治下沖縄における性産業と女性たち――一九六〇~七〇年代コザ市」『年報日本現代史18 戦後地域女性史再考』現代史料出版。

大日方純夫(一九九二)『日本近代国家の成立と警察』校倉書房。

女たちの現在を問う会編(一九八八)『銃後史ノート戦後篇4 もはや戦後ではない?』インパクト出版会。

女たちの現在を問う会編(一九九二)『銃後史ノート戦後篇6 高度成長の時代 女たちは』インパクト出版会。

女たちの現在を問う会編(一九九六)『銃後史ノート戦後篇8 全共闘からリブへ』インパクト出版会。

海保洋子(一九九二)『近代北方史――アイヌ民族と女性と』三一書房。

鹿野政直(一九八三a)『戦前・「家」の思想』創文社。

鹿野政直(一九八三b)『近代日本の民間学』岩波新書。

鹿野政直(一九九三)『沖縄の淵――伊波普猷とその時代』岩波書店。

鹿野政直(二〇〇四)『現代日本女性史――フェミニズムを軸として』有斐閣。

鹿野政直(二〇一一)『沖縄の戦後思想を考える』岩波書店。

鎌田慧(二〇〇四)『狭山事件――石川一雄、四十一年目の真実』草思社。

北口末広・大阪企業人権協議会編著(二〇〇六)『〈必携〉エセ同和行為にどう対応するか』解放出版社。

金満里(一九九六)『生きることのはじまり』筑摩書房。

姜信子(一九八七)『ごく普通の在日韓国人』朝日新聞社(朝日文庫、一九九〇年)。

金城勇(二〇〇五)「学術人類館事件と沖縄――差別と同化の歴史」演劇「人類館」上演を実現させたい会編著『人類館 封印された扉』アットワークス。

金城均(二〇一二)「沖縄移民の経緯」『沖縄県史 各論編5』。

国立市公民館市民大学セミナー(一九七三)『主婦とおんな――国立市公民館市民大学セミナーの記録』未来社。

倉持順一(二〇〇四)「相愛会の活動と在日朝鮮人管理――関東大震災後の「内鮮融和」・社会事業と関連して」『法政大学大学院紀要』五三号。

黒川みどり(一九九九)『異化と同化の間――被差別部落認識の軌跡』青木書店。

黒川みどり(二〇〇六)「地域・疎開・配給――〈都市と農村〉再考」『岩波講座アジア・太平洋戦争6』岩波書店。

黒川みどり(二〇〇九)「千葉県の戦後被差別部落の生活と運動」『千葉県史研究』一七号。

黒川みどり(二〇一一a)『近代部落史――明治から現代まで』平凡社新書。

黒川みどり(二〇一一b)『描かれた被差別部落――映画の中の自画像と他者像』岩波書店。

原爆被害者の手記編纂委員会編(一九五三)『原爆に生きて――原爆被害者の手記』三一書房(のちに山代巴『原爆に生きて』径書房、一九九一年)。

厚生省児童家庭局編(一九七八)『児童福祉三十年の歩み』日本児童問題調査会。

香内信子編集・解説(一九八四)『資料母性保護論争』ドメス出版。

小沢節子(二〇一一)『第五福竜丸から「3・11」後へ――被爆者大石又七の旅路』岩波ブックレット。

小沢節子(二〇一四)「大石又七の思想――「核」の時代を生きる」赤澤史朗・北河賢三・黒川みどり編『戦後知識人と民衆観』影書房。

児島美都子・真田是・秦安雄編(一九七九)『選書現代の生活と社会保障 障害者と社会保障』法律文化社。

小林丈広(二〇〇一)『近代日本と公衆衛生――都市社会史の試み』雄山閣出版。

小山静子(一九九一)『良妻賢母という規範』勁草書房。

近藤健一郎(二〇一一)「近代教育の導入」『沖縄県史 各論編5』。

酒井直樹(二〇一二)「レイシズム・スタディーズへの視座」鵜飼哲ほか『レイシズム・スタディーズ序説』以文社。

坂本孝治郎(一九八九)『象徴天皇制へのパフォーマンス――昭和期の天皇行幸の変遷』山川出版社。

澤田佳世(二〇一四)『戦後沖縄の生殖をめぐるポリティクス――米軍統治下の出生力転換と女たちの交渉』大月書店。

清水寛編著(二〇〇六)『日本帝国陸軍と精神障害兵士』不二出版。

謝花直美(二〇〇八)『証言 沖縄「集団自決」――慶良間諸島で何が起きたか』岩波新書。

東海林静男(一九九六)「戦時下における外国人の動向」『横浜市史Ⅱ 1巻(下)』。

菅沼隆(二〇〇二)「被占領期の生活保護運動――日本患者同盟の組織と運動思想を中心に」『社会事業史研究』三〇号。

杉本弘幸(二〇〇九)「戦前期都市社会政策と内鮮融和団体の形成と崩壊――京都市における内鮮融和団体を事例として」『歴史評論』七一二号。

杉山章子(一九八八)「敗戦とR・A・A」『女性学年報』九号。

鈴木しづ子(一九七五)「天皇行幸と象徴天皇制の確立」『歴史評論』二九八号。

鈴木裕子(一九九一)『日本女性労働運動史論Ⅱ 女性と労働組合 労働組合婦人部の歴史(上)』れんが書房。

鈴木良(二〇一〇)「日本社会の変動と同和行政の動向――同和対策審議会から同和対策事業特別措置法へ」部落問題研究所編・刊『部落問題解決過程の研究1 歴史篇』。

住田一郎(二〇一二)「法終了後、大阪の都市部落はどのように変容したのか」『部落解放と大学教育』二五号。

瀬長亀次郎(一九五九)『沖縄からの報告』岩波新書。

全国ハンセン氏病患者協議会編(一九七七)『全患協運動史――ハンセン氏病患者のたたかいの記録』一光社。

「戦争と女性への暴力」リサーチ・アクションセンター編(二〇一三)『「慰安婦」バッシングを越えて――河野談話と日本の責任』大月書店。

千田夏光(一九七三)『従軍慰安婦――〝声なき女〟八万人の告発』双葉社。

千田有紀(二〇〇四)「引き裂かれた「女」の全体性を求めて」『女性学』一二号。

高江洲昌哉(二〇一一)「地方制度の整備――「内地」のなかの「異法域」」『沖縄県史 各論編5』。

高峰武編(二〇一三)『〈熊本学園大学・水俣学ブックレット〉水俣病小史 増補第三版』熊本日日新聞社。

田中真砂子・白石玲子・三成美保編(二〇〇五)『シリーズ比較家族第Ⅲ期3 国民国家と家族・個人』早稲田大学出版部。

田中美津(二〇〇四)「〈基調講演〉自縛のフェミニズムを抜け出して――立派になるより幸せになりたい」『女性学』一二号。

チャン、アグネス、原ひろ子(一九八八)『〝子連れ出勤〟を考える』岩波ブックレット。

趙景達(二〇一三)『植民地朝鮮と日本』岩波新書。

知里幸恵(一九八四)『知里幸恵遺稿 銀のしずく』草風館。

塚崎昌之(二〇〇七)「一九二〇年代大阪における「内鮮融和」時代の開始と内容の再検討――朝鮮人「救済」と内鮮協和会・方面委員」『在日朝鮮人史研究』三七号。

ドウス昌代(一九七九)『敗者の贈物――国策慰安婦をめぐる占領下秘史』講談社。

徳田靖之(二〇一四)「救らい思想と無らい県運動」無らい県運動研究会編『ハンセン病絶対隔離政策と日本社

会――無らい県運動の研究』六花出版。

外村大（二〇〇四）『在日朝鮮人社会の歴史学的研究――形成・構造・変容』緑蔭書房。

外村大（二〇一一）「日本帝国と朝鮮人の移動――議論と政策」蘭信三編『帝国崩壊とひとの再移動――引揚げ、送還、そして残留』勉誠出版。

外村大（二〇一二）『朝鮮人強制連行』岩波新書。

戸邉秀明（二〇一一）「沖縄県民から見た方言論争」『沖縄県史 各論編5』。

冨山一郎（一九九四）「国民の誕生と「日本人種」」『思想』八四五号（のち冨山『暴力の予感――伊波普猷における危機の問題』岩波書店、二〇〇二年に所収）。

直野章子（二〇一一）『被ばくと補償――広島、長崎、そして福島』平凡社新書。

長崎県部落史研究所編（一九九五）『ふるさとは一瞬に消えた――長崎・浦上町の被爆といま』解放出版社。

仲宗根政善（一九八二）『ひめゆりの塔をめぐる人々の手記』角川文庫（『沖縄の悲劇――姫百合の塔をめぐる人々の手記』と題して一九五一年に華頂書房より刊行）。

仲宗根政善（二〇〇二）『ひめゆりと生きて――仲宗根政善日記』琉球新報社。

中村拡三（一九七一）「『にんげん』をめぐる沖縄問題の経過と課題」『解放教育』四号。

那覇市総務部女性室編（二〇〇一）『なは・女のあしあと――那覇女性史（戦後編）』琉球新報社。

成田龍一（二〇一四）「総力戦とジェンダー」大口勇次郎ほか編『ジェンダー史』山川出版社。

日本患者同盟四〇年史編集委員会編（一九九一）『日本患者同盟四〇年の軌跡』法律文化社。

野間宏（一九七六）『狭山裁判（上・下）』岩波新書。

橋本明（二〇一一）『精神病者と私宅監置――近代日本精神医療史の基礎的研究』六花出版。

長谷川潮（二〇〇七）『子どもの本に描かれたアジア・太平洋――近・現代につくられたイメージ』梨の木舎。

林博史（二〇〇九）『沖縄戦――強制された「集団自決」』吉川弘文館。

林博史（二〇一四）『暴力と差別としての米軍基地――沖縄と植民地 基地形成史の共通性』かもがわ出版。

原田正純（一九七二）『水俣病』岩波新書。

原田正純(一九八五)『水俣病は終っていない』岩波新書。

反差別・人権研究所みえ編/奥田均・宮城洋一郎・森実著(二〇〇七)『意識調査が問いかけるもの――今、ここにある現実をどう見るか』。

半田たつ子編著(一九九三)『新しい家庭科を創るために』ウイ書房。

半田たつ子(二〇〇七)『問い続けて』文芸社。

比嘉春潮・霜多正次・新里恵二(一九六三)『沖縄』岩波新書。

秀嶋ゆかり(二〇〇三)「アイヌ史資料集事件(アイヌ人格権訴訟)」『国際人権』一四号。

比屋根照夫(二〇〇九)『戦後沖縄の精神と思想』明石書店。

ひろたまさき(一九九〇)「解説　日本近代社会の差別構造」『日本近代思想大系22　差別の諸相』岩波書店。

藤野豊(一九九四)「被差別部落」『岩波講座日本通史18』岩波書店。

藤野豊・徳永高志・黒川みどり(一九八八)『米騒動と被差別部落』雄山閣。

藤目ゆき(一九九七)『性の歴史学――公娼制度・堕胎罪体制から売春防止法・優生保護法体制へ』不二出版。

部落解放研究所近現代史部会(一九八九)「占領政策の根本原則と部落問題――元民生局次長ケーディス氏に聞く」『部落解放研究』六九号。

部落解放同盟熊本県連合会鹿本支部、旧満州来民開拓団遺族会編・刊(一九八八)『赤き黄土――地平からの告発　来民開拓団』。

古厩忠夫(一九九七)『裏日本――近代日本を問いなおす』岩波新書。

堀場清子(一九八八)『青鞜の時代――平塚らいてうと新しい女たち』岩波新書。

堀場清子(一九九五a)『禁じられた原爆体験』岩波書店。

堀場清子(一九九五b)『原爆表現と検閲――日本人はどう対応したか』朝日選書。

堀場清子(二〇一三a)『堀場清子全詩集』ドメス出版。

堀場清子(二〇一三b)『鱗片――ヒロシマとフクシマと』ドメス出版。

松島泰勝(二〇一四)『琉球独立論――琉球民族のマニフェスト』バジリコ。

松田京子(二〇〇三)『帝国の視線——博覧会と異文化表象』吉川弘文館。

松波淳一(二〇〇六)『新版 イタイイタイ病の記憶——カドミウム中毒の過去・現在・未来』桂書房。

丸岡秀子(一九八〇)『日本農村婦人問題 主婦、母性篇』ドメス出版。

丸山眞男(一九九六)「日本思想史における「古層」の問題」『丸山眞男集11』岩波書店、初出一九七九年。

三ツ井崇(二〇〇四)「近代アカデミズム史学のなかの「日鮮同祖論」——韓国併合前後を中心に」『朝鮮史研究会論文集』四二集。

宮城晴美(二〇一一)「満州と開拓団」『沖縄県史 各論編5』。

宮平真弥(二〇〇〇)「一木喜徳郎の自治観と沖縄調査」『沖縄文化研究』二六号。

村上信彦(一九八三)『大正期の職業婦人』ドメス出版。

屋嘉比収編(二〇〇八)『沖縄・問いを立てる4 友軍とガマ』社会評論社。

野洲町部落史編さん委員会編(二〇〇〇)『野洲の部落史 通史編・史料編』。

山口覚(二〇〇四)「人身売買から集団就職へ——『一九五四年青森発、戦後最初の就職列車』をめぐって」『関西学院史学』三一号。

山代巴編(一九六五)『この世界の片隅で』岩波新書。

尹健次(一九八七)『異質との共存——戦後日本の教育・思想・民族論』岩波書店。

尹健次(一九九〇)『孤絶の歴史意識——日本国家と日本人』岩波書店。

横塚晃一(二〇〇七)『母よ! 殺すな 第二版』(立岩真也解説)生活書院。

吉見俊哉(一九九二)『博覧会の政治学——まなざしの近代』中公新書。

吉見義明・林博史編著(一九九五)『共同研究 日本軍慰安婦』大月書店。

渡邉伸一ほか(二〇〇四)『イタイイタイ病およびカドミウム中毒の被害と社会的影響に関わる環境社会学的研究』科学研究費補助金 基盤研究(B)(1)研究成果報告書。

渡辺俊雄(一九八八)「知られざる憲法制定史——ゴードンさんの証言から」『部落解放』二七八号。

渡辺俊雄(一九九〇)「占領期の部落問題」『部落解放史ふくおか』五八号。

# あとがき

共著者の藤野さんの記憶によれば、ちょうど六年前の二〇〇八年一〇月八日、静岡の居酒屋で美酒正雪を飲みながら、日本の近現代の差別史を書いてみよう……ということで二人の意志がまとまったのであった。飲んでいたお酒の名前に駆り立てられながら、由比正雪にあやかっていささか体制(大勢?)への反逆への思いもあったのかもしれない。それを岩波書店の吉田浩一さんが受け入れてくださり、思いがけず岩波現代全書の一冊として本書が成った。

いうまでもないことだが、本書の主眼は、網羅的にあらゆる差別をとりあげるのではなく、差別という観点からその時代、その社会をとらえなおしてみるというところにある。しかしながら、私たちがこれまで実証研究をしてきたのは、近現代の差別問題のなかのごく一部にすぎない。そのような冒険に出てまでも本書を世に問うたのは、今、差別という問題から日本の近現代史を通観し、とらえなおしてみる意味があると、私たちは考えたからである。その結果の如何は、読者の評価を待つのみである。

本書は、あえて執筆分担を記さなかった。分業してお互いが書いた草稿に忌憚《きたん》のない意見を言い、書き加え、実質的な共著にしようというのが、本書がスタートしたときからの合意事項であった。実際にこのかん何度も吉田さんを含む三人で岩波書店の地下の一室に集まり、またEメールという手段もフルに活用して、その作業を積み重ね、本書ができあがった。

個人的なことを書かせていただくならば、私の最初の著著の「あとがき」にも書いたことだが、共著者の藤野さんは、私を研究者として育ててくださった私の事実上の師である。研究の何物なるかも知らなかった学部二年生の私に、すでに博士課程の院生になっていた藤野さんは初歩からの手ほどきをしてくださり、また学部生の仲間数人を集めて、数年間にわたり隔週で「人権史研究会」という勉強会を開いてくださった。そこで私が学んだことははかりしれない。すでにそれから三〇年以上の歳月が流れたが、その藤野さんと、こうして共著をつくることができたことを嬉しく思う。

学生運動を経験した藤野さんと、その雰囲気すら体験していない世代の私との間には、歴史学に向き合う姿勢や問題意識の点でも大きな隔たりを感じ、そのことは少なからず私のコンプレックスになっていたと思う。その、いわば世代を異にしていることが、今も私たちの対象への向き合い方や学問のスタイルそのものの違いに反映しているのかもしれない。本書では、そのことをむしろプラスに作用させた「共著」をめざした。

最後になったが、私たちの共通の師は、故由井正臣先生、鹿野政直先生、そして部落史研究でお世話になった秋定嘉和先生、川村善二郎先生である。ほかにもお名前を挙げないが、多くの方々にお世話になっている。感謝申し上げたい。

二〇一四年一〇月八日

著者を代表して　黒川みどり

**黒川みどり**

静岡大学教育学部教員．日本近現代史．『近代部落史——明治から現代まで』(平凡社新書)，『描かれた被差別部落——映画の中の自画像と他者像』(岩波書店)，『内藤湖南とアジア認識——日本近代思想史からみる』(共編著，勉誠出版)，『戦後知識人と民衆観』(共編著，影書房)，『創られた「人種」——部落差別と人種主義』(有志舎)など．

**藤野 豊**

1952年生まれ．敬和学園大学人文学部教員．日本近現代史．『日本ファシズムと医療——ハンセン病をめぐる実証的研究』『ハンセン病と戦後民主主義——なぜ隔離は強化されたのか』(岩波書店)，『「いのち」の近代史——「民族浄化」の名のもとに迫害されたハンセン病患者』(かもがわ出版)，『性の国家管理——買売春の近現代史』(不二出版)，『戦後日本の人身売買』(大月書店)など．

岩波現代全書 058

差別の日本近現代史——包摂と排除のはざまで

---

2015年 3月18日　第1刷発行
2021年10月25日　第3刷発行

著　者　黒川《くろかわ》みどり　藤《ふじ》野《の》 豊《ゆたか》

発行者　坂本政謙

発行所　株式会社 岩波書店
〒101-8002 東京都千代田区一ツ橋 2-5-5
電話案内 03-5210-4000
https://www.iwanami.co.jp/

印刷・三秀舎　カバー・半七印刷　製本・牧製本

---


ISBN 978-4-00-029158-3　Printed in Japan

# 岩波現代全書発刊に際して

いまここに到来しつつあるのはいかなる時代なのか。新しい世界への転換が実感されながらも、情況は錯綜し多様化している。先人たちは、山積する同時代の難題に直面しつつ、解を求めて学術を頼りに知的格闘を続けてきた。その学術は、いま既存の制度や細分化した学界に安住し、社会との接点を見失ってはいないだろうか。メディアは、事実を探求し真実を伝えることよりも、時流にとらわれ通念に迎合する傾向を強めてはいないだろうか。

現在に立ち向かい、未来を生きぬくために、求められる学術の条件が三つある。第一に、現代社会の裾野と標高を見極めようとする真摯な探究心である。第二に、今日的課題に向き合い、人類が営々と蓄積してきた知的公共財を汲みとる構想力である。第三に、学術とメディアと社会の間を往還するしなやかな感性である。様々な分野で研究の最前線を行く知性を見出し、諸科学の構造解析力を出版活動に活かしていくことは、必ずや「知」の基盤強化に寄与することだろう。

岩波書店創業者の岩波茂雄は、創業二〇年目の一九三三年、「現代学術の普及」を旨に「岩波全書」を発刊した。学術は同時代の人々が投げかける生々しい問題群に向き合い、公論を交わし、積極的な提言をおこなうという任務を負っていた。人々もまた学術の成果を思考と行動の糧としていた。「岩波全書」の理念を継承し、学術の初志に立ちかえり、現代の諸問題を受けとめ、全分野の最新最良の成果を、好学の読書子に送り続けていきたい。その願いを込めて、創業百年の今年、ここに「岩波現代全書」を創刊する。

（二〇一三年六月）